网络爱情

——在线关系心理学

〔英〕莫妮卡·T. 惠蒂
〔澳〕阿德里安·N. 卡尔　著

何玉蓉　周昊天　译

严　正　傅小兰　汪　波　审校

商　务　印　书　馆

2010年·北京

CYBERSPACE ROMANCE:
The Psychology of Online Relationships
Palgrave Macmillan, 2006
根据帕尔格雷夫·麦克米兰出版社 2006 年版译出

目录

表格目录

前言

水力学与控制论：电子以太中的关系 xii

无数的专家、学者和假充内行的人都提出了自己对于所谓的“新媒体”将会如何改变我们的意识、基本文化以及我们与世界和他人的关系的看法。就“在线关系”这一话题所开展的广泛研究一直没有中断过。但令人沮丧的是，这类研究（至今还）散布于互不相关的多门学科和出版物中。并且，研究方法和思考方式的水平与质量也是参差不齐。此外，大部分较为严肃的著作，如那些探讨新媒体世界的未来的书籍，都更多地关注于新媒体在个人和社会水平上可能产生的影响。本书是第一本深入考察新媒体对关系所可能产生的影响的书籍。在线关系可以通过哪些方式来替代、补充、强化、创造出新的关系类型或者与这些新型关系发生矛盾？解决这一问题需要首先提出一个更为基础的问题。

什么是关系？很多人都试图对关系、“亲密”关系或“个人”关系进行定义。根据这些定义，我们知道关系包含了相互依赖的目标、偶然的行为、意义的重合、时间的持续等特点。所有这些特点在一定程度上都是沟通过程的衡量指标。换言之，如果没有沟通，就没有关系这样一个东西了。正如一名学者所说的，沟通是关系的必要条件。没有沟通，一段“关系”就更像是一种幻觉、一种神经症或者是色情狂——认为别人爱着你但实际上那个人甚至根本不认识你（这是一种经常在名人追踪者身上发现的现象）——这样的心理疾病。如果沟通对于关系的起始、发展、维持、恶化和终止都非常重要，那么任何能够明显改变我们沟通方式的东西都会 xiii
很自然地对我们如何与他人相互联系产生影响。

传统的理论通常把新媒体视为一种贫瘠的媒体，然而人们却不得不通过它来处理各种类型的包含丰富信息的关系体验。声音细微差别织成的画毯、眉毛挑动的微妙之处、浪漫瞬间的那一刻沉默、唤起原始激情的香水味、对即将发生的肉体缠绵所产生的惴惴不安，所有这些都难以在线上空间实现。除了阻碍非言语沟通之外，在线空间使得欺骗变得更加容易，其对一对多交流的支持使得沟通缺乏人性化，导致个人化的图标和信息被可以大批量复制的标准化图标和信息所取代，以及对键盘的依赖限制了同步交流的产生。所有这些使得我们能够很容易地理解，在网络发展初期围绕着通过网络和其他计算机辅助设备建立关系的可能性的悲观氛围。

本书作者并没有被这些对网络空间中产生亲密关系的悲观预期所阻挠。令人颇为惊讶的是，她们通过一种"戏谑"的方式考察了在线环境中"游戏"的概念。她们的写作传达了这样一个信息。毕竟我们是智慧的人类，当一种媒体提供给我们的是让人束手无策的技术死胡同的时候，我们展现出了惊人地穿越、避开甚至找到方法拓展技术死胡同的能力。作者颇为创造性地考察了我们在电子媒介中展现自己以及创造在线身份的方法。这些在线身份不仅为我们提供一个无须存在自我意识的游戏空间，并且在游戏过程中我们还能够获得新的自我意识。

就像发明报纸并非是为了发表征婚广告一样，网络的开发也不是为了促进关系的建立。就如同大熊猫的拇指一样，无论是自然进化还是技术进化过程中都会发生突然的峰回路转。涉及寻求与他人的关系的时候，我们就变成了不知疲倦的动物。当面对着一个用于与他人沟通的新媒体的时候，它在促进关系目的方面的潜力必然会被以它的发明者所不能预期方式得到开发利用。

作者通过她们贯通古今的出色能力来说明求爱过程随着时间在不断地发生着变化，虽然网络空间或许是一个崭新的求爱环境，然而我们在这个媒介中的求爱行为依然非常类似于维多利亚时代甚至更早时期的求爱
xiv 行为。与此同时，正如城市化的进程和男女之间在经济政治方面的日趋平等造成了亲密关系和求爱过程的基本特性的相应变化；网络中时空概念与纯粹物理属性的巨大变化也使得我们表达亲昵和爱意的方法发生了

根本的变化。

作者对于这些变化的本质的独到见解不仅在她们贯穿时空的能力得到体现，而且可以从她们将遵循水力学（hydraulic）原理的弗洛伊德（Freud）心理模型与遵循控制论原理的数字技术世界相整合的能力中看出。网络空间成为了一个本我（id）可以部分地逃脱自我（ego）和超我（superego）的管制从而获得更多自由的空间。尽管部分网络用户会堕落入某些黑暗的空间（如网络成瘾、网络强盗），我们中的大部分人都觉得这样的一个空间在一定程度上使我们得到了解放。在网络中，我们可以不用过多担忧那些仅存在于"真实地方"的行政压力，因此我们可以探索自己和别人那些在通常情况下无法展现的方面。

在考虑什么是关系以及沟通媒介在关系构筑中扮演的是什么样的角色时，其他的问题就出现了。什么是性？什么是自我？什么是物质的？作者巧妙地避开了永远无法说清的"什么是真实"的问题，而是大胆地假设人们的在线交互在本质上是真实的。在这一过程中，她们细致地描述了她们提出的概念并其通过使用来自于流行文化和真实的信件沟通的例子来展开分析讨论。这些描述非常具有娱乐性，而且作者还在一个真实的层面上展示了她们在研究在线关系的过程中是如何颇具创造性地博取众家之长。

几乎每一本关于新媒体趋势的书籍都面临很快过时的危险。正如作者所阐述的，新媒体的早期理论家倾向于认为媒介或者人们的人格特性会对关系产生"强效应"（strong effects）。媒介强效应理论的预测是，关系会由于媒介在沟通方面的贫乏而变得索然无味。然而人格强效应理论的预测则是，媒介用户的人格特性造成了关系体验的差异。而关系理论，虽然受了上述两派理论的影响，但它更关心的是在与自我和他人的关系中我们是如何与媒介的能力共同改变的。媒体和人都不是恒定不变的，他们都是构建我们与他人的关系过程中主体。正因为如此，尽管本书的细节在未来的版本中会发生改变（如加入一些新的技术和例子），但其所发展的理论框架必将能够经受时间的考验。

xv 一些在技术方面不是很在行的读者或许会带着一种类似偷窥癖的好奇心来阅读此书。而那些接受过技术教育的人们在看到自己的网络怪癖和网络调情被如此生动的刻画时，脸红害羞也就在所难免。不管怎样，读者所享受的将是一顿知识大餐。

最后，如果你对于“什么是关系”这一问题感到困惑的话，我建议你读完这本书后再回到这一问题。什么是关系？也许你会有或没有一个在你看来是经得住推敲的答案，但是我预测，即使没有别的收获，你至少会感觉到你和作者已经建立了某种关系。她们的写作非常调侃，并且你能感受到她们与素材、主题以及读者间生动的关系。说了那么多，这或许就是关系的定义，即感觉到你和某个人连接了起来，即使你们之间从未有面对面的相遇。如果读者能够与一本关于通过媒介与他人连接的书建立连接，那么还有什么更好的隐喻来描述一本探讨在线关系的书呢？

布赖恩·H. 斯皮伯格(Brian H. Spitzberg)，博士

致谢

在本书即将完成之际，我们需要向很多人表达感激和谢意。首先，xvi
我们需要感谢我们各自的家人，他们对我们的学术之旅给予了无条件的支持。我们也想感激我们的同事（其中不少都是我们的好朋友），他们在个人和学术方面为我们提供了各种帮助，特别是玛特·艾伦（Matt Allen），凯特·安东尼（Kate Anthony），麦克·安德吉维克（Mark Andrejevic），安德烈亚·贝克（Andrea Baker），阿茨·巴热克（Azy Barak），特鲁迪·巴伯（Trudy Barber），汤姆·布坎南（Tom Buchanan），麦克·格里菲斯（Mark Griffiths），拉菲利（Rafaeli），乌尔夫·莱普斯（Ulf Reips），诺埃尔·希伊（Noel Sheehy），以及女王（Queen）大学的员工们，布赖恩·H. 斯皮伯格（Brian H. Spitzberg），约翰·苏勒（John Suler），索尼亚·尤兹（Sonja Utz），亚历山大·维果斯基（Alexander Voiskounsky），巴里·韦尔曼（Barry Wellman），盖伊·亚当斯（Guy Adams），理查德·贝茨（Richard Bates），大卫·博捷（David Boje），基思·本纳特（Keith Bennett），简·库尔特（Jane Coulter），亚历克西斯·唐斯（Alexis Downs），杨尼斯·加布里埃尔（Yiannis Gabriel），谢里尔·拉普（Cheryl Lapp），沙伦·曼森（Sharon Mason），伯卡德·希弗斯（Burkard Sievers）和汉克·斯塔姆（Hank Stam）。我们也需要感谢在整个过程中一直支持我们的下列朋友，包括：杰夫（Jeff），奥格（Og），苏亚特（Suart），詹姆斯（James），安娜（Anna），莉萨（Lisa），吉尔（Jill），乔安妮（Joeanne），罗伊娜（Rowena），查尔斯（Charles），琳达（Linda），罗祖莫（Rozulmo），麦克（Mark），艾米（Amy）和赖安（Ryan）。我们想要感谢帕尔格雷夫出版公司的詹姆·马歇尔（Jaime Marshall），安德鲁·埃克埃尔（Andrew AcAleer），安娜·范·博克塞尔（Anna Van Boxel）以及其他人，这个项目离不开他们的专业支持。

作者和出版社也非常感谢下列的杂志和出版社同意我们在本书中使用一些受版权保护的材料：Computers in Human Behavior（Elsevier）；CyberPsychology & Behavior（Mary Ann Liebert）；Human Relations（Sage）；Human Resource Development International（Routledge）；Idea Group Inc.，Theory & Psychology（Sage）；Journal of Psycho-Social Studies 和 Journal of Mangerial Psychology（Emerald）；Social Science Computer Review（Sage）；The Journal of Change Management（Emerald）；and M@n@gement（一份电子杂志）。

第 1 章

网络关系：到现在为止的故事

> 新近的好莱坞科幻惊险片《黑客帝国》中有一段表现了凶 1
> 险邪恶的电脑技术与人类角色直接较量的情节。网络情感在墨菲斯(Morpheus)——人类英雄和他的头号敌人——一名智能特工，它为控制地球的电脑网络工作——的面对面交锋冲突中，网络情感爆发了。这位被称作史密斯(Smith)先生的智能特工，企图侵入史密斯的大脑来获取能够解除人类反抗智能数字敌人的电脑代码。作为人类英雄的墨菲斯，在史密斯的严刑逼供下表现出永不屈服的坚强意志。或许是为了不让其他智能特工看见自己与其智能计算机品性不符的情感流露，史密斯让他的智能特工同伴离开了屋子，转向他的囚犯墨菲斯，向人类发泄了他的强烈的厌恶情感。“我讨厌这个地方，这个动物园，这个监狱，这个现实，”他叫嚣着，并指向屋子外面的智能世界——一个通过禁锢人类的思想从而利用人类身体产生能量的电脑构筑。“这种味道——如果有这样一个东西，”史密斯继续说，“我受够了它。我能尝到它恶心的味道……我必须离开这里，我必须得到自由。”
>
> (Andrejevic, 2000)

通过描述一些网上发生的性别欺骗和网络罪犯寻找无知猎物的各种故事，媒体使我们相信网络空间充满了形形色色的怪人。同现实世界一样，当然会有一些不寻常的人在网上活动，但这并不说明在网络上寻求互动的人们大都是怪人或是身着黑色塑料服装的性变态。尽管如此，我们仍认为网络空间是一种独特的空间。它是一个人们可以游戏自我的地方。它也是一个人们可以“游戏爱情”的地方。

2 本章将概述目前对网络关系的研究以及研究者如何对网络关系和现实关系进行比较。首先，本书将会简述关于网络关系的早期理论。这些理论认为网络关系几乎不可能是丰富细腻、令人满足的。接下来，我们简述一些持相反观点的理论。这些理论认为，尽管缺乏在线线索，即使不能比面对面的关系让人感到更多的人性化和亲密感，网络关系至少也可以达到同样的效果。我们也会提出我们的观点，那就是网络空间(cyberspace)并不是一个笼统单一的空间，在网络中和他人约会的人们都有着各不相同的动机。这一观点将会贯穿于本书对在线关系的详细讨论之中。

因特网简史：从国防装备到人类关系平台

我们今天所熟知的因特网和它最初原型已经是大相径庭了。因特网这一技术最先是由美国国防部开发的。在 60 年代，他们构建了一个使工作人员能够共享数据的系统，并把该系统称做阿帕网(Arpanet)。具有讽刺意味的是，阿帕网的最初目的是为了连接计算机而不是人；但是，用户们很快就对其进行了改造，以满足他们的个人需要。电子邮件就是一个由阿帕网用户们开发出来的早期产物，之后，阿帕网渐渐发展成为了今天我们所熟知的因特网。到 1985 年左右，因特网已经发展成为一项成熟的技术来支持一个包含着众多研发人员在内的庞大社区。电子邮件(虽然与我们今天所使用的形式不同)通常被用来在使用不同系统的社区间传递信息。万维网(World Wide Web)是 90 年代初期开始发展起来的，而网络浏览器的商业发行则是从 1993 年开始的。

1990 年，第一个网络浏览器被成功开发；这一成果被归功于牛津大学皇后学院的研究生蒂姆·伯纳斯李(Tim Berners-Lee)。大部分人同时也认为蒂姆·伯纳斯李为促进网络的发展作出了杰出的贡献。伯纳斯李成功地劝说了他所工作的一个大型研究机构即欧洲核物理研究中心(Centre Europeenne pour le Recherche Nuleaire，简称 CERN)在 1993 年 4 月 30 日提供一份证书，宣布网络技术和程序代码是属于公共领域的。这使得所有人都可以使用并改进网络技术和程序。从那时开始，人们就不断 3
地改进这项技术，直到今天仍然没有停止。名为马赛克(MOSAIC)的第一个公共网络浏览器于 1993 年推出；网景浏览器的第一版于 1994 年推出；微软的 IE(Internet Explorer)浏览器第一版则是于 1995 年推出。

尽管开发因特网的最初意图并非是为了人际联系，但是，正如同本章将要阐述的，人们开始接受这种技术是把它作为了一种交流的手段以及建立与发展人际关系的方法。本书感兴趣的问题是，人们如何建立网上关系的，这些关系的发展轨迹是怎样的，它们有多么成功，有着什么样的意义。为了说清这些问题，我们将不会把网络空间看作一个笼统单一的空间；相反，我们认为网上存在着众多不同的"空间"。需要注意的是，这些空间并不局限于文本，而是集合了照片、图片、视频(包括通过摄像头记录的现场视频)和音频(现场的和录制的)。本书将涉及的一些空间有：

- 电子邮件(Email)：Email 是 electronic mail 的缩写，它通过通讯网络传递信息。它是一种异步形式的交流，可以支持一对一的或是群体的交流(如通过讨论列表)。一封电子邮件通常由三部分组成：页首、信息和附件(文档或其他电脑可读文件)。一般说来，我们可以从一封电子邮件的页首确定其来源。
- 新闻组 (Newsgroup)：新闻组是对某一个特定话题持续的公众讨论。它们并不是由同一个服务器集中维护的。它是一种异步形式的交流。
- 讨论板/公告栏(Discussion boards/Bulletin boards)：类似于新闻组，讨论板和公告栏都是网站，或是网站的一部分。它们允许人们在上面发信息，但是不支持人与人之间互动的信息交流。讨论板/公告栏通常都是由同一个服务器集中管理。它是一种异步形式的交流。

- 聊天室(Chat rooms):聊天室中的对话是同步进行的。当人们进入一个聊天室,他们所输入的消息会被所有聊天室的人同时看见。大多数聊天室有自己的主题,但也并非都是这样。在线聊天系统(Internet Relay Chat,简称 IRC)和网上寻呼机(I seek you,简称 ICQ)都是聊天系统的例子。
- 即时通信(Instant Messenger,简称 IM):IM 是两个或两个以上的用户之间通过通讯网络进行同步交流的方式。个人可以进行私人谈话
4 或参加到群聊中。与聊天室不同的是,在这个空间,人们通常是与在现实生活中已经认识的人进行交谈。当用户的私人谈话名单中有人上线时,这种及时信息系统会提示用户。
- 多用户网络游戏/面向对象的多用户网络游戏(Multiple-user dungeons,MUDs/MOOs):MUD 现在多被认为是一种多用户空间或多用户域。1979 年,一个名叫罗伊·特布鲁沙(Roy Trubshaw)的英国艾塞克斯(Essex)大学的学生首先创造出 MUD(Cuciz,日期不详)这个短语。同《地下城与龙》(*Dungeons and Dragons*)非常相似,这些空间是人们进行角色扮演游戏的地方。MUD 和 MOO 是同步交流的另一形式,是典型的以文本为基础的虚拟环境。参与者作为角色出现,并在网络上与其他的角色交流。很多 MUD 会有上百个的游戏者同时登陆。
- 大型在线多人角色扮演游戏(Massively multiplayer online role-playing game,简称 MMORPG):MMORPG 是 MUD 以及 MOO 的扩展和延伸。多数 MMORPG 是商业运作的,需要玩家付费才可以加入其中。和 MUD 一样,通过计算机创造出来的虚拟世界是“持续进行的世界”。在其中,不管玩家是否登陆,这个世界都一直在运转。同 MUD 相似,参与者作为角色出现;但是,在大型在线多人角色扮演游戏中,角色通常由其化身(avatar)来代表,化身是人们所扮演的角色的图形表征。

- 在线约会网站(Online dating sites)：在线约会网站于 80 年代开始出现，作为线下约会的替代或补充，它受欢迎的程度不断提高。与报纸的人事栏类似(但包含更多的信息)，参与其中的个体需提供个人简介。这些简介通常配有照片，有时还有录音和录像。用户一般需要付费才可以享受这些服务，一旦他们发现自己感兴趣的个人简介，他们就会通过系统在网上进行联系，以确认对方是否也对自己感兴趣。之后，他们通常会安排现实中的会面。
- 网络日志/博客(weblog/blog)：博客本质上就是放在网上的私人日记。通常人们会对博客定期更新。一个拥有自己博客的人通常就被叫做“博客”(blogger)。博客们发表网络日记的动机多种多样：有时是为了让自己出名、有时出于私人原因(如让朋友知道自己的现状)，而其他时候却是因为职业需要(如新闻记者的目的)。

虚拟婚礼

在 MUDs、MOOs 以及公告栏等网络空间中，浪漫关系开始逐渐流行 5
起来。多用户网络游戏的玩家们只花了不长的时间就创造出“虚拟婚礼”这个概念；即通过在线文本交流的方式，他们所扮演的角色可以“进行”一场虚拟婚礼。比如，塔克斯恩(Taxen)(2002)描述了下面这样一场虚拟婚礼：

> 在我参加的一场游戏婚礼中，我看到了下面这一些事件……在众多宾客中有一个属于欧罗巴角色扮演玩家联盟(Europa Role Player Association，简称 ERPA)的兽人(orcs)角色。兽人被视作野蛮人，通常是粗鲁和十分邪恶的。在这个场景中，这位客人获准坐在了一位小姐的旁边，但他的出席却带来了一系列滑稽的事件。牧师正在向举行婚礼的夫妇致词，在某一时刻，新娘握住了新郎的手：
>
> 牧师：众多星辰闪耀苍穹使得天堂成为一个整体。
>
> 新娘：*轻捏[新郎]的手*
>
> 牧师：流过我们血管的生命同样也使我们合为一体。
>
> 兽人：*将爪子放在[邻座女士]的膝盖上*

女士：*拍击爪子*

兽人：*很快移开*

男宾：*忍住笑*

牧师：现在，让无数星辰的光亮在它的神圣拥抱中爱抚这里的一切，让我们感受到创造的统一。

兽人：*放屁*

这里，扮演兽人角色的玩家很快发现了可以通过仿效新娘的动作来创造滑稽情景的机会，这也是与兽人角色特质相符的举动。而这位男宾用夸张的*忍住笑*的表演承认了兽人玩家的表演能力。

还有其他一些故事，讲述了人们先是在网络上进行“虚拟婚礼”的游戏，而后成为现实生活中的情侣。而那些在现实中形成恋爱关系的人，也通常会举办一次网络婚礼。比如，柯蒂斯（Curtis）（1992）描述了一个开始于兰姆巴面向对象多用户网络游戏（LambaMOO）的浪漫故事：

在这个特定的即将来临的LambaMOO婚礼中，婚姻双方就是在LambaMOO第一次相遇、进而成为好友并最终决定见面。随后，
6 他们在现实中成为了真正的情侣，并特意用MUD网络婚礼来纪念这一事件。情侣们在虚拟现实中相遇并在生活中继续发展恋爱关系的现象并不少见。在一个引人注目的案例中，一对情侣也成功地结合了，虽然他们一个住在澳大利亚而另一个住在匹兹堡（美国东部的一个重要工业城市）！

网络空间：终究是个小小世界

有的人可能会觉得因特网是一个庞大的空间，其间的每个人都是陌生人；但是，事实并非总是如此。下面的故事就说明，即便是万维网（即因特网），有时也只是一个小小世界：

约旦国家新闻社周日报道，一对网络情侣发现他们竟是现实中的夫妻。这段在一对约旦男女之间萌发的浪漫关系，变成了一出尽人皆知的离婚丑闻。

分居数月后，厌倦及偶然的机遇让巴卡·麦汉姆（Bakr Melhem)先生和他的妻子莎娜(Sanaa)在聊天室中短暂地重逢了,约旦国家新闻社报道说。

巴卡,网名阿德南(Adnan),在网上拜倒在莎娜的石榴裙下。而莎娜,网名佳密拉(Jamila)(美丽的意思),把她自己描述为一名有着良好教养的未婚女子——一个虔敬的穆斯林而且爱好阅读,约旦国家新闻社报道说。

三个月里,这对恋人之间的网络爱情迅速升级,不久他们就开始拟订结婚计划。为了当面许诺他们的婚约,两人同意在阿曼北部的扎卡镇公共车站旁见面。

双方都为对方的真实身份感到震惊无比。

看到化名佳密拉的莎娜,化名阿德南的巴卡脸色煞白,他声嘶力竭地大叫:"你被休了,被休了,被休了"——伊斯兰国家中正式结束婚姻的一种传统方式。

"你是一个骗子",桑娜反驳完后立刻晕了过去,该新闻社描述道。(约旦,2005)

在线关系:无线索的、肤浅的、恶意的还是亲密的、友好的?

在对网络关系研究的早期,一些理论家认为,非言语线索(通常存在于面对面的交互中)在网上的缺乏使得网络成为一个抹杀个性的媒介(如 Kiesler, Siegel & McGuire, 1984),因此,"真正的"、名副其实的关系是不 7
可能形成的。虽然理论家们观点已经发生了改变,但是我们依然需要注意到,从这些理论的提出到现在,网络空间的构建也已经发生了改变(并且将会继续改变)。而且,人们与这项技术交互的方式同样也改变了人们使用这种空间的方式。然而,在详细分析有关网络关系的最新理论之前,我们将对早先的理论做一个概述,这些理论启发了当前研究者对网络关系的看法。

社会情境线索理论（Social context cues theory）

社会情境线索理论——最先由斯普劳尔（Sproull）和基斯勒（Kiesler）提出（1986）——认为在线交流和面对面交流在可获取的社会信息量上存在区别。社会情境线索，如那些通过物理环境中的各种因素以及非言语的行为所传递的信息，通常在网络中是不存在的。斯普劳尔和基斯勒（1986）当时认为，这些社会情境线索在网上的缺失，导致了冲突激烈和不受约束的在线交流的增加（如以粗暴争吵的形式）。这一理论是为数不多的几个认为在线关系与面对面关系相比亲密性较低但攻击性较高的理论之一。

社会存在理论（Social presence theory）

尽管提出社会存在理论的最初目的是为了解释通过远程会议（teleconferencing）发生的交互行为，但它是最早被应用到计算机中介的交流（Computer-mediated communication，CMC）上的理论之一。这一理论认为，社会存在（social presence）是一种个人体验到的他人参与到与自己的沟通交流中的感觉。由于计算机中介的交流与面对面交流相比，包含了更少的非言语线索（如面部表情、体态、衣着等）及听觉线索，所以它的社会存在性被认为非常低（Hiltz，Johnson，& Turoff，1986；Rice & Love，1987）。根据这一理论，随着社会存在的降低，交流也就变得越发的冷淡。反过来，当可获得的关于一个人的外貌的信息量增加时，将会带来更强的正性感受。因此，由于与其他媒体（包括视频会议）相比网络的社会存在更低，所以计算机中介的交流的个人性和亲密性都相对较低。

媒体丰富理论（Media richness theory）

8 媒体丰富理论的观点与前述两种理论很相似，它所关注的也是计算机中介的交流与面对面的交互相比所欠缺的东西。这一理论认为，个体希望能够克服组织中的含糊性和不确定性,同时它还认为,组织中常用的不同的媒体,有各自比较适合的任务。正如达夫特(Daft)和伦格尔(Lengel)(1986)所解释的:

> 信息丰富性(information richness)被定义为,信息在一定时间段内改变相互理解的能力。那些信息丰富性较高的沟通交流能够克服不同参考系间的差异或澄清不确定的问题,从而及时地增进相互理解;而那些需要很长时间才能使相互理解成为可能或是无法克服不同视角间差异的沟通则被认为丰富性较低。(p. 50)

达夫特和伦格尔(1986)用来界定媒介丰富性的若干标准类型包括:(a)及时反馈的可获得性;(b)媒介传递多种线索的能力;(c)"自然语言"的使用和(d)媒体中个人关注的部分。根据这一理论,面对面交流是最丰富的一种媒介,因为它提供了及时的反馈,并且使用了更多的通道(例如:Trevino,Lengel & Daft,1987)。电话的丰富性略低,其他种类的媒体则更低,如即时通信和电子邮件(Hancock,Thom-Santelli,& Ritchie,2004)。

网络空间:孤独者逗留的地方?

了解了上述对计算机中介的交流的看法,早期研究关注于因特网对个人造成何种负面影响就不令人吃惊了。在一个著名的研究中,克劳特(Kraut)和他的同事们(1998)提出,因特网的大量使用是与个人所受的负面效应成正相关的,如个人的社交圈的缩小及抑郁孤独感的增加。在克劳特等人的这个纵向研究中,他们为那些从来没有使用过因特网的家庭提供了一台电脑、一条免费电话线和因特网的免费使用权。研究过程中,他们跟踪了被调查者的心理状态的改变。正如前文所提到的,这个研究
发现,因特网的大量使用和孤独感之间存在着显著的相关关系。克劳特 9
等人认为,由于因特网使用前的孤独感并不能预测使用后的孤独感,最合理的解释就是,因特网使用量的增加是孤独感增加的原因。换句话说,上

网占用了人们本可以用于更有益于心理健康的现实的交互的时间。克劳特等人提出在线上正在形成的“弱联系”(weak ties),与在线下已经建立的各种关系及强联系(strong ties)相比,质量较差。

克劳特等人(1998)的“家庭网研究”(HomeNet study)受到了广泛的质疑。一个主要的批评认为,他们仅仅使用了UCLA孤独量表中的三个项目来测量孤独感,并且代表项目间的内部一致性很低——克龙巴赫阿尔法系数仅为0.54。(Grohol,1998)莫拉汉马丁(Morahan-Martin)(1999)也指出这个研究的样本量太小并且不是随机选取的。然而,一个或许更重要的批评是,克劳特等人的发现只能够解释因特网新用户的行为(LaRose,Eastin,& Gregg,2001)。此外,正如拉(La)(2001)所认为的,自我效能或许是一个需要考虑的重要变量。在克劳特研究中那些消耗较多时间在网上的个人很有可能仅仅是对因特网使用不熟练的用户,而试图学会如何使用这项新技术所带来的压力或许才是导致他们变得更加抑郁的原因(Whitty & McLaughlin,出版中)。

有趣的是,在“家庭网研究”的三年后所进行的跟踪研究中,同样的研究者发现,先前报告的那些负面效应大部分都消失了。(Kraut,2002)新的结果是,较高频率的因特网使用与社会卷入以及心理健康的测量结果成正相关。蓝罗斯(LaRose)等人(2001)关于考虑自我效能重要性的观点,或许可以用来解释这样的结果。会不会是家庭网研究中的参与者,随着时间的推移,对因特网变得更加熟悉,从而改变了他们对因特网的使用方式呢?

与认为因特网会导致孤独感的看法相反,另外一些观点认为,孤独的人更倾向于使用因特网,甚至能够从中获益。正如莫拉汉·马丁和舒马赫(Schumacher)(2003)所说的:

> 因特网为孤独的人提供了一个理想的与他人交往的社会环境。它不但提供了一个大大扩展的社会网络,而且网络还提供了一种不同的社会交互模式,这种模式或许对于那些孤独的人特别具有吸引力。(p.662)

10 其他一些人也认为个体能够从网上的弱联系中获益。例如,巴里·

韦尔曼(Barry Wellman)(1997)就认为，虽然强联系比弱联系提供了更多的社会支持，但弱联系也并非一无是处。正如他所说的："弱联系的'弱'意味着它们可以将一部分人连接起来，这一部分人间的社会区别比那些通过强联系连接起来的群体更大。"因此，弱联系倾向于将人们与其他社会圈相连接，提供新的信息源和其他资源。另外，康斯坦特(Constant)、斯普劳尔和基斯勒(1997)发现，计算机网络上的信息提供者(即那些志愿为需求者提供其所需信息的人)为信息寻求者提出了很多有用的建议，并且解决了很多问题。有意思的是，即使当他们与信息寻求者没有任何个人联系的时候，他们依然愿意提供信息。

太多太快：非成即败现象

根据一些理论家的说法，计算机中介的交流仍有其他一些负性的方面值得研究者考虑。已经逝世的埃尔·库珀(Al Cooper)和他的同事们关注了在线关系发展的进度。尽管这些研究者已经指出了在线关系和在线性事的许多积极方面，但他们还是认为网络关系极易出现"非成即败现象"(Cooper & Sportolari，1997)。非成即败现象即亲密的自我暴露的快速过程，导致萌芽阶段的关系很快地变得过于强烈的现象。正如库珀和斯波托拉瑞(Sportolari)(1997)所说：

> 这样一个加速的暴露过程可能会产生一系列连锁反应，即关系在一开始让人感到兴奋、继而迅速情欲化、最终却难以维持。这是因为相互间缺乏基本信任和真实了解来支持这样的关系。(p. 12)

网络空间中真正的关系

与那些对在线交互持负面态度的观点相反，研究已经证明了"真正

的”关系是可以从网上起步并且成功转移到现实生活中。例如，帕克斯
11 (Parks)和弗洛伊德(Floyd)(1996)在他们对新闻组的研究中发现，占其样本约三分之二的人(60.7%)承认，曾和某个在新闻组中初次见面的人建立过个人关系。其中，7.9%的人说这种关系是一段浪漫关系。他们发现女性比男性更容易在网上建立个人关系。值得注意的是，那些参加到多个新闻组中的人更容易建立个人关系。帕克斯和弗洛伊德称，他们的研究结果向先前那些认为名副其实的关系是无法在网上建立的理论提出了挑战。另外，他们发现，很多始于网上的关系转为了其他渠道的交互，包括面对面的交互。

在 1998 年，帕克斯和罗伯特斯(Roberts)尝试通过研究另一个在线空间来重复帕克斯和弗洛伊德(1996)的研究结果。他们调查了开始于MOO，并在其中发展的关系。他们发现，大多数被调查者(93.6%)都报告说，他们在参与 MOO 的过程中至少建立过一个一直维持着的私人关系。这个研究发现了不同类型的关系，其中包括亲密的友谊(40.6%)、普通的友谊(26.3%)和浪漫关系(26.3%)。帕克斯和罗伯特斯评论说，“在MOO 中，个人关系的建立可以看作是常规情况而非例外”。有意思的是，大部分在线关系是建立在异性参与者间。这一发现在不同年龄层以及不同关系状况中都是一致的。正如帕克斯和弗洛伊德所指出的，这一结果与现实生活中同性关系比异性关系更加普遍的情况截然不同。帕克斯和罗伯特斯解释道，这一结果说明“MOO 打破了现实生活中与异性建立友谊的在结构和规范上的约束”。他们所指的结构上的约束包括男女缺乏持续交往机会，以及男女地位——特别是在工作场合中——的差异。这些理论家总结道，“MOO 为用户提供了一种置身于一个安全的社交环境中的感觉，在这样一个环境中，个体可以不必考虑现实生活中的后果而自由地探索各种类型关系”(Parks & Roberts，1998)。

MUD 是一个与 MOO 相类似的空间。索尼亚·尤兹(Sonja Utz)曾经研究了在这一空间中发生的交互。在尤兹(2000)对 MUD 用户的研究
12 中，她发现 76.7%的受调查者称他们在网上建立过一个进一步发展到现

实中的关系，其中24.5%的人称这是一种浪漫关系。另外，她还发现，随着时间的推移，人们确实学会了如何“用语言来表达非言语线索”。她所调查的MUD玩家通常使用情绪脸谱来代表感受和情绪。有趣的是，尤兹还发现，并不是所有那些花费大量时间MUD空间上的人都会建立友谊。尤兹认为这可能是因为不是所有的MUD玩家都相信自己会在这个空间中建立友谊，也不是所有玩家都是为了建立友谊才参与到MUD中。

在他们对聊天室交互情况的调查中，惠蒂和加文(Gavin)(2001)也发现了人们在这个空间中建立友谊和浪漫关系的大量证据。与社会存在理论家及其支持者的预测所不同，这个研究中的参与者觉得传统的交际线索的缺失反而激发并增强了他们的在线关系，对于年轻男性来说更是如此。此外，这个研究并没有发现在线关系不够“真实”、不够令人满意的证据。相反，其中的一些参与者报告说，他们的关系似乎在因特网上发展得更好。正如一位18岁的女性所报告的：

> “它(两人间的关系)是起始于在线聊天系统上一次有意思的交谈并通过大约500封电子邮件逐渐发展起来的。他懂得关心、愿意倾听的品质令人着迷。他非常细致体贴，而且他的照片很性感(大笑)……我们交换了地址，他在情人节和复活节都给我赠送了礼物。我们每天都会写一封两页的电子邮件、传递语音信息。并且在六个月后我们终于开始了电话交谈。我们电话交谈的感觉不太好，所以我们决定只采用电子邮件沟通……交换电子邮件的八个月后我们见面了。他是一个很不错的人，我们的关系本来可以进一步发展，但是他却沉迷于电子邮件中。不过这确实是一次很棒的经历，他就跟照片上一模一样。”(Whitty & Gavin，2001，p. 628)

网络空间：关系发展的更大机会

人们提出了很多理论来解释为什么真实且有意义的关系可以从网上

起步然后成功地转移到现实中。与社会线索削减理论截然相反的观点认
13 为，网上缺乏社会线索反而为关系发展提供了更多的机会（Lea & Spears，1995）。正如莉（Lea）和斯皮尔斯（Spears）曾经说过的，交流者的视觉匿名性（visual anonymity）以及同时在场性（co-presence）的缺乏——由于物理上的隔离所造成——增加了交互的可能性，并且对于一些人来说这些恰恰是在线关系的"魔力"所在。虽然网络交流缺乏面对面交流所提供的很多物理的和非言语的线索已经是不争的事实，大多数理论家现在都同意这样的观点，即这种"缺乏"并不一定会为亲密个人关系的发展造成不可逾越的阻碍。其实在线关系可以和其他任何关系一样亲密、一样给人以满足感（Lea & Spears，1995；Parks & Floyd，1996）。

帕克斯和弗洛伊德（1996）提出了这样一个问题，现实生活中存在的那些条件是否真的是关系发展的必要前提？线下交往作为一种常见情况并不表示它是人们建立和发展良好关系的唯一途径。莉和斯皮尔斯（1995）认为，"（通过计算机中介的交流进行沟通的）人无法进行面对面交互这一事实，并不一定意味着对于这些人来说，关系就不够真实或者不够重要"。重要的是，同莉和斯皮尔斯持相同观点的研究者提出，我们需要区分我们所知道的建立关系的常规环境和建立关系的必要条件。正如莉和斯皮尔斯（1995）所说的：

> 区分作为关系中以常态出现的那些性质及过程和作为关系形成必要前提的性质及过程是非常重要的。计算机中介的交流——一种无处不在的可克服距离但是拒绝物理性和非言语交流的沟通媒介——的涌现，使人们关注并重新审视很多关于关系过程和定义的基本假设。（p. 212）

莉和斯皮尔斯在1995年提出了"少即是多"（less can mean more）的大胆说法。这种观点与那些提出社会线索的减少意味着在线关系不够丰富、不够有满足感的早期理论家大相径庭。从那以后，其他的研究者（如本章后面将详细讨论的 Walther）已经用令人信服的实证证据来支持这

一观点。在先前提到的惠蒂和加文(2001)的研究中,聊天室的用户报告说,他们感受到自我意识的弱化,并很少注意到自己正在被社会评价,从 14 而使得他们在能够维持距离和个人空间的同时还能够揭示自己的私密细节。具有讽刺意义的是,这个研究中的很多男性参与者都相信,通过掩盖自己的身份,他们能够在情绪上更加诚实和公开。

你所看不到的线索

现在让我们从另一个角度来审视这个问题。有研究指出,计算机中介的交流完全丧失了社会线索这一提法是过于简单化了。相反,以文本为基础的交流能够提供复杂且细微的社会及文化信息。例如,研究者发现,通过某些特定的能够区分男性和女性对话的语言线索,复杂的性别信息是可以通过文本来传递的。汤姆森(Thomson)和穆拉齐维(Murachver)(2001)发现,女性更倾向于在线上提及内心情感和个人信息。此外,这些研究者还在他们实验研究中的发现,被试者能够辨别在网络上与他们进行交流的人的性别。威特默(Witmer)和卡自茨曼(Katzman)(1997)发现女性比男性在线对话中会使用更多的"图形化语气"(graphic accents,就是大多数人所说的情绪图标)。研究还发现,男性和女性的发言在网上是被区分对待的。例如,苏珊·赫林(Susan Herring)(1993)发现男性更有可能参与到讨论板中,而且男性的发言通常要比女性的长。

在"真正的"关系是可以在网上发展的这一观点获得强大证据支持的背景下,人们提出了一批理论来解释这些关系是如何形成的。诸如社会识别/去个人化模型(Social Identification/Deindividuation model, SIDE)这样一些理论尝试来解释自我在线上是如何被看待的以及他人在这个空间是如何被感知的。其他理论,如由乔·沃尔瑟(Joe Walther)(1995)发展的社会信息处理理论(Social Information Process theory, SIP),关注的是与线下关系相比,在线关系发展的节奏。沃尔瑟、斯洛瓦切克(Slovacek)和蒂德韦尔(Tidwell)(2001)还扩展了社会信息处理理论，提出一些发展于网络的关系是“超个人的”(hyperpersonal)。我们接下来将依次详细讨论这些理论。

SIDE模型(社会识别/去个人化模型)

15 SIDE模型由赖歇尔(Reicher)(1994)首先整合而成的，并由其他研究者，如莉和斯皮尔斯等，进一步发展(参见例如 Lea & Spears，1995；Spears，Lea & Lee，1990)。它对本章先前所阐述的那些认为人际交互是社会存在发生的必要条件的理论持批评态度。与诸如社会存在理论这样的一些理论不同，SIDE模型提出视觉匿名性并非一定会导致负面的行为后果。

这一理论在自我分类理论(self-categorisation theory)的基础上进行了拓展。自我分类理论假设，自我并非是一个固定单一的实体，而是由很多个自我范畴(self-categorisation)构成。个体会从不同的角度来看待自己和其他群体。每一个社会身份都提供了关于某个社会群体的信息。一个人的社会身份可以是属于某个网球队或属于某一性别群体。人们非常有必要认识到，社会范畴的显著性是由社会情境所决定；因此，个人更倾向于根据某一时刻的社会身份来行事。正如罗杰斯(Rogers)和莉(2005)所解释的：“从这个角度来看，群体是以一种认知表征形式存在于个体中的，而并非是个体存在于外部群体中。”

斯皮尔斯和莉(1992)提出，在交互时，传统意义上的社会线索的缺失并非一定意味着社会线索本身的缺失。SIDE理论认为交流有关社会范畴的信息并不困难。罗杰斯和莉举例说电子邮件中的页首能够提供诸如性别和工作单位的线索(例如，一个以 ac.uk 结尾的电子邮件地址说明发信人是来自英国的某所大学)。当涉及计算机中介的交流时，罗杰斯和莉(2005)是这样解释的：

> “虚拟群体同样有着交流的共同目的，并且这一共同的目的是共同社会身份的基础。因此，从一定程度上说，作为社会身份基础的范畴线索的显著性并不依赖于很多计算机中介的环境中所缺少的人际线索。群体是以一种认知表征形式存在于个体中，而并不是被削减为一种群体成员间的相互联系的集合。因此，对某一群体的归属感或是认同感是可以发生在仅有较少的感觉通道的环境中的。”(p.153)

因此，SIDE 理论认为，由于私人的或“个人化”的在线信息在网上是 16
有限的，至少当个人保持视觉匿名的时候是这样的，所以社会身份的显著性就变得更加重要。一个人并不需要其物理存在才能感到是群体的一部分。莉，斯皮尔斯和德格鲁特(DeGroot)(2001)找到了证据来支持视觉匿名性可以增强群体认同感，进而提高群体对个人的吸引力这一说法。因此，网络中社会存在的缺少并不意味着网络交互没有面对面的际遇那样丰富、重要和让人愉快。这一理论的含义就是，要使一个成员有足够的动机为其所属群体工作，其显著身份需要与群体身份保持一致(Roger & Lea，2005)。

关于 SIDE 模型的一个主要批评，正如乔英森(Joinson)(2003)所指出的，是它对视觉匿名性的过分强调。虽然当这个理论最初形成的时候，保持视觉匿名在上网的人群中是一个流行的选择，这一情况现在已经发生了很大变化。例如，在及时通信上，人们通常会选择一张自己的照片放在网上，当他们打字的时候，他们还使用摄像头(而且他们通常都和与自己对话的人在现实中相识)。在线约会者通常会对没有照片的个人简介视而不见(参见第七章对网上约会的详细讨论)。罗杰斯和莉(2005)还指出了这一理论的另一个局限性：

> 从 SIDE 理论的角度来看待分布群体中的存在是不能够解释为什么以共同社会身份为基础的社会存在总是有益的并且是人们渴望得到的。在那些由有着不同角色、不同地位和持有与群体总目标相冲突的个人目标的成员所构成的群体中，强调共同的社会身份可能

会带来更多问题。(p. 157)

SIP:社会信息处理理论

沃尔瑟(1995)也批评了诸如社会存在理论这样一些早期理论。他批评了支持这类理论的研究者所使用的研究方法。尽管他依然赞成社会线索削弱的观点,他相信很多这类研究没能充分地考虑到时间所产生的效应。他指出仅仅在短期内考察在线群体,研究者将观察不到这些群体是
17 如何在现实中变化发展的。此外,沃尔瑟(1995)认为很多这样的研究忽视了存在于面对面对比组中的非言语线索。因此,尽管希尔茨(Hiltz)等(1986)可能确实发现在网上有着更多的意见分歧,因为这在文本的使用方式中非常明显。但是沃尔瑟提出,线下的分歧则可能通过非言语线索比较微妙地表现出来(如摇头)。面对早先研究的不足,沃尔瑟和他的同事们寻求发展一种对发生在计算机中介的交流中的交互的更全面的理解。在这过程中,沃尔瑟提出了“社会信息处理理论”(social information processing theory,简称 SIP)。

社会信息处理理论(SIP)“指的是交流者使用不同的媒体来处理社会身份和关系线索(即社会信息)的方法”(Walther,1995,p. 190)。这一理论提出:面对面交流和计算机中介的交流之间的主要区别并不在于各自支持关系发展的能力,而是在于关系在各自中发展的节奏。沃尔瑟提出,虽然计算机中介的交流可能在一开始更加迅猛一些,但是随着时间的推移这种迅猛将会逐渐消失。沃尔瑟(1992,1995,1996)在这个理论中强调,许多在线关系与面对面关系间的不同会随着时间而逐渐消失。此外,虽然有限的带宽可能限制了信息交换的速度,但是这个问题可以通过允许更长时间或更加频繁的交流来缓解。这个理论有三个主要假设:

> (a)交流者希望与他人相关联的动机,可能促使他们不顾某一媒介可能带来的阻碍,来建立印象和发展关系。(b)用户会利用一个

> 媒介所提供的任意线索系统来展现和获取社会信息。计算机中介的交流的用户会使用语言、内容和时机来达到其社会目标。(c)建立关系的过程是需要时间的，与面对面交流相比，计算机中介的交流要慢一些。当时间更加充裕和当计算机中介的交流的参与者积极地寻求和展现关于彼此的社会及个人信息时，参与者之间的了解将会加深、计算机中介的交流的伙伴们将构建相互间的印象而且他们的关系也将发展到正常人际关系的水平。(Walther 等，2001，p. 108)

为了检验他的理论，沃尔瑟(1995)在一定时间跨度内对网络群体和现实群体进行了比较。编码者通过接受训练学习如何整理编码录像带以及互动过程的记录。他们被告知需要同时考虑面对面条件中的个人所展示的具体内容和非言语行为。此外，他们还被要求每完成对一个研究参与者的观察后，就填写一份关系沟通问卷(Burgoon & Hale，1987，引用 18
于 Walther，1995)。令沃尔瑟吃惊的是，他发现不仅仅是计算机中介的交流群体的关系交流的得分随着时间不断提高。而且从任何时间尺度上来看，在大部分关系交流中，计算机中介的交流群体的得分都显著高于面对面组的得分。实际上，在所有时间段中，与面对面群体相比，计算机中介的交流群体都被评定为具有更少的任务指向(task-oriented)和更多的社会指向(socially oriented)的。以这些结果为依据，沃尔瑟(1995)总结到："社会信息处理理论低估了计算机中介的对关系交流的积极效应。"(p. 198)此外，他称这项研究中最惊人的发现是，"当计算机中介的交流的参与者随着时间推移变得互相依赖时，他们在整个交互过程中采用了更加亲密和友善的关系行为。"(p. 198)

超个人交流

沃尔瑟拓展了其社会信息处理理论从而发展出一个超人际交流的理论框架。这一理论认为："相比于那些参与到面对面活动以及其他非计算机中介的交流的情境中的人，计算机中介的交流用户有时能够感受到更多的亲密、友爱和人际间的相互评价。”（Walther 等，2001，p. 109）沃尔瑟和他的同事们相信，在一些情况下计算机中介的交流的用户们会将他们的虚拟伙伴理想化。这一理论也强调，计算机中介的交流用户会有选择性地进行自我展示。尽管在现实中，人们确实会采用某种策略来展示自己，但沃尔瑟和他的同事相信，计算机中介的交流中的印象管理则更具可控性和灵活性。这些研究者称“在线交流者可能会利用以文本为基础的、不可见的交互来形成在现实交流中少见的不同层次的亲密关系。（Walther 等，2001，p. 110）”

根据这个超个人交流框架，网上所表现出关联行为依赖于个体期待的究竟是他们伙伴的长期承诺还是短期承诺。此外，这些夸张的行为表现通常会因为一张照片的存在而改变。这些研究者发现，如果照片的存在先于或同时于计算机中介的交流，照片将对短期计算机中介的交流伙
19 伴间的亲密友爱感及社会吸引力产生正面的影响。此外，与那些从未看过彼此照片的长期计算机中介的交流伙伴相比，一旦有照片出现，那些通过网络相识的计算机中介的交流伙伴所感受到的亲密友爱感以及社会吸引力将减少。具有讽刺意味的是，同样一张照片，“既可以帮助逾越非个人化的障碍从而促进交际，又可以削弱超个人化的优势从而阻碍交际。”（Walther 等，2001，p. 122）

同样值得注意的是，在外貌吸引力评定研究中并没有获得同样的结果。不过，这些研究者确实发现，当没有照片存在时，对外貌吸引力的感知依赖于一个人自我展示是否成功；然而当照片存在的时候，自我展示与外貌吸引力呈负相关，而熟悉度却对外貌吸引力有着正面影响。正如沃尔瑟（2001）等的解释：

> 似乎当伙伴的照片出现时，如果他们的外表越没有吸引力，那么或许是作为一种补偿，他们的自我展示就越成功。或者是，他们的伙伴越具有吸引力，他们就相信自己在印象管理方面所作的努力越不够成功（或者是，他们在判断自我展示成功与否时发生了错误，以至

于他们越是觉得自己进行了成功的自我展示，他们反而会被评定为没有吸引力）。（p. 123 - 124）

沃尔瑟等（2001）非常正确地指出，他们的研究所获得的实证证据表明，SIDE 模型不足以解释所有类型的在线交互。根据 SIDE 模型，一张照片可能会降低对一个群体的社会吸引力。但是，与之相反，沃尔瑟等发现（2001），如果照片的存在先于或同时于计算机中介的交流，它将对短期计算机中介的交流伙伴的社会吸引力产生正面的影响。

网络空间：一个更加自由的地方

当然，没有任何一本关于网络关系的书能够忽略谢里·特克尔（Sherry Turkle）（1995）的工作。在她题为《屏幕上的生活》（*Life on the Screen*）的著作中，特克尔展示了一幅网络空间的乌托邦景象。特克尔对 MUD 和 MOO 进行了研究并亲身参与其中。同 SIDE 模型的支持者一样，特克尔对网上不同的自我很感兴趣；但是，与 SIDE 模型不同的是，特克尔对个人身份的构建的兴趣更浓。按照她对这些玩家的理解，特克尔 20
写道，"当玩家参与其中的时候，他们不仅成为这些文本的作者，也成为他们自己的作者——通过社会交互构建新的自我。"（p. 12）

我们会在第三章中详细地讨论特克尔的工作。但是，在这里我们需要强调一个关键点，那就是，特克尔认为网络空间为人们提供了实验多种身份的机会。特克尔说道：

> 我并没有暗示，MUD 或电脑公告栏是解释现在具有多重人格症（multiple personality disorder，简称 MPD）症状人数激增的原因，也没有暗示 MUD 的玩家患有有多重人格症或者参与 MUD 之中就跟患上多重人格症一样。我想说的是，我们文化中的多元性的多种表现，包括对网络角色的接纳，促使人们对传统的、单一的身份的观点进行全面重新思考。（p. 260）

特克尔将网络空间看作是人们在其中可以发现更深层真实自我的地方。然而,理解下面这一点很重要:虽然特克尔相信人们可以在网络中尝试展示不同的身份,但是个人网上与网下的身份通常具有联系。她通过下面这个不能适应学校生活的男孩为例来说明这一点。这个小家伙发现MUD可以给他提供一个全新的开始。正如特克尔(1995)描述的那样:

> 因为MUD可以让他在任何时间创造新的角色,他可以随时从零开始。当小男孩儿改变自己角色的时候,他觉得获得了新生。
>
> 在MUD上,Gordon实验了众多不同角色,但它们都有着共同点。每一个身份都具备戈登一直试图在自己身上发展的特质。他把自己当前正在扮演的角色描述成"我的一个化身。他跟我很相似,但是感情更加奔放、更会说一些讨好他人的话语并且更加浪漫,对事物都抱着无所谓的态度"。(p. 190)

其他一些实证研究也表明,一些个体确实在网络上会感到更加自由。例如,史卡罗特(Scharlott)和克莱斯特(Christ)(1995)宣称,很多性格腼腆的人用在线约会网站来克服一般面对面约会带给他们的障碍。此外,他们发现,越是害羞的人越倾向于认为月老网(Matchmaker,一个网络约会网站)给予了他们探索自己人格中新的一面的机会。但是,必须指出的是,这个网站上的在线约会者都保持着视觉匿名——这种情况在现今的
21 约会网站已经不常见了。乔英森(2004)的研究结果进一步发现,与高自尊个体相比,低自尊个体更偏向于使用电子邮件作为交流手段。比如,用电子邮件请求与人约会或要求涨工资。

网络空间中的性爱

理论家指出,网络不仅为人们创造新身份提供了空间,而且提供了一个人们可以在其中更加性开放的空间。特克尔(1995)写道:

> 许多曾参与过网络性爱(netsex)的人都说,他们经常惊讶于网

络性爱在情感和肉体方面所具有的力量。他们坚持认为，这正好验证了一句老话所阐释的真谛：90％的性爱是发生在头脑中的。这当然不是一个新观点，但网络性爱却让这一空间成为十几岁的男孩们的常去之地，这些男孩对性方面的事情非常了解，而这一点却不为大众所知。一个十七岁的高中学生告诉我，他尝试将他网络上的色情交流变得“刺激、令人激动并带有点幻想的味道”。(p. 21)

一个人在网络上可以参加到很多不同的性活动中。举例来说，网络性行为(cybersex)通常被认为是一种在网上进行的同步交流，在其中两个或多个个体同时参与到与性幻想相关的讨论。通常，这种讨论还伴随着自慰行为。而热聊(hotchatting)则是两人或多人参与的比轻浮挑逗更进一步的交流。热聊不需要实时(同步)进行的。“迷你性爱”(TinySex)是 MUD 玩家使用的术语，它是指网络上一个或多个角色参与其中的性活动。

埃尔·库珀和他的同事详尽地讲述了网络空间给个人带来的麻烦与乐趣——特别是涉及性的时候。库珀、谢勒(Scherer)和马库斯(Marcus)(2002)曾经说过，“因特网在同等程度上既可以威胁又可以促进健康、积极、感情上令人满足的性生活”。库珀(Cooper)(1998)发展了他所命名的“3A 引擎”(Triple A Engine)来说明因特网是怎样一个可支持性活动的强大媒介。他指出，因特网很容易通达(access)、使用费用大众可以承受(affordable)并且人们还可以在网上保持匿名(anonymous)。鉴于因特网有这三方面的特点，网络上的性活动几乎是随时可得、花费甚少，而且用户可以进行匿名的活动，从而使得他们能够在不被别人识别“真实”身份的情况下安全地进行性活动。库珀和斯波托拉瑞(Sportolari)(1997)提出，因特网为个体提供了一个在涉及性内容时能尽情表达自己的更加积极的舞台。他们说 22
这一点对女性来说尤为如此。正如他们所阐述的：

在匿名且安全的网络空间中，女性可以随心所欲地直接明确地表达自己的性欲望，而不必害怕或考虑在现实生活中会产生什么结果(如怀孕、强奸或性病)，她们也无需对付男性的强健身体。(p. 11)

网络上更多的自我暴露

在本章开头我们重点强调了莉和斯皮尔斯(1995)的观点——有时“少即是更多”。其他理论家通过考察人们在多大程度上准备好了网上的自我暴露，接受了这一观点。帕克斯和罗伯特斯(1998)曾经指出，网络空间的匿名性为人们提供了一个可以自我暴露的空间，在这个空间中他们可以展示出自己某些在面对面情景中不便展示的特质。他们将这个现象与蒂博(Thibaut)和凯利(Kelley)的(1959)“火车上的陌生人”理论加以类比，根据后者，人们在向自己今后很可能不会再见到的人敞开心扉时，会感觉更加舒服。

在因特网上保持匿名可以让人们在感情上更加诚实与开放(Whitty & Gavin, 2001)。约翰·苏勒(John Suler)(2004a)对“抑制解除效应”(disinhibition effect)作了详尽的探讨。他写道，有时人们会在网络上显露自己的隐秘情感、恐惧或愿望，或者他们会变得非常善良友好。这被称作“良性抑制解除”(benign disinhibition)。与之相反，他说，另外一些人会变得极端粗鲁或非常易激怒，或者看一些他们通常不会看的东西，如色情内容。这被称作“恶性抑制解除”(toxic disinhibition)。通过实证研究，亚当·乔英森(Adam Joinson)(2001)发现，个人在网上透露的个人信息比在面对面情景中要多。另外，他发现当人们保持视觉匿名(visually anonymous)时，他们比那些没有视觉匿名的人更加愿意透露自己的信息。

其他研究者考察了人们在网络上与现实中相比在哪些方面更愿意暴露自我。比如，正如下一节中将详细讨论的，一些理论家提出，网络空间允许人们暴露他们“真实的自我”。

真实的自我与现实的自我

23 按理来说，那些可以在传统场景中找到相似同伴的人，那些有能

> 力用人格、吸引力、魅力或智慧来跨越人际关系障碍的人，还有那些熟练掌握与他人交流所必需的社交技巧的人，是不需要用因特网来表达所谓真实的自己或“真我”(Real Me)的。但是，其余的人应该为因特网的存在而高兴。(McKenna，Green & Gleason，2002，p. 12)

约翰·巴奇(John Bargh)、凯特琳·麦克纳(Katelyn McKenna)和他们的同事们对“火车上的陌生人”的概念做了进一步发展。麦克纳等(2002)指出，与火车上遇到陌生人不同，“人们通常与他们在网上结识的人进行多次互动，所以早期的自我暴露为今后发展更亲密的关系打下了基础”。这些理论家特别关注的是哪种网上自我展示更容易引向亲密关系(Bargh, McKenna Fitzsimons, 2002; McKenna 等，2002)。巴奇、麦克纳和他们的同事们参考罗杰斯和希金斯(Higgins)在人格方面的工作成果提出，在研究网络关系的发展的时候，应该重点考虑到自我的两个方面，即“真实的自我”(true self)与“现实的自我”(actual self)。虽然他们的说法可能只是希金斯研究成果的一个过分简化的版本，但他们的研究仍然为这个领域做出了重要贡献。

现在简单地讨论一下希金斯和罗杰斯有关自我的观点。希金斯(Higgins)(1987)对自我的三个方面，即“现实的自我”(actual self)，“理想的自我”(ideal self)和“应该的自我”(ought to self)作了明确的区分。“现实的自我”是你自己和他人实际上认为你是怎样的人的一种表征；“理想的自我”是自己和他人希望看到怎样的一个你的表征，包括对你的期许与希望；“应该的自我”体现了那些你相信自己应该拥有的品质。为了说明这些不同的自我，希金斯(1987)提供了一个文学的例子来比较“理想的自我”和“应该的自我”的异同，那就是故事中的英雄必须在他的个人愿望与责任感中做出抉择。他同时又举了一个现实生活中的例子，关于一个女人希望在她的事业上获得成功，但被迫忍耐这一愿望与“应该的自我”——大家都希望她做一个家庭主妇——的冲突。相反，罗杰斯(1951)发展了一个人本主义的人格理论，其中“自我”(self)是核心概念。罗杰斯认为自我通过与他人的互动而得以发展，心理治疗的重点是帮助人们发 24

现他们真实的自我。理论上说，如果经历过“无条件积极关注”(unconditional positive regard)，人们就可以发现真实的自我。

巴奇等(2002)和麦克纳等(2002)在罗杰斯工作的基础上(1951)，把“真实的自我”(或者被他们称作“真我”)定义为个体拥有的、希望向其他人表达但往往不能得到表明的特质或特征。与之对应的是，他们借鉴希金斯(1987)的研究，将“现实的自我”(actual self)定义为人们拥有且向社会环境中的其他人表达的特质或特征。与希金斯观点一致，这些研究者提出，随着一个人与其同伴间的信赖与亲密程度的加深，他们都更倾向于显露出平时不常显露的一些方面。

之前的一些理论和实证研究发现，因特网为人们展示隐私的方面提供了更安全的空间(本章前面有所提到)。基于上述发现，麦克纳等(2002)认为，“我们期待着那些在传统的面对面交流场景中感到孤独或对社交恐惧的人通过因特网可以更好地表达他们真实的自我，从而发展亲密且有意义的关系”。(第 12 页)这些研究者认为，那些更愿意在网络上表达真实的自我的个人，与那些更倾向于在非网络关系中表达真实的自我的人相比，会觉得在网络空间中形成的关系对于自己的身份更加重要。正如麦克纳等(2002)曾经说的：

> 这些在网络而非现实生活中才能找到真实的自我的人会觉得，网络关系的发展速度会比非网络关系快得多，这些关系是亲密而有意义的，而且他们有着通过一系列阶段将这些关系转移到面对面的现实生活中的动机。这些亲密的关系应该是持久且稳定的。(p.13)

为了检验上述观点，巴奇、麦克纳和他们的同事们开展了一些实验。巴奇等(2002)测查了真实的自我与现实的自我——他们让测试者列出最多 10 项自己确实拥有的并曾在社会场景中向他人展现的特质与个人拥有的并想对别人表达但往往不能表达的特质。他们的这一系列实验表明，与面对面的互动相比，当个体与陌生人在网络上互动后，其真实的自我会更容易被回忆起来。另外，他们发现，与面对面的沟通方式相比，如果参与者第一次相遇是在网上发生的，他们往往会更喜欢对方。

为了进一步深入这项工作，麦克纳等(2002)对这样一个问题产生了兴趣：那些在线上比在线下能更好地展示真实自我的个人是否更有能力在网上建立关系并将其移至现实生活。他们随机选择了 20 个 Usenet 新闻组(newsgroups)进行研究。三周后，问卷以电子邮件的形式发送到新闻组中，每隔 5 个帖子(广告信息除外)发送一封。他们的第一个研究发现，当人们在网上传达了“真实的”自我之后，他们就会发展很坚固的网络关系并将其带入“真实的”生活中。在这个初始研究两年后，他们用电子邮件向 568 位参与者中的 354 位(其他参与者的电子邮箱已经停止使用了)发送了追踪调查问卷。与这些研究者的预测相符，这些在网上形成的关系仍然比较稳定并且已经持续超过两年时间；但是，人们不禁要好奇那些没能被跟踪到的 38%的参与者命运如何。在同样的研究中，麦克纳等(2002)发现那些更加害怕社交的、孤独的人在某种程度上更相信，比起在现实生活中认识的人，他们更愿意在网络上向其他人展示真实的自我。麦克纳等(2002)从这个研究中总结到：

> 个体并没有把因特网作为一种逃避现实生活和逃避建立关系的途径；相反，个体不仅把它作为了维系现有家人和朋友间的纽带的方法，也把它用于在一个相对没有威胁的环境中形成亲密而有意义的新关系。因特网还可以为那些因为害羞、有社交恐惧或缺乏社交技巧从而难以通过面对面的方式形成关系的人们提供帮助。(p. 30)

将网络关系成功转移到现实中

其他研究者也对在网络上萌发的关系如何转移到现实生活中产生了兴趣。惠蒂和加文(2001)调查分析了网上关系是如何转移到网下的。他们就网上关系的问题访问了 60 位年龄从 19 岁到 51 岁的因特网用户。这些研究的参与者说，为了让这些关系成功地进行下去，他们需要不断增 26
加相互间的信任。这个研究发现，让他人知道你的电子邮件，进而你的电话号码并最终得知你的住址，代表了对关系本身和网上同伴的信任度的增加。研究中一个 21 岁的女性参与者的描述很好地说明了这一问题：

我从我们第一次交谈起就一直想[见他]，比如我第一次在网上遇到他时我们就一小时接一小时地长谈，有那种"我明天必须见你"的感觉。我们开始在聊天室经常见面，经常用电子邮件互相联系，然后开始通电话。我们就像这样，"你想知道我的电话号码吗？""我想见你"。"我明年想到美国去，你想我见你吗？"他说，"是的"。[她后来确实去了美国，然后他们在那里见面了。]

有意思的是，在经历这一过程之后，一些参与者认为因特网在对于这些关系来说就可有可无了。正如一个 23 岁的男性所表述的：

是的，我在网上遇到了一个人……并不是说我就一直坐在电脑前，然后告诉自己我要寻找一段浪漫关系……我们在[网上]联系了一段时间，也相互交谈了一段时间，然后决定哪天见面。我们做了一段时间的朋友，最终还是走入了恋爱关系。……我们在一起两个月。我想，一旦你们（在网上）相遇后走出网络空间，这时（这段关系）就跟其他恋爱关系一样了……这时对你而言因特网就没有什么作用了。

社会学家安德烈亚·贝克（Andrea Baker）（2000，2002）同样考虑了恋爱关系从网上到网下的进展过程。贝克让一些在网上相遇的已经有过面对面交互经历或有面对面交互打算的关系双方填写一份开放式问卷。她也通过电话采访了其中一些男女。样本中的大部分都是通过一些偶然的面对面相遇而招募来的，他们中有的人在谈话中提及他们有与他人在网上浪漫相遇的经历，而另一些则偶然看到贝克的网页后自愿讲述他们的故事。虽然不得不承认这里所使用的方法有其局限性，使得结果很难推广，但贝克的记录确实给今后的研究者提供了一些值得探索的有意思的想法。

27 贝克（2000，2002）也对哪些因素决定了一段关系是否成功非常感兴趣。她对成功的定义是让一段关系持续下去。她所考虑的结构与情景因素包括：关系双方的见面的地点、涉及的障碍、时机和冲突是如何解决。重要的是，贝克没有将网络作为一个单一笼统的空间对待。相反，她提出考虑人们在网络中的什么地方遇见是很重要的。虽然她的直觉尚待研究证实，但是她相信，成功的网络关系更容易在有共同兴趣的人聚会空间中形成。她用一对在执法人员新闻组（Law Enforcement Newsgroups）相遇并成功建立恋爱关系的情侣为例，对比与一对在一个题目更宽泛的新闻组中结识的而最终失败的情侣来说明这个问题。

在本书中，我们还提出，在关注一段浪漫关系的形成时，考虑网络空间的特性是很重要的。我们通过考虑在网上不同空间中游戏的机会拓展了贝克的观点。即使关系双方在网络上感受到相互间的吸引，“爱情也并不是总会有结局的”。贝克相信，人们想把恋爱关系移至网下，总会有一些关键的障碍需要克服。她重点提到的障碍包括：一个人需要搬多远才能和他的网络恋爱对象在一起（包括孩子的迁移等），经济上是否许可（比如，他们是否有足够的钱搬家，他们是否有足够的技能或教育可以让他们在另一个国家找到工作），一个人（如果他已经处在一段关系中）是否已经做好准备放弃现在的关系而去追寻他们的网络爱情。贝克还觉得，在面对面相会之前网上接触时间的长短，是决定一段恋爱关系是否成功的关键因素。虽然仍需要更加严格的研究来证实这个观点，贝克依然相信，在没有照片交换与网络性行为存在的情况下，网上相处时间较长的人更容易发展成功的网络恋爱关系。在本书里，我们提出，这也同样决定于个体是在什么样的空间里进行互动的。此外，我们相信，即使人们没有参与网络性行为或照片交换，也绝不可忽视身体或外貌吸引的重要性。最后，毫不奇怪，跟心理学家在研究现实中恋爱关系所得到的发现一样，贝克提出“良好的沟通对于在网上开始的恋爱关系的是否成功起着决定性的作用”。贝克还提到，她的研究记录指出，冲突在网上会比在现实中更快地出现，人们如何解决这些冲突也是决定恋爱关系是否成功的关键。 28

与时俱进

本章中所涉及的理论当然不是这个网络关系故事的开始或终结。这本书将更深入地讨论网络上恋爱关系如何开始与维持以及如何转移到现实生活中。在此，我们仍要指出的是，考虑到因特网不断改变的特性，网络关系理论也将毫无疑问会随时间而变化。例如，本章中讨论的许多理论都是建立在“个人在网络上是视觉匿名的”这样一个假设基础上的；这一点就正在逐渐改变。人们通常会在通过及时通信或在线约会网站进行互动时，呈现自己的照片。因此，一些理论如 SIDE 模型就会随着时间推移丧失其价值。事实上，我们认为，即使人的有形的躯体并不在网络上呈现，我们如何在网上展现这个物理的自己仍是值得研究者考虑的重要问题——在下一章我们会进行详细讨论。

发展一个解释网络关系的理论

到目前为止的关于网络关系的研究工作为解释人们为什么会在网络上发展关系并在现实中进一步发展奠定了某些基础。但是，在我们看来，这些理论并没有告诉我们一个完整的故事。在本书中我们提出，网络世界与现实世界既有相似也有不同。与其他理论家不同的是，我们主张不要将网络空间看作一个无形自我的聚合体。我们相信，物理的自我如何在网上重构与个人选择什么样的方式呈现自己都是社会学家应该感兴趣的课题。我们提出，网络空间是一个充满乐趣的空间，它可以将那些对在线下建立关系感到紧张的人们解放出来。然而，网络空间的自由有时也会造成问题——特别是当人们过分冒险而陷入幻境的时候。

接下来的一章将指出，考虑个人在构建网络自我身份时所做的选择
29 对研究者来说十分重要。我们汲取对象关系理论(object-relations theory)的观点，对我们的理论作更深入地发展。我们提出网络空间与维尼卡特(Winnincott)的“潜能空间”(potential space)的观点有着相同的性质。在第 3 章中我们提出，和“潜能空间”一样，网络与现实生活空间相比提供了一个可供人们游戏和实验调情以及发展关系的更安全的空间。第 4 章

通过考虑“过渡对象”(transitional objects)进一步扩展上述观点。我们尤其借鉴了博尔斯(Bollas)的讨论人们与对象间的关系及对象给人们留下的痕迹的工作。同其他理论家一样，我们相信网络空间可以是一个自由的空间，但在第5章和第6章中我们指出，人们在此空间中并不是所有时候都可以自由地任意玩笑。在这些章节中我们考察了因特网上的不忠行为、网络成瘾、恋童、网络骚扰、网络跟踪和在线虚假自我表征。虽然我们确实相信网络世界与现实世界并不是截然分开的，但在第五章中，我们将借鉴克莱因(Klein)的对象关系理论说明个人有时会将网络世界和现实世界截然分离。在本章早些时候曾经提到，本书所强调的是，网络世界并不是一个笼统单一的空间。通过强调个人在线约会网站发展关系的方式与其他空间内关系发展的方式的明显区别，第7章很好地说明了这一点。在这章中我们在对“可能的自我(possible selves)”的研究工作的基础上提出，在不同的网络空间，个体或许会更乐意展示显现自己的不同方面。第8章从细节上考虑了有关人格的理论，包括哪种性格类型更容易被网络空间所吸引。第9章是我们对网络关系的未来和个人如何进行网上性关系的一个展望。这一章同时考察如何用网络空间进行咨询服务。最后，我们会考虑研究网络关系所应注意的一些伦理问题。

第 2 章

从正统恋爱到网络调情

30 调情的独特之处就在于，它能够通过对比与整合的方式，通过和解与否认之间的互动，唤醒愉悦和欲望。

(Simmel，1984，p. 134)

在前一章中，我们概述了到目前为止学术界对于网络关系的主要看法。我们通过提出几种分析在线交互的方法对该章进行了总结。在这一章中，我们将会把网络约会放在历史的情境中，从而进一步拓展我们的理论。在这一章的开始，我们将回到过去简单地描述一下求爱过程的历史。我们将会探讨在过去个体与浪漫关系的伙伴是如何相遇并相互了解的、在约会的过程中谁占据主动地位，以及个体究竟比较看重对方的哪些特质。

把在线约会与以往的求爱方式进行比较能够帮助阐明这种新形式的约会是如何发展而来的。这段历史不仅有助于突出网络约会的独特性，而且还能够证实在网上开始一段关系的过程与人们在现实中开始关系的发式是非常相似的。我们将重温有关网络关系的早期理论，并提出新的理论必须集中关注躯体——即便是这个躯体并非个体的“真实”的身体——是如何在网络空间中展示的，而不是关注线上“无躯体”(body less)的自我。具体而言，我们在这里将关注于网络调情，并认为尽管缺乏传统的非言语线索，网络中的个体总能够找到重构躯体的方式从而进
31 行成功的网络调情。我们并不相信在网络中仅仅只是“人格魅力说了算”。恰恰相反，我们认为与现实中一样，身体的物理特质在网友间的相

互吸引中扮演重要的角色。

在家庭与外面的世界间摇摆

“求爱可以以多种形式出现，但具体以哪种出现主要取决于当时的历史与文化背景。”(Cate & Lloyd, 1992, p. 13)我们同样也承认不同文化中的个体求爱的过程各不相同，不过在本书中，我们将主要关注于西方社会。但是，尽管我们将只考虑西方文化中的求爱(而且需要指出的是，大部分的相关史料记载都是有关白人中产阶级的)，我们还是发现有关个体如何开始浪漫关系的历史以及他们求爱的场所都随着时间而发生了变化——并且我们相信它们将会持续变化下去。

在 19 世纪初期的欧洲，包办婚姻占了主要地位，至于双方的浪漫吸引几乎完全被忽略(Murstein,1974;Rice,1996)。正如赖斯(Rice)所解释的“包办婚姻所寻求的是家族的财产与良好名声的结合，从而确保经济上繁荣以及家族地位及声望的持续”(p. 96)。凯特(Cate)和罗伊德(Lloyd)(1992)以及莫斯坦(Murstein)(1974)认为，在同时期的美国，由于社会(如需要增加人口)与经济(如女性必须参加到工作中)的特殊情况，年轻人在选择伴侣的时候有着更多的自主权。伴侣的选择更多是建立在理性而非爱情与感情的基础上。例如，对于一个男性来说，证明自己能够在经济上养活自己的妻子和家庭是非常重要的。同时像双方的社会地位是否相匹配以及双方家庭对关系的认同也都是很重要的因素。个体通常在例如教堂之类的社会场所中相遇，而且父母通常会给年轻人他们所需要的隐私。凯特和罗伊德(1992)告诉我们，在那时一些个体会遵循殖民地时期的“捆绑”(bundling)制度。正如凯特和罗伊德(1992)所描述的：

> 捆绑就是一个年轻的女性邀请她的一个追求者与自己上床睡觉，但是双方都不能脱去衣服，并且在一些情况下还会在双方的躯体间安放一块木板(Murstein,1974;Stiles,1871)。捆绑是女性给予她

们所偏爱的追求者的一种特权(Rothman,1984)。并且在那些没有足够隐私空间的情况下,捆绑为年轻人彼此了解提供了很好的机会
32 (Murstein,1974)。很显然,捆绑的进行必须要获得女孩的父母的同意。(p. 15)

在19世纪中期,美国男性和女性的社会角色都发生了改变。女性不再参加到工作中,并且她的家庭妇女的地位受到推崇(Cate & Lloyd,1992)。女性被视作是两性中更具美德的一方,并被认为能够驯服男性野蛮的本性(Coontz,1988;Murstein,1974)。这些社会变化的后果之一就是求爱变得更加正式化。凯特和罗伊德(1992)指出,也就是在这一时期,正式的结婚典礼开始出现,与此同时白色的婚纱成为了新娘纯洁的象征。这同样也是罗曼蒂克式的爱情开始繁盛的时期。正如凯特和罗伊德(1992)所描述的:

> 罗曼蒂克式的爱情包含了激情以及共存、交流、体谅和坦诚的元素(Coontz,1988;Rothman,1984)。罗曼蒂克式的爱情在情感上高度亲密,同时又是非常神秘且无法用语言说清(Lystra,1989)。罗曼蒂克的爱情紧紧围绕着"理想自我"(ideal self)的概念(Lystra,1989)。个体真实的内在自我通过广泛的自我暴露和对爱人的坦诚得以揭示。因此,罗曼蒂克的爱情包含了完全的自我揭示和开诚布公的交流。(p. 18)

到了19世纪末以及20世纪初,美国的求爱更进一步的正式化了。在此时,求爱过程转为从家中开始。正如凯特和罗伊德(1992)所描述的:

> 年轻男女在被允许进行交谈之前,必须被正式地介绍给彼此(Walter,1951)。在经过介绍之后,女孩的母亲会邀请男孩拜访自己的女儿。再过一段时间,女孩可以亲自邀请男孩来看望自己。(Bailey,1988,pp. 20 - 21)

科勒(Koller)(1951)曾经研究了三代俄亥俄妇女的求爱行为。他发现这个时期的妇女认为在家中约会,即所谓的客厅之约(parlour date),

给了女性一个“在未来丈夫面前展示自己厨艺和持家本事的机会……”(p. 368)。并且,科勒(1995)还指出约会时的经济支出并非总是由男性来承担,恰恰相反,在这些个时期内,女性才是约会支出的承担者。更有意思的是,一套详细复杂的礼节系统被发展出来用于告诉男孩他究竟有没有得到女孩的芳心(Cate & Lloyd,1992)。 33

到了 20 世纪早期,求爱再次移到了家庭之外。这时,对情侣的监督主要是通过非正式的社区控制来实现(Cate & Lloyd,1992;Koller,1951)。然而到了 20 世纪中期,约会就变得比较随意了。并且约会的规则是由同年龄的群体而并非是整个社区所制定(Cate & Lloyd,1992)。摩根(Mongeau)、黑尔(Hale)、约翰森(Johnson)和希尔斯(Hillis)(1993)曾指出,随着个体建立发展浪漫关系方式的改变,男女双方该由谁迈出第一步也相应发生了变化。他们提出,从 20 世纪伊始,男性便开始成为求爱的主动者,这通常是因为他们必须支付约会的费用以及安排来往的交通。这些理论家认为这一变化改变了究竟谁在求爱过程中占控制地位。正如凯特和罗伊德(1992)所解释的:

> 当求爱主要发生在家庭中的时候,女性更多的处于控制地位,但是随着求爱逐渐转移到公众环境下以及对金钱需要的产生,控制权也就转移到了男性手中。(p. 23)

凯特和罗伊德(1992)称,在历史上的这个时期,求爱更像是竞争而非爱情。

从 20 世纪中期到 60 年代,爱情依然是结婚的主要理由(Cate & Lloyd,1992)。但是,在这段战后时期,女性又逐渐由工厂回到家中,并且按照凯特和罗伊德(1992)的观点,她们在求爱过程中变得更加被动。当然,由于 60 年代的性解放运动,对于男女来说求爱都不再和过去一样了。并且,结婚不再是最终目的,而未婚同居则开始成为很多人的选择。在 80 年代,对 HIV 病毒的担忧提上了议题,因此一夫一妻的性关系又重新受到推崇。然而,在新千年我们约会的方式又进一步发生了变化,而这一变化就正是本书的主题。

后现代时期的罗曼蒂克式的爱情:究竟有多么不同

上面那段简史对于本书的讨论非常重要,因为它展示了在历史的长河中,我们怎样改变着我们建立浪漫关系的方式和场景。谁来监督情侣
34 间的交互,谁来决定第一次约会的时间和地点以及求爱是否应该继续都发生了变化。最终结合的动机也发生了变化:有时候是“罗曼蒂克式的爱情”的结果,然而在其他时候,则出于理性的考虑。此外,关系一旦建立之后,它究竟应该如何以及按怎么样的步伐发展,以及其是否应该以婚姻为最终目的都在历史过程中发生了变化。需要注意的是这些都是面对面的交互,它们与我们在虚拟空间中建立关系的方式相比又是怎么样的呢?

虽然在家中开始一段关系看似比较落伍,但是正如前述美国人约会的历史所提到的,这可是 19 世纪中期求爱开始的方式。并且,我们现在又转移到了家中(以及咖啡厅和办公室)来建立浪漫关系;因此考虑到求爱的历史,可以看出家庭并非是一个建立关系的全新的空间。然而,颇为不同的是我们如今是怎样在家中开始一段关系以及这样做背后的动机。

在历史上,情侣间的求爱行为都是要受到监控的。并且,在究竟两人是否相配这一问题上有说话权的人的身份随着时间而发生着变化。这一点,奥哈拉(O'Hara)(2000)在她对都铎王朝时期英格兰的求爱的概述中很好进行了描述:

> 只有极少数人的婚姻,不管它们有多简陋,是能够逃脱横亘于两人间的一些或所有的妥协和阻挠。这在一定程度上是婚姻本身所造成的。一场婚姻所带来的重构不仅会影响到婚姻的当事人,对其他很多人也会有着不同程度的影响。结果就是,一场联姻也要受到集体价值观的影响,并且是一项涉及了各方利益,有时甚至是相冲突利益的活动。家庭、朋友、邻里以及整个教区或镇子都对本地的婚姻有着强烈的兴趣……希望结婚的个人需要经历一系列的逐渐公众化的

检审和集会。亲戚以及邻居在这些有时已经仪式化了的且非常正式的聚会中发挥着不同的作用。(pp. 30 - 31)

这种关于谁的利益会受到某场婚姻的影响的考虑在如今已经不再重要了。家长们更关心的是他们的孩子是否能够找到一个让自己快乐的伴侣；当然对于一些家长来说社会地位依然是需要考虑的因素。我 35
们也有了更多的可以用来建立浪漫关系的地方。其中一些是那些比较传统的地方，例如教堂和舞会。其他地方则包括酒吧、工作场所和网络。

网络空间为人们的约会活动提供了一个潜在的更加私密的空间，在其中人们受到的监督要远少于其他传统的地方。不过，有意思的是有一些人非常乐意让他人参与到自己的网络约会过程中。而且，还有一些人的亲戚和朋友则希望和这些人一起体验在线约会。例如，在莫妮卡·惠蒂的研究中，一些被采访的某澳大利亚的在线约会网站的用户就称他们会让自己的家人和朋友参与到在线约会过程中。一些人会向家人(包括自己的孩子)寻求如何在线上展示自己的建议；而另外一些人所寻求的则是关于哪个候选人更适合与自己谈恋爱的看法。一个有趣的小插曲是，一些年轻的家庭成员认为他们必须帮助那些较为年长的成员来寻找约会对象。例如，一位 44 岁妇女描述了自己的个人简介是如何被放在了一家在线约会网站上的：

艾莉森：这是我 16 岁的侄女帮我弄的，我需要朋友的帮助因为我自己什么都不会。

访谈者：因此是她帮你创建的简介资料？

艾莉森：对，是她做的。

访谈者：她事先告诉过你吗？

艾莉森：没有。

访谈者：那你是什么感觉呢？

艾莉森：我了解我的侄女，并且我知道她会发生什么事情。她让我想起了在她那个年龄的我自己。我了解她，所以我知道她能够做出些什么。

访谈者：因此，你并没有吃惊？

艾莉森：这件事丝毫不让我吃惊。

（艾莉森）

在本章前面我们所提供的关于求爱的历史中，我们简述了不同理论家关于建立关系过程中男女双方究竟由谁来迈出第一步这个问题的看法。可以这样认为，由于妇女运动，如今的女性在求爱过程中与从前相比拥有着更多的权力和控制力。然而，正如本章前面所提到的，一些
36 理论家，例如凯特和罗伊德（1992）以及摩根等（1993）曾经称：一旦求爱不在家中进行，那么权力就会转移到男性手中。他们认为，男性再一次成为了浪漫关系的启动者。我们相信这些理论家忽略了求爱过程中很重要的一步——即调情（Whitty，2003a）。因此，女性或许在后现代时期中的求爱过程中更加占据主导地位；但是如果我们仔细关注非言语线索（正如像 Moore[1985]那样的研究者所做的那样），那么提出女性在过去的求爱过程初期有着较强的控制力也是有一定道理的（Whitty，2003a）。女性在求爱过程中所拥有的控制力至少是比前面所提到的部分研究者所承认的要大。

埃博-埃贝斯费德（Eibl-Eibesfeldt，1971）被认为是第一个观察并记录调情行为的研究者。他运用了一个巧妙但或许是有悖伦理道德的手段来进行研究：他设计了一个装有两个相互垂直的镜片的特殊照相机，这样的话他就可以把照相机对着一个方向但实际上却可以拍摄到另一个方向的毫不知情的情侣们。在他的观察中，他注意到伴随微笑的眉毛挑动是求爱中比较常见的行为。埃博-埃贝斯费德相信这些肢体语言代表了一些原始的行为。他还称这些行为很类似于儿童的姿态。

在埃博-埃贝斯费德之后，其他的一些研究者也开始对观察和记录组成求爱过程的阶段产生了兴趣。例如，吉文斯（Givens，1978）提出了一个五阶段模型（其中前三个阶段与调情的联系更为紧密一些），该模型强调了调情行为中所涉及的一些重要的非言语和次语言（paralinguistic）的线

索。按照吉文斯的观点，第一阶段是注意阶段(attention phase)，在这一阶段中，个人通常会使用的线索有刻意打扮、抚摸物品和抛媚眼。吉文斯(1978)为我们提供了下面这样一个假想的情景来说明这一阶段：

> 设想有一名独自坐在咖啡桌边上的女性，之后一名陌生男性坐到了她的斜对面。他们或许会认可对方的存在，并有礼貌的相互点头致意，然后就迅速地中断联系并开始像两个没有关联的个体一样各自吃着自己的午餐。虽然这个假想的女性边吃饭边看着书，并且从来没有瞥眼看过这个男性，该男子依然有可能发现自己被这名女性身上的一些吸引注意的特质所吸引，如她的长发以及她的鲜艳柔软的合体服饰。(p. 349)

在克鲁克(Crook)的研究(1972)的基础上，吉文斯提出，在对一名女性没有明显兴趣的情况下，男性通常是不太愿意接近该女性的。在第二 37
阶段，即认可阶段(recognition phase)，他称调情行为主要包括歪斜脑袋、撅嘴、刻意打扮、挑动眼眉和微笑。吉文斯认为交互(interaction)一直要到第三阶段(即交互阶段)才会发生，此时双方将开始进行交谈。在第三阶段中，参与者表现的高度兴奋，并伴随着大笑或傻笑。第四阶段是性激活阶段(sexual-arousal phase)，之后是消退阶段(resolution phase)。

现在回到这个关于谁在求爱中迈出第一步的问题上来。虽然理论家们记录了一段由男性迈出第一步的历史；其他一些人则认为是女性通过调情来引发浪漫关系的。例如，与吉文斯(1978)一样，佩佩(Perper, 1985)也相信求爱必须经过一系列的阶段。但是，他认为在70%的情况下都是由女性来引发求爱过程的。他是通过暗中观察单身酒吧中不知情的男女得到这一结论的。通过一系列的实验室实验，格拉默(Grammer, 1990)和他的同事们(Grammer, Kruck, Juette & Fink, 2000)也得到这样一个结论："根据对偶然相遇的异性陌生人的行为的直接观察，我们可以认为，女性引发了这个过程(即求爱过程)并且她们还'掌控'着最终结果。"(Grammer et al., 2000, p. 371)莫妮卡·穆尔(Monica Moore)(1998)也非常确定地认为女性在启动关系的过程中扮演着积极主动的角色，正如她所描述的：

> 通过运用这些非言语行为，女性能够操控求爱过程的步伐，并享有接受或是拒绝求婚的特权。通过展示和抑制一些行为，女性可以决定在何时何地来试探伴侣的潜力。她们可以挑逗大批男性对自己产生兴趣，从而使自己能够从这些候选人中进行挑选。她们也可以直接向某一男性发出信号。通过这样的方式，非言语行为就如同引诱剂或女性兴趣的广告一样，使女性在选择伴侣过程中拥有一定的主动权。

正如前文所说的，在浪漫关系开始前需要经过一些关键阶段。这些阶段在本质上都是非常微妙的，多半是因为最初的相互吸引都是通过非言语线索来传达的。因此，在网上缺乏非言语线索沟通机会的情况下，一个人如何进行网络调情呢？本章下面就将探讨躯体在网络调情行为中所发挥的作用。

现实中的信号：传递非言语信号的重要地方

38 人们调情的理由多种多样。唐尼（Downey）和维图利（Vitulli）（1987）曾经提出调情可以通过两种方式来定义：

> 一种指的是一个正在存在的比较随意的关系，在其中某一方或者双方进行一些行为来维持对亲密关系的建议或者期望，但又不打算更进一步或者允许某种形式的“完满”的发生。但另一种更常见的定义似乎就是指一个人用来传达兴趣或被吸引的初始行动。（p. 899）

范伯格（Feinberg）（1996）曾经说过调情包括打趣和沟通。她提出调情是建立亲密关系的快捷方式。范伯格（1996）认为“与其他类型的打趣一样，调情所传递也是一种隐藏信息。这种隐秘的沟通的目的就是想知道一个人是否愿意建立亲密关系或者她想建立何种程度的亲密关系”（p. 40）。

尽管进化心理学家提出调情是一种普遍存在的、种族繁衍所必需的基本本能，然而似乎还存在着其他一些进行调情的动机。关于人们调情的主要原因有三个：(1)表达性吸引；(2)试探对方是否认为自己有吸引力；(3)打发时间(Feinberg,1996)。与上述理论类似，阿伦・本泽维(Aaron Ben-Ze'ev,2004)是这样定义调情的：

> 调情并非总预示着性交互的发生；它只不过是一种比较隐秘的性交流。调情可能会包含温柔的身体接触，但是通常并不包括性交。调情可能发展为性关系，但到了这个阶段，它就不再是前述意义上的调情了……在调情的时候，我们并不会把自己强加到别人身上。它是一种有着舒适气氛的令人愉悦的游戏，这种气氛常常暗示着性行为发生的可能。调情同样也包含着与性相关的神秘性和不确定性。(pp. 150 - 151)

在我们看来，本泽维所强调的观点是，调情虽然可能最终升级为性关系，但是那时它也就不再是调情了。

正如在本章所简述的研究中已经强调过的，调情行为主要还是一种非言语行为。考虑到用言语来表达性吸引非常有可能导致尴尬的结局或者对方的拒绝，言语线索在现实生活中调情行为中的缺乏并不令人吃惊。39
与口头语言不同，肢体语言能够在表达吸引的同时又不至于过于直白。用于调情的非言语信号通常都是比较模棱两可的。一旦人们所倾心的对象对自己并没有类似的好感，这种模糊性可以帮助人们避免羞辱或者是直白的拒绝。

在现实的世界中，个人有很多可供选择的非言语行为(即使这种选择并非是有意识的)来传达性吸引的感觉。正如已经简述过的，一些研究者尝试对这些行为进行分类。其中一个研究者，莫妮卡・穆尔(1985)通过自己对在单身酒吧中随机挑选出的 200 多名成年女性的秘密的观察，列出了一份翔实的调情行为的清单。在她的研究中，她发现了被观察女性所表现出的 52 种调情时所特有的面部表情和体态。在初始研究之后，她又开展了另外一个研究来验证自己的分类；这一次她观察了从四个地方——单身酒吧、大学的零食站、大学图书馆和大学的妇女中心——随机挑选的 40 名女性。在第二个研究中，女性在她所称的“配偶相关”(mate relevant)的情境下,“展示出针对男性的非言语信息的频率高于平均水平。并且,那些传递信号的女性通常也是最有可能吸引男生的;同时这一相关关系并非具有情景特异性”(Moore,1985,p. 237)。

穆尔(1985)以及其他人的一系列研究(如 Eibl-Eibesfeldt, 1971; Grammer et al., 2000; Kendon, 1975)发现了调情中一些值得考察的基本元素,这些基本元素涉及动力学、眼动、外表、体味、发声、个人空间和身体触摸。这类研究主要表明,调情行为通常由这些基本元素的组合所构成。进一步深入探讨这些元素是很有意义的。

动力学姿态包括的现象有将头抬起使得个体的面部上翘并且颈部暴露。女性通常通过舔嘴唇或撅嘴来表达被对方吸引。模仿出对方的身体运动通常也是吸引的一种信号。微笑、大笑和傻笑也能表达被对方吸引。

眼睛的运动也可以揭示很多个人的内心感受。一个人如果被另一个人所吸引,那么他的瞳孔就会放大。调情行为通常由矜持的下瞥、一次快
40 瞥(即瞥一眼自己所倾心的那个人,然后瞥开,然后又瞥过去)和眉毛挑动(双眼的眉毛上扬几秒钟,通常还伴随着微笑和目光接触)。

考虑到研究者大多都同意第一印象通常会留下一个持久的印象(如 Asch, 1946; Dion, Bercheid, & Walster, 1972),因此,当人们希望吸引他人的时候会特别关注自己的外貌也就不足为奇了。戴恩(Dion 等人,1972)的经典研究发现参加者认为照片中漂亮的人比那些不漂亮的人在生活中更加快乐、有更令人愉快的配偶并且职业地位更高。

除了让自己看起来不错以外,人们还努力让自己闻起来也不错。但是,商店里所购买的香水更多是起装饰作用而并非真正的爱情魔药。男人更喜欢只涂有少量香水的女人,这与香水和除味剂公司所希望的情况相反。有趣的是,女性容易被那些 MHC(major histocompatible complex, 即主要组织相容性复合体——这是人们可以嗅到的 DNA 片段,它决定个体对哪些疾病有着天生的抵抗力)与自己的区别较大的男性所吸引(Wedekind, Seebeck, Bettens & Paepke, 1995)。

声音的使用无疑是表明正在进行的是哪种类型交互的最有效的指示剂。调情式的讲话更为活跃，伴随着适量的笑声、较少的沉默和停顿以及更多的热情和兴趣。研究者曾经考察过什么样的声音会被男性和女性认为更有吸引力（例如，Collins & Missing, 2003；Zuckerman & Miyake, 1993）。柯林森（Collins）和米西（Missing）（2003）发现男性相信长相漂亮的女性通常声音也会很好听。而且，高频率的声音被认为是属于更年轻的女性并且感觉上更有吸引力。安奥利（Anolli）和西西瑞（Ciceri）（2002）则发现比较有诱惑力的男性声音的“特点是在引诱过程中有着强烈的变化”。（p. 149）他们发现当一个男人开始诱惑一个女人的时候，他的话音通常处于较高的频率，并且强度和速度都比通常情况下要强和快；他们把这种声音称为“展示型语音”（exhibition voice）。这一阶段之后出现的就是所谓的“自我暴露型语音”（self-disclosure voice），这时的声音通常渐渐地变得更加低沉、弱化和温暖。

个人空间是指个体之间所保持的人际距离的大小。相互靠近并处于相同角度的人感觉上要比相互拉远的人更有诱惑力。调情行为的其他特点还有面对他人跷二郎腿以及更多的面对面交互。 41

身体触摸也是一种常见的交流形式，特别是在调情行为中。引诱行为的另一个特点就是对衣着调整的利用，例如玩弄纽扣、珠宝、领带或者平整裙子，即使这些动作是完全没有必要的。另外一种表达被吸引的方式是“抚摸物件”，例如个体抚弄他们的钥匙或者红酒杯。

有时候微笑就是微笑

在现实中，个体调情时会使用各种各样的行为，理解这一点是非常重要的。因此，玩弄自己的头发不一定是调情的方式。弗洛伊德说过这样一句话“有时候雪茄就是雪茄”。同样地，在论及调情时，“有时候微笑就是微笑”。换言之就是，在判断一个人是否在尝试获得你的注意时，考虑所有可能的行为形式是非常重要的。并且，正如上述作者所指出的，一个人既要善于展示这些行为，也要善于理解他人的这些行为的含义。

理解网络空间

> 凯斯(Case)24 岁了。22 岁的时候，他做过牛仔，也是这一带最好的牲口盗窃高手……由于年轻和熟练，他始终处于高度亢奋的状态下，并冲进一个个人化的网络空间的甲板上，在这里他的意识被从身体中分离出来并被投射到了被称为母体的共感的幻觉中。(Gibson,1986,pp. 11 - 12)

讨论人们如何在网络上进行调情之前，我们需要考虑一下网络空间究竟是什么。科幻作家威廉·吉布森(William Gibson)被认为是“网络空间”(cyberspace)一词的创造者。当吉布森写作他的作品《神经预言家》(*Neuromancer*)的时候，他对于计算机以及交互如何在网络空间中进行知之甚少。尽管如此，他的文学创作仍然影响着我们对网络交互的非文学化的理解。吉布森虚构的网络世界是一个游玩的地方。对于吉布森
42 来说，网络空间提供了一种极度解放的体验。在《神经预言家》中，主人公凯斯对网络成瘾。虚拟现实是一个人的梦想能够得到满足的地方。在这里，一个人可以构想新的身份。《神经预言家》中虚构的角色们把网络空间作为一个极乐和极度色情的地方来体验。在吉布森的母体中，实体会获得一种“超现实”(hyper-reality)的感受。相比而言，日常的体验就变得乏味和枯燥了。在他的作品中，吉布森(1986)同样还特别突出了网络空间的情色吸引力：

> 她又骑到了他的身上，抓住他的手使之扣在自己的身上。他的拇指贴着她的臀部间的缝隙，手指则沿着阴唇排开。当她的身体开始下沉的时候，图像开始波动、脸以及霓虹灯的片段忽前忽后。她绕着他渐渐下滑，他的后背痉挛地拱了起来。(p. 45)

按照通常的理解，网络空间就是一个由安装在可以产生虚拟现实的

计算机上的软件所制造出来的空间。虽然这是关于网络空间常见的定义，但是另外一种观点则认为网络空间在因特网诞生之前就已经以电话所构成的空间的形式而存在了（Standage，1987）。斯坦内奇（Standage）称虽然具体的仪器可能有所不同，但是电报对人们生活的影响也是相类似的。斯坦内奇（1987）在下面这段节选中对电报进行了描述：

> 在维多利亚女王的统治时期，一种新的通信技术产生了，这一技术使得长途的即时通信成为可能，从而在某种意义上以更快的速度将世界进一步缩小了。一个由遍布各大洲大洋的线缆所构成的世界范围的通信网络的出现，革新了商业运作的方式、催生了一系列新形式的犯罪行为并且用海量的信息把它的用户给淹没。浪漫主义在电线上面兴盛起来。一些用户创造出的密码被另外的用户所破解。网络的好处在被其倡导者无休止吹捧的同时也遭到怀疑者的鄙夷。政府和管理者试图控制这一媒介，但最终以失败而告终。人们开始重新思考对待从新闻采集到外交在内所有一切的态度。与此同时，在电线之上，一个技术性的亚文化以及它的习俗和语言自己建立了起来。

斯坦内奇在他的著作《维多利亚的因特网》（*The Victorian Internet*）中对因特网和电报进行了一些重要的比较。在人际关系方面，他指出，在 43
电报刚刚被用于日常生活的前几个月中，它就被用来安排一场“在线婚姻”。这个故事是这样的：

> 一位富有的波士顿商人的女儿爱上了父亲手下的一名职员 B 先生。尽管她的父亲曾经答应要把她许给另外一个人，这个女孩依然决定要违背父愿与 B 先生结婚。当她的父亲发现之后，他把这个年轻人弄到了一艘轮船之上，派遣他到英格兰出差。
>
> 当轮船在纽约短暂停留的时候，这个女孩给 B 先生发送了一条信息，让他在约定的时间与一名地方官员在电报局等待。当约定的时间到来后，她出现在了电线另一头的波士顿电报局。通过电报操作员摩尔斯密码来来往往传递他们的话语，两位年轻人在地方官员

的主持之下合法地结为了夫妻。(p.128)

尽管斯坦内奇的著作对于理解网络空间不无裨益，但是在因特网和电报之间仍然存在着许多重要的差异，例如，可通达性以及个人使用因特网的目的不仅仅是为了通信，还把它用于其他一系列的活动，比如说把网络作为资源工具或者娱乐手段。

有一些研究者非常强调网络空间中所进行的交流都是无实体的。例如，阿盖尔(Argyle)和希尔德(Shields)(1996)认为“技术通常被视为导致人际隔离原因，是一种障碍”。克拉克(Clark)(1997)提出在“虚拟环境中，我们只能以一种无实体的形式或者是一种网际空间的形式存在”(p.86)。斯特通(Stratton)同样也提出“我们把网络空间定义为一个由特殊的人类沟通所产生的空间，这种沟通是以技术为媒介并且没有躯体的存在”(p.29)。莱文(Levine)(2000)曾经写道“虚拟媒介的绝妙之处就在于调情是建立在词语、魅力和诱惑而不是躯体吸引力及线索的基础上的”(p.565)。罗曼(Rollman)、克罗格(Krug)和帕伦特(Parente)(2000)曾评论道“通过消除时间、距离与躯体，因特网的建筑师们创造了一个连接精神与灵魂的不受阻碍的媒介”。在上面的这些例子中，个体躯体存在的重要性都被忽视了。

当理论家讨论关系是如何在网络空间中发展的时候，他们也同样把他们的写作关注在躯体的缺失上面。在他们对网络性行为的讨论中，理
44 论家通常会强调这样一个观点：参与者可以在没有躯体的真实存在的情况下参与到虚拟性行为中。在涉及网络浪漫关系的时候，一位作者曾经评论道：“一些网络情人在尚未谋面之前甚至根本就不打算见面就得到了他们是彼此相爱的结论……。”(Gwinnell，1998，p.89)这其中的前提假设就是躯体只可能在现实中相遇。再有一个例子，麦克雷(McRae)(1996)把网络性行为或虚拟性行为定义为“在没有身体接触情况下的个体之间的色情交互”(p.243)。麦克雷(1996)再一次把关注点放在了网络中躯体的缺失上。

在第 1 章中曾提到的麦克纳等人的研究(2002)同样强调的是网络空间中身体的缺失所产生的影响。正如前文所述,他们关注的是哪种方式的网上自我展示能够促进现实中的关系发展。这些理论家从他们的研究中总结道,匿名空间中限制机制的缺乏和进行更多自我暴露的能力都是为什么关系能够在网络空间中迅速发展并且通常比较亲近和密切的重要原因。

正如我们在之前的工作中所提出的,这种把网络空间视作是没有躯体存在的地方的观点会限制我们对网络空间以及在其中发生的活动的理解(Whitty,2003a;Whitty & Carr, 2003)。与这种非常狭隘且有些形而上的观点相反,我们相信当涉及网络调情的时候,身体的重构对于网上人际关系的成功事实上是非常重要的。

例如,斯通(Stone,1995)曾经讨论过身体在电话性行为中的重要性。斯通指出电话性行为与物质的或“躯体化的”(embodied)性行为明显不同。身体的性行为涉及了多种感觉系统,包括触觉、视觉、声音、嗅觉和听觉。与之相反,电话性工作者需要把性行为所带来的身体体验转化为声波的形式。反过来,电话线另一端的接收者需要重构这些画面。正如斯通(1995)所描述的,在电话线上来回传送的不仅仅只是信息,它更是身体。虽然这种身体并非物理意义上的对象,但却可以用来重构人们所渴望的任何深度和复杂度的身体含义(p. 244)。

在网络空间中,无法否认物质的躯体在文本交换中是不存在的,但是研究者以及网络用户感兴趣的应该是真实的、物质的躯体是如何重构的。虽然在网络空间中我们无法拥有物质的、有形的躯体,我们依然能够使我们的身体在在线交互中得到表征。如果人们去浏览一下发生在公告栏、 45
讨论版、聊天室或者实际是及时通信上的文本交换,他们就会发现在网络空间中存在躯体重构的大量证据。例如,人们会描述自己的身体看上去和感觉上是怎样的。并且,个体可以选择挑选一些照片或视频来代表物理的自我——即使这些照片并非是他们自己的。同样有趣的是虽然摄像头的价格非常便宜，但是它们并没有流行起来。考虑到躯体通过文本以及对照片、视频和化身的使用在网络中得以重构的方式，我们在此提出虽然物质的躯体在网络空间中并不存在，但在其中躯体依然是非常重要的因素。

网络调情：新规则

虽然在本书中，我们已经并且将继续强调在线关系在很多方面是非常独特的，但是我们之前还是指出了网络调情与在中世纪所进行的正统恋爱之间的联系（Whitty & Carr，2003）。在正统恋爱中：

> 男性求爱者表现的如同完全沉浸在对一名绝世美貌、无比完美的女性的爱情的渴望之中，但这位女性形同陌路般的冷漠和高高在上的社会地位又使得她似乎是那样的遥不可及。然而这位屡遭挫折且非常悲伤的求爱者无法克制自己的对这位女性的着迷，主动愿意成为这位“高傲苛刻”的女士的忠实的“爱情仆人”。而这位女性的回报方式却多少让人吃惊。她虽然没有赐予该男子所渴望的爱情“奖赏”，但是她依然给了他一种极大地增长了其“价值”的东西：她对他的行为表示认可，并给他慰藉。（Moller，1959，p. 137）

据说正统恋爱起源于12世纪，且只有贵族才能享受（Askew，1965）。在《正统恋爱的艺术》（*The art of courtly love*）一书中，安德烈亚斯·卡皮劳斯（Andreas Capellanus）（1969）尝试系统地记录正统恋爱的各种规则。他把这些关系描述为在现实婚姻的背景之下无法存在的理想化了的关系。正统恋爱中的情人们似乎把大量的时间都用在了聊天之上，并且
46 他们的话题在多数情况下都是关于爱情的本质。正统恋爱的情人不能够通过身体来表达激情，并且一旦公开，这种爱情就无法持久了。可以看出正统恋爱对女性来说是极度压抑的，因此女权主义理论家总是完全“反对”这种爱情也就不足为奇了（Baruch，1991）。尽管如此，仍有必要强调

正统恋爱和网络调情之间的一些相似之处。例如，网络调情与真实的婚姻不同，它始终只存在于网上。在网上，关于爱情的讨论非常之多，但是却无法在真实的物理意义上实现。与正统恋爱类似，在线关系同样也可以显得遥不可及。而且，在网络中或许会更容易理想化某个人，这一点我们将在第 5 章中详细讨论。

我们还想讨论一下关于网络关系的其他一些更独特的方面。一些研究者认为，在线关系的特殊性之一就是对对话更加重视：不仅是相互吸引的个体如何开展对话，还有个体的写作水平。例如，莱文(2000)发现很多个体在网络交互中都非常看重他人的拼写与语法。再以惠蒂对某家澳大利亚在线约会网站用户的研究（这个研究将在第 7 章中详细讨论）中所记录的访谈为例，很多用户都说他们觉得那些使用正确拼写和语法的人更有吸引力。正如下面这段引用所说明的：

> 我想找的人是那种高智商的、在自己的网上个人简介上花了心思的，并且在我看来与我有着共同点的人。千万不要有拼写错误，因为这会立马让我感到反感。（保罗）
>
> 在开始，[我会找一个]有着稳定工作的人，我想你能明白我的意思。我想说你没有办法从声音上了解一个人，你也无法从声音上判断一个人的长相，不过我也不使用语音聊天就是了。甚至从别人打字的方式上，你也可以得到一些信息。如果有很多拼写错误的话，我想我是不会被那个人吸引的。（玛格丽特）

但是我们相信在网上所发生的绝不仅仅是“精神互相吸引”。尽管我们同意，在线调情是一种独特的交互方式，并且需要和线下的交互分开考虑，我们依然希望指出躯体在这些交互中发挥了很重要的作用。如果人们同意我们这种躯体在网上扮演重要角色的观点话，那么一个显而易见的问 47
题就是，身体是如何融入在线调情中？我们应该如何来理解在线调情呢？如果我们现在仅仅只考虑在线文本交换，我们必须承认这一点，即本章前面所描述过的那些传统的现实中的调情信号在线上都是无法看到的。很显然，前面所提到的那些用于定义现实中的调情的信号基本是没法看到的，因为没有一个物理存在的躯体来传递这些信号了。但是，这并不意味着这些线索不存在。我们相信调情要在网络空间发生，躯体必须通过某些方式的转换融入其中——即使是人们只使用或只选择使用文本进行交互。事实上，我们可以进一步认为，躯体的重构对于网上的许多人际交互的成功都是至关重要的（Whitty，2003a；Whitty & Carr，2003）。在网上，人们通常会描述他们的身体看上去或感觉上去是什么样的。这在下面这一某人发送给其网络恋人的电子邮件的选段中得到了很好的例证：

> 非常安静，因为远离人群一百多英里的湖边的夜晚是非常安静的。我们彼此依靠着取暖。我的手臂环绕着你将你紧紧抱住。等待的感觉变得如此难以忍受……我们伸出手去触摸水中的倒影，我们的手在闪烁的水中相遇。从黑夜到白昼的转换是如此的令人窒息，我转向你，接着，我们的嘴唇相遇了。（Gwinnell，1998，p. 59）

除了描述一个人实际上长什么样，一个人还可以在如何选择在线上展示自己方面玩点小花样。这在下面这段对一名 22 岁男子的采访的节选中得到了说明，这个男子谈到了自己如何在聊天室调情：

> 她们都认为我是一个 6 英尺高、有着古铜色肌肤的海岸救生员。我告诉他们的一些事情确实是真的，但是其他一些纯粹是瞎扯。我的意思是，如果没有人能发现我是瞎扯，那为什么不瞎扯呢。他们不知道的事情并不会伤害他们。我承认在网上和女孩在甜言蜜语时，我会变得非常狡猾。（Whitty & Gavin，2001，p. 629）

在这个参与者的情况中，可以说在面对面的交互中，扮演一名 6 英尺高的、古铜色肌肤的海岸救生员是非常困难的，特别是如果他“真实”的物质躯体是肥胖、苍白且只有 5 英尺高的话（当然，如果一个人是与在现实中所不认识的人进行网络交互的话，那么他在重构躯体方面就更容易发挥自己的创造性）。这种类型的调情显然是与现实中的调情截然不同的。
48 不过尽管有种种不同，这个例子依然说明了在网络上重构躯体的重要性，而并非是强调躯体的缺失。因此，身体究竟可以以什么样的方式重构应该是研究者感兴趣的问题。例如，这个年轻男子装作自己拥有一副典型的澳大利亚美男子的躯体究竟对他有何意义？他还曾经以其他怎样的方式在网上重构过自己的躯体？这种重构对他与别人的对话产生了什么影响？

除了重构自己躯体的体型和身段，网络空间还提供了一个从他人的躯体中找乐子的机会——或者说是我们愿意如何来重建他人的躯体。下面这段一名 18 岁女孩所说的话，说明了个人可以如何在聊天室中从他人的身体里找乐子：

> 通常，如果我不喜欢他们传给我的照片的话，我就会把照片屏蔽了，然后假想他们有另外一副模样。这种方式会更有趣！(Whitty, 2001)

这段话再一次与那种认为因特网是精神聚会的地方的观点相左。事实上，它说明了即使在网络空间中，躯体也扮演着非常重要的角色。这一观点在下面这段一名 21 岁男子的叙述中再次得到了验证，他所谈论的是他在一个聊天室中与他人的交互：

> 嗯，你总是想知道别人长什么样，并且你总是希望别人长得非常好看、非常时尚。(Whitty,2001)

有意思的是，当问到他是否愿意继续同一名后来发现并不漂亮的女性交往的时候，他说道：

> 嗯，可能会吧，如果仅仅只是继续和他们聊天，但是我知道我对她们的态度会发生改变。比如，我将不再和他们继续打情骂俏了。(Whitty, 2001)

渴望看到一个实实在在的模样而并非是一个“没有面部”的对方的重要性在下面这一选段中得到了很好的说明：

> 到现在为止我一直希望问你这个问题——你不会介意告诉我你长什么样吧？给一个没有面部的人写信真的太困难了，我必须承认我已经在我脑中编造了一副你的模样。(Gwinnell,1998,p. 66)

这段话语突出了即使当物质躯体不存在的时候，一张实际的图片能够弥补空白。

因此，我们相信如果社会科学家把他们的关注点转移到网络中躯体
49 的重构上的话，我们就能够思考人们进行网络调情时可能会使用的新手段。每个人都有无数种进行网络调情的手段。例如，他们可以通过描述自己的魅力来创造一个持久的第一印象而无需花费精力去让自己真的看上去不错。正如前面那些例子所说明的，对个人躯体的真实描述是完全没有必要的。通过文本，网络空间允许个体通过来创造一个全新的非常具有吸引力的躯体。事实上，人们可以创造出一个全新的俊俏的自己、一个有很好工作的自己、一个能够挣大钱的自己，以及一个受过良好教育的自己。我们需要再一次指出，一个人在网络中展示自己的躯体方面所能发挥的创造性仅仅会受到他们是否在现实生活中与网友认识这一条件的约束。

情绪图标、字首缩写与网名：在线爱情的通用语言

传统的用于调情的肢体语言（在本章前面已经进行了简述）可以在网上找到替代物。虽然矜持的微笑和眉毛的挑闪没法轻易地在网上复制，但总是存在着一些可以用于替代这些非言语线索的方法。例如，情绪图标，即由语法符号所组成的图案，就是一个不错的选择。个人可以使用诸如笑脸、眨眼和亲吻这样的面部表情来代替肢体语言。表 2.1 中列出了一些调情用的面部表情的例子。除了情绪图标之外，个人也可以利用字首缩写来表示大笑或傻笑，比如 LOL* 和 BG**（有一些软件甚至有声音文件来表征声音，如笑声）。表 2.2 中列出了一些调情用的字首缩写。

另外还有一些实证的证据来支持我们的理论观点。例如，最近的一

---

* Laugh out loud（放声大笑）的字首缩写。——译者

** Big Grin（大大的咧嘴笑）的字首缩写。——译者

项研究发现，那些更有可能在网上而非是现实中进行调情的人能够非常成功地把肢体语言转变成文本（参见 Whitty，2004a）。例如，动力学（通过字首缩写的形式，如 LOL）、眼动（通过情绪图标的形式，如眨眼）语言/笑声和身体接触（通过文本描述的方式）都是网上调情比较流行的方式。确实，非言语线索的图形化表征和笑声似乎是个人进行网络调情最流行的方式。

网名是人们网络调情行为库中的另一工具。网名可以是一个人的真实姓名、真名的变体或者是完全捏造的假名。网名是使用网络应用软件， 50

表 2.1　具有挑逗性的情绪图标的例子

含义	图标	含义	图标	含义	图标
微笑的脸	:-)	惊呼	:-o	多个拥抱	[]
眨眼	;-)	击掌相庆	^5	拥抱	{对方的名字}
鬼眨眼	;->	如同天使（至少在心里）	O:-)	很多拥抱	{{{对方的名字}}}
大笑	:-D	亲吻	:-x	拥抱并接吻	(())：**
玫瑰	@-->-->---	很多个吻	:*	魔鬼	>:-)~
吐舌头	:-P	飞吻	:-{}	含情脉脉的对你流口水	8-P"

如及时通信、聊天室和在线约会站点必要条件。网名可以非常具有挑逗色彩（参加表 2.3）或者个人也可以通过网名来表征自己的一些个性特点（从而来吸引有着相似特点的人）。为了达到调情的目的，一个人需要让自己的网名比较突出。因此网络调情者在网名选择方面应该表现得比较有创造力。

值得注意的是，人们在网上使用的同样的字首缩写并非总是表示同样的意思。例如，LOL 可以有很多意思，如放声大笑（laugh out loud）、很多的爱（lots of love）或者是好运多多（lots of luck）。考虑到有大量的情绪图标和字首缩写可以用于调情以及理解它们的正确含义所需要的精力，可以认为网络高手们更有可能成为成功的网络调情者。关于网络调情，莱文（2000）曾经写过："纵然亚语言线索的数目少了，依然存在一个学习曲线并且那些有经验的在线交流者变得更加擅长使用和解析文本信号和暗码。"尽管如此，很多应用程序，包括及时通信和在线约会网站，把网络调情变得即使对于网络菜鸟来说都比较容易了。它们提供了一系列的动画情绪图标和声音文件，并且它们给每个情绪图标都添加一个标题，使人们解读起来更加容易。

表 2.2　具有挑逗性的字首缩写的例子

字首缩写	含义	字首缩写	含义	字首缩写	含义
AML：	我所有的爱 (all my love)	JK	开玩笑而已 (just kidding)	SWALK	甜蜜的充满爱意的吻 (sweet, with all love, kisses)
ASLP：	年龄、性别、地址、照片 (age, sex, location, picture)	JP	开个小玩笑 (just playing)	URAQT	你是一个小可爱 (your are a cutie)
A/S/L	年龄/性别/地址 (age/sex/location)	KOTC	亲一下脸颊 (kiss on the cheek)	VBG	很大的咧嘴笑 (very big grin)
BEG	大大的鬼笑 (big evil grin)	KOTL	亲一下嘴唇 (kiss on the lips)	VBS	很大的微笑 (very big smile)
BG	大大的咧嘴笑 (big grin)	LNK	爱并亲吻 (love and kisses)	*G*	傻笑或咧嘴笑 (giggle or grin)
BL	捧腹大笑 (belly laughing)	LMHO	头都笑掉了 (laughing my head off)	*H*	拥抱 (hug)
EG	鬼笑 (evil grin)	LOL	放声大笑 (laughing our loud)	*K*	接吻 (kiss)
FOFL	倒在地上大笑 (falling on the floor laughing)	PM	私人信息 (private massage)	*S*	微笑 (smile)
FOTCL	笑得从椅子上摔下去 (falling of the chair laughing)	QT	小可爱 (cutie)	*T*	流眼泪 (tickle)
GBH	很大的一个拥抱 (great big hug)	ROFL-MAO	笑得在地上打滚，屁股都笑掉了 (rolling on floor laughing my ass off)	*W*	眨眼 (wink)

续表

GBH&K	很大的一个拥抱并且接吻 (great big hug and kisses)	ROFLO-LTSDMC	笑得在地上打滚,笑得眼泪都顺着腮帮子流 (rolling on floor laughing out loud tears streaming down my cheeks)		
GMAO	傻笑得屁股都笑掉了 (giggling my ass off)	ROFLOL-WTIME	笑得在地上打滚,笑到眼睛中都是泪水 (rolling on floor laughing out loud with tears in my eyes)		
H&K	拥抱并接吻 (hug and kiss)	ROTFL	笑得在地上打滚 (rolling on the floor laughing)		
HH	拉手 (holding hands)	SWAK	以吻封缄 (sealed with a kiss)		
ILU	我爱你 (I love you)				
ILYFAE	我将永远爱你 (I love you forever and ever)				

有一些现实中的调情行为就不是那么容易在网络上表达出来了。比 51
如,想要找到身体气味、发声和个人空间的替代品或等同品是非常困难
的。网民们既无法知道和自己聊天的人的体味是什么样的,也不可能被
对方性感低沉的声音所诱惑。用大写字母聊天会被认为是大吼大叫。声
音的细节之处,如音高和音色,在网上都是无法体现的。对话中的短暂停 52

表 2.3　具有挑逗性的网名的例子

网名	含义
CallMeBaby	宝贝,记得给我打电话啊
Winker	暗送秋波
Cherub	她在爱抚
Hot4u	为你而性感
DarkPrince	黑暗王子
Sexybabe	性感宝贝

顿有可能会被认为是网络链接出了问题或者是打字水平糟糕，而不会被认为是缺乏兴致。人们也无法在网上通过靠近对方或者模仿对方的肢体运动来表达被吸引。尽管如此，人们依然能够通过想象以及描述他们的味道、他们是怎么说话的和他们愿意怎样与对方发生身体接触来逾越这些障碍。在重新回顾吉文斯(1978)列出的求爱的阶段之后，我们在此想指出，那些发生在现实中的阶段在网上就不再是那么清晰了。相反，考虑到在网上进行的躯体重构是与已经开启的对话相互交汇的，那么这些分离的阶段就可以看作是融合成了一个完整的大阶段。

网络调情：旧规则

虽然我们已经指出人们在网上调情的许多新方式，我们同样也得承认“殊途同归”。关于这一说法的支持证据可以在惠蒂(2004a)的研究中找到。在这个研究中，5690 名参与者完成了一份调查他们在面对面交互以及在聊天室中的调情行为的问卷。研究发现，与女性相比，男性更有可能使用非言语替代物来进行网络调情，例如大笑和强调身体的吸引力。在这个研究中，男性比女性更有可能作为主动一方与吸引自己的女性建立关系。这些发现是与男女在现实中调情的方式非常类似的。但是有研究发现，与线下调情不同，男性在网络中可能会更多地描述身体接触。这可能是因为比起在网上描述身体接触，在面对面的情况下使用身体接触是一种更加微妙的接近方式。这一研究有两个重要发现：(a)人们在线上和线下的调情方式有着一些区别；(b)在网络中，性别角色可以被完全超越。

在线约会站点上的躯体

我们在之前的写作中已经强调过不要把因特网看作一个单一笼统的

空间的重要性。在上面那些关于在线躯体重构的例子中，我们主要关注 53
的是躯体如何通过文本来表征。但是，个人同样也可以在网上通过照片、视频、摄像头和声音文件来表征物理的自我。我们现在就来看看人们是如何利用照片在网络约会站点上吸引他人的。同样，我们通过分析对一家澳大利亚在线约会网站用户的采访来进行说明。

当涉及被采访用户在网上如何表征自己时，大多数用户(65%)都选择放一张照片到自己的简介中。与男性(66%)相比，女性(87%)更有可能放上照片。一些人称如果想要看到别人的照片的话，那么自己首先应该放上一张自己的照片。正如同这位 46 岁的妇女所说的：

> 访谈者：你是否把自己的照片放了上去？
>
> 莎伦：当然啦。我想我肯定不会喜欢有人给我一个电子亲吻时却看不到他的照片。我觉得不附照片根本就没有什么意义。
>
> (莎伦)

其他人谈到了放一张讨人喜欢的照片的重要性。正如这位 40 岁男子所说的：

> 克里斯多夫：这一部分原因是在早期的一些照片中，不，是简介中，我放入的都是些普普通通的平照。我开始不喜欢出去照一堆艺术照，因为觉得它们不是自己的真实表征。而且如果你照了艺术照，然后别人又看到了你的真实模样，他们通常会很失望，因为真实的你完全不像照片中的那样。但是这种想法是错误的，照片会让结果完全不同。如果你没有一张真实的且讨人喜欢的照片的话，你将会发现与你联系的人更难让你满意。
>
> 访谈者：所以你照了一张比较好看的照片。
>
> 克里斯多夫：我照了好几张比较好看的照片。
>
> (克里斯多夫)

同样有趣的是，8%的研究样本都称自己有一张艺术照(glamour shot)——所有这些人都是女性。考虑到男性更强调找到一个外貌迷人的伴侣(Feingold，1990，1991)，那么只有女性会在照片上如此花费精力也就不足为奇了。这位 45 岁的女性说道：

54 访谈者：嗯，你说你最近放上了一张自己的新照片？

吉尔：对。

访谈者：你是怎么照的这张照片？你是找的专业摄像吗？

吉尔：我照的是一张专业相片。我原来放的照片到现在都快五年了，它已经无法很好地反映我的近况；而且它的效果并不是很好。所以我去弄了一张专业的相片，果然很有用。

（吉尔）

这位 41 岁的女性讲述了一个类似的故事：

访谈者：你放了一张自己的照片上去吗？

琼：对。

访谈者：你是怎么决定放什么样的照片上去的呢？

琼：嗯，很显然你需要放些好看的上去啦，但是我并没有太多这样的照片。所以我选择了我的这张摄影棚里拍的艺术照。在这张照片中，他们帮我化了妆、打整了头发，使我看上去非常漂亮。可惜这是我唯一一张拿得出手的照片。

（琼）

当涉及在线约会时，大部分的这家澳大利亚约会站点的被采访用户们都表示，希望在看到一份个人简介的时候发现里面有张这个人的照片。事实上，大多数用户都不会把那些不在简介中放照片的人列入约会对象的考虑范围。放一张照片的重要性在与这位 37 岁妇女的访谈中得到了很好的突显：

访谈者：你是如何看待照片的？

凯斯：一种必需品。

访谈者：所以你是不会浪费时间在那些不放照片的人身上的吧？

凯斯：我曾经失望和让别人失望了好几次。即使有照片存在，它们也可能误导别人。我了解我自己，我照了一张照片，一张极丑的照片，然后人们总是对我说："那张照片根本不像你。"一些和我见过面的人会看着我然后惊叫“天哪”。你看就是这样，照片里是一回事，现实中完全是另外一回事。不过对于没有照片的人，我总是躲得远远的。

（凯斯）

一些男性也讲了类似的故事，例如这个 50 岁的男性描述了在考虑一个简 55
介的时候最吸引他的是什么：

格兰特：首先就是看间接中照片上的人的眼神，紧接着才开始看档案的内容。但是一开始感觉最有影响力。

访谈者：因此，照片是一个很重要的因素，对吗？

（格兰特）

这名 46 岁的男性也同样强调了能够清楚地看见照片的重要性，因为只有这样，他才能知道和他交往的女性究竟是怎么样的：

我所看的第一样东西就是照片。我是一个强调视觉感受的人。也就是照片，我认为应该强行要求放一张照片，而且这张照片还必须达到一定的尺寸。（帕特里克）

我们将在第 7 章中讨论当要从一堆简介中挑出可能的伴侣时，这些在线约会者会考虑的一些特质。但在下面这一章，我们将解释网络空间是如何提供了一个独特的且更加有趣的地方供人们游戏爱情。为此，我们将要借鉴心理动力学的理论。

第3章

游戏爱情——维尼卡特和潜能空间

56 狂欢节并不是供人驻足观赏的展览。人们生活在其中并且人人都参与到其中……当狂欢节举行的时候,其外的一切生活都停止了。狂欢节的时候,生活遵守的是狂欢节的法律,即自由的法律……狂欢节所宣扬的是从普遍真理和已经建立的秩序中的暂时的解放……狂欢节的形式是不断变化、充满趣味且无法定义的。

(Bakhtin——引自 Green,2001,p.159)

到目前为止,我们在本书中已经阐明了:虽然人们在面对面交互以及网络空间中发展和维持关系的方式有着很多相似性,但是网络空间的一些独特之处还是需要特别强调的。我们相信,在网络空间中游戏爱情既可以是一段摆脱束缚的体验也可以是一段让人灰心丧气的体验。至于究竟是怎么样的体验主要决定于个人在该空间中是如何进行交互的。例如,一个人是不是在利用这个空间帮助自己摆脱社会焦虑?一个人是不是将自己的网络关系过度理想化了?在接下来的章节中,我们将详细讨论这些观点。我们将会抛弃现有文献中所支持的普遍观点,而是进一步扩展我们之前的主张(参见 Whitty,2003a;Whitty & Carr,2003,2005a),即网络空间中的大多数人际关系都可以通过精神动力学(psychodyamics)[1],特别是其中被称为对象关系理论(object-relations theory)的那一分支的理论框架得到清楚的理解。在本章中,我们将简述维尼卡特(Winnicott)的对象关系理论,并将其应用于解释网络上的人际关联。

为了与我们在本章开篇所引用的巴克亭(Bakhtin)的语句相呼应,我们提出,与狂欢节时光相类似,网络空间也有着它自己的政权"法律"和原生对象,这些东西能够影响人们相互关联的方式。并且,游戏这一概念对于解 57
释和预测在线行为也是非常有指导意义的。对象关系理论引起了人们对这些规则和游戏的关注。这一精神动力学观点同时也能够帮助我们理解网络空间是一个人们进行关联的特殊地方。此外,虽然网络空间的行为不一定能够在其他关系空间中观察到,但是它们的起源也是可以得到清楚地解释的。事实上,正是利用对象关系理论对游戏进行的分析,我们才有可能更好地理解网络调情及其他一些网络行为。现在我们就把关注点转移到游戏的精神动力学上。

游戏的精神动力学:唐纳德·伍兹·维尼卡特的研究

游戏恐怕是人们最容易与童年联想到一块儿的活动了。确实,关于游戏的研究大部分都集中在儿童而非成人的身上(参见 Abramis,1990),并且很多心理学家都认为童年时的游戏在人生发展过程中扮演着重要角色。荷兰历史学家休伊曾加(Huizinga)(1944/1980)在他的著作《游戏人——文化中游戏元素的研究》(*Homo Ludens*:*A study of the play-element in culture*)的开头几页中复述了一位父亲讲给他听的自己 4 岁儿子的故事。这位父亲发现自己的儿子坐在一排椅子前面扮演"火车"。当他上前拥抱自己的儿子时,这个小孩说道:"老爸,不要亲吻引擎,不然的话车厢就不会认为它们自己是真的车厢了。"(p. 8)这个故事既反映了一个正在游戏中的小孩。同时它还说明了游戏中的幻想是多么脆弱及其转瞬即逝。莫德尔(Modell)(1990/1996)曾写道:"游戏和幻想之间的联系很早之前就被认识到了,而且正如很多人所注意到的,这种关联是通过英文中幻想(illusion)一词的词源所揭示出来的。illusion 的词源可以追溯到 inlusio,illudere 或者 inludere,所有这些的字面意义都是'在游戏中'。"(p. 27)

那些赞同通过精神分析的方法来理解游戏的学者们坚持认为，游戏就是幻想。并且只有当游戏能够保存在于它自己的参考系——这种参考系总是寻求与日常生活的分离——中的时候，这种幻想才能够得到维持（参见 Freud，1905－6/1985，1908/1985；Modell，1990/1996；Winnicott，1971a-g）。这一参考系所表征的是一个“另一层次的现实”（Modell，1990/1996，pp. 25－30）。并且它与日常生活的分离是通过一系列的手段特别是那些
58 与时间和空间相关的因素来实现的。游戏，特别是儿童的游戏，总是起始于某个时刻并在另外一个时刻——即当游戏已经注定要结束的时候——结束。在某些特定游戏中，可能会事先声明一些规则来规定开展游戏的时间和空间限制，其他一些游戏结束的时间限制则是由游戏本身的进程所决定的。

规则对于实现游戏和现实生活的分离来说是至关重要的——你是否曾经注意到当两个小孩进行游戏的时候，他们会花很多时间来争论规则？游戏这个临时的世界中有着规则来规定幻想能够产生并处于活跃状态的空间。游戏依赖于规则和其他与时空相关的因素。但是我们能够注意到在这种情况下会出现一个有趣的矛盾的现实。一方面，游戏的基本要素就是自由，因为自由是进行创造以及摆脱现实的许可证。然而另一方面，要想实现自由，以规则及其他时空因素的形式而存在的约束又是必须的。因而，就有了这个有意思的逻辑转折，即只有通过约束，自由才能产生。

在探讨发生在其自身参考系——一个另一层次的现实——中的游戏时，精神动力学的观点认为很多发生在这个转变了的世界中的事情实际都是非常严肃的。[2] 精神动力学坚决反对那种认为游戏是属于某种二元对立——即严肃和非严肃的活动——世界的观点。弗洛伊德特别强调了这一点，他说道：

> 每一个在游戏的儿童……，都创造了他自己的一个世界……那种认为他并不会严肃对待这个世界的想法是十分错误的。相反，他会非常严肃地对待自己的游戏，并且会在上面倾注大量的感情。与游戏相对立的不是严肃的事物而是真实的事物。尽管，孩子在他的

> 游戏世界里投入了大量情感，孩子依然能够很好地将游戏与现实区分，并且他喜欢把自己想象中的对象和情境同现实世界中那些看得见摸得到的东西建立关联。这种关联就是区分儿童的“游戏”和“幻想”(phantasying)的关键。(p. 132)

很多人认为，儿科医生和精神分析师唐纳德·伍兹·维尼卡特(Donald Woods Winnicott)在通过精神分析来理解游戏方面作出了卓越的贡献。他所提出的过渡对象(transitional object)和潜能空间(potential 59
space)的概念对于理解游戏是非常重要的。与弗洛伊德(Freud)一致，维尼卡特(1971a)也认为游戏超越了严肃与非严肃的二元对立。他还认为，婴儿的游戏是自发的且只能发生在有父母特别是母亲存在的充满信任与安全的环境中。在维尼卡特看来，至关重要的是他所认为的内部与外部世界之间的中间区域。例如，他观察了婴儿是如何吮吸和拥抱洋娃娃或毛毯的。他认为，在这里洋娃娃或毛毯已经不再是洋娃娃和毛毯本身了，而是一种假想对象。通过幻想，婴儿就可以把不是乳房的对象当乳房来对待，这样做可以让他体会什么是“我”(me)以及什么是“非我”(not-me)(Winnicott，1971d，p. 41； 1971g， p. 107)虽然被称为过渡对象，但是“这肯定不是因为这个对象是过渡的”(Winnicott，1951/1971b，p. 14)。这个对象是婴儿在世界中的另一种定位的原始证据；正如 Wright(1998)所观察的：

> 重要的并不是这个对象代表的是什么，而是它能够让孩子做什么。换句话说就是它让孩子能够进入幻想的空间，从(由孩子自己创造的)主观转移到(在环境中所找到的)客观。过渡对象有一种特殊能力可以把“赋予的”变为“创造的”[引自 Pontalis，1981；p. 142]。(p. 84)

因此，洋娃娃或毛毯虽然与主观体验相连接，但这种连接却发生于客观世界中。

对于婴儿来说，主体与客体之间的潜能空间就是进行游戏的地方。潜能空间是位于内部与外部世界之间或者说是“主观对象与客观感知对象”(Winnicott，1967/1971f，p. 100)之间的中间体验区域。从概念上来说，这却导致了很多矛盾的事实。正如维尼卡特(1968/1971e)自己所注意到的：

> [总体的体验区域和具体的过渡对象的]一个关键的特点就是……矛盾以及矛盾的接受：婴儿创造了对象。但是对象之前就一直在那里等着被创造……在游戏的规则中，我们都知道我们绝对不会迫使婴儿回答这样一个问题：它究竟是你“创造的”还是你找到的？(p. 89)

60 虽然过渡对象和潜能空间的概念是在婴儿研究的背景下提出的，然而维尼卡特(1951/1971b)坚持认为“它们并非只局限于婴儿的体验”。相反，在人的一生之中，它们始终保留在那种与艺术、宗教、想象力和创造性的科学工作相关的强烈体验之中(p. 24)。我们依靠自己的资源来体验文化从而扩展我们对世界的理解。个人不断地发展其产生潜能空间的能力。正如维尼卡特(1967/1971f)所写到的：“文化体验发生的地方就是个人与环境(最初是对象)之间的潜能空间。游戏的情况也相似。文化体验的开端就是首先在游戏中展现出来的创造性生活。”(p. 100)

维尼卡特把游戏视作是一种创造性的交流；因而在本质上是属于主体间的。游戏在主体单独存在的情况下并不会发生。游戏需要包括其他主体和一个会对主体做出反应的环境。此外，维尼卡特还把游戏看作是一种创造并维持幻想的活动；正如我们之前所提到的，这种幻想只有当放在其所独有的参考系——一个将其与现实生活相分离的参考系——中才能得以维持(Carr & Downs, 2004a)。

维尼卡特在勾勒自己对心理健康和创造力的看法的过程中，指出了这种主体间性(intersubjectivity)的含义。他认为，一个生活在主观万能且与客观现实没有连接的领域之中的人是冷漠自闭的人。而一个只生活在客观现实的领域中且与主观万能毫无瓜葛的人，在维尼卡特看来，则是表面上适应力良好但实际上却缺乏激情和创造性。米切尔(Mitchell)和布莱克(Black)(1995)精辟地概述道：“正是过渡领域的这种模糊性使得体验扎根于自我内部的深刻且即兴的源头，同时还把自我表达与一个由其他主体所组成的世界联系了起来。"(p. 126)这个过渡的区域使得人们能够在"那种无法避免的、将内外世界相连所导致的疲劳"之外得以放松。(Winniacott,1951/1971b,p. 24)在这个空间之中,内部世界与外部世界之间的压力和张力虽然没有被消除但是却被控制住了。在这种情境下,文化与文化活动成为了"分与合之间的互动"的一种表达方式(Winnicott,1951/1971b, p. 24)。

这个潜能空间既不是纯粹的幻想也不是纯粹的现实。"在没有潜能空间的情况下,只有幻想存在;在潜能空间中想象力才得以发展"(Og-
den,1985a,p. 133)。维尼卡特相信,假定有一个"足够好的"环境存在的 61
话,那么内部世界和外部现实的交互就会促进自我的发展和加快成长。潜能空间就是这样一个空间,在其中我们的心理可以得到发展,从而能够整合爱与恨,创造、毁灭和重塑自我。

维尼卡特和网络空间

维尼卡特的关于潜能空间的学说对于我们理解网络空间的最基本特质或许是十分关键的。维尼卡特指出潜能空间并不是内部的精神现实。相反,它是"位于个体之外,但又不是外部世界……在这个游戏地带中,儿童们用从外部现实中收集到的对象和现象来构建内部的或个人的现实"(Winnicott, 1971d, p. 51)。我们认为把网络空间理解为维尼卡特所说的潜能空间是很有意义的。这是一个"真实个体"(real individuals)与"幻想个体"(fantasy individuals)之间的空间,"是一个在个体之外却又不属于外部世界的空间"(Whitty,2003a,p. 349)。作为一种潜能空间,网络空间有可能会以上一段中提到的那种方式促进心理发展。

计算机及其外周设备就是允许人们在这个空间中给自己进行定位并探索"我"与"非我"的过渡对象;在本章前面,我们就已经在维尼卡特(1971d,p. 41)对这些对象的重要性的评价中提到过这些功能了。其他人也提出过相似的看法。例如，特克尔（1995）提出："计算机也同样可以被作为一种位于自我与非自我边界上的对象来体验……人们能够在计算机中看到自己。机器就好像是一个第二自我。"（p. 30）的确，我们在这些对象中投入了感情。并且正如我们将在下一章中所讨论的，它们也在我们内部留下了痕迹并作为精神的钥匙帮助我们释放情绪——在网络空间中，这种释放甚至可以发生在我们打开计算机或者是登录网站之前。对象关系理论家坚持认为对象通常在无意识的水平上是充满了象征意义的。确实，正如卡尔（Carr）和唐斯（Downs）（2004a，p. 353）曾经指出，弗洛伊德相信（1905/1977，1933/1988）"对象是为了满足本能需求，动作和
62 欲望所指向的目标"。简单的触摸电脑或者是考虑是否上网都有可能触发一系列的情绪反应。例如，勒普顿（Lupton）（1995）描述了电脑开机对她所产生的影响：

> 当我打开我的计算机时……它发出了轻微的声音。有时候为了找乐子，我会把这个声音理解为是令人愉快的"早安"问候，因为把计算机唤醒的动作通常是早上发生的第一件事情……伴随着一杯早茶，这个声音帮助我在情绪上和生理上为接下来这个工作日做好准备，在工作日里我需要不停地敲击键盘，并紧盯着显示器浅蓝色的屏幕。（p. 97）

维持幻想从而让人能够在因特网上"游戏"的规则仍然在缓慢地演变，但是已经出现了一些明确的网络礼节（Netiquette）来规定界限，从而帮助人们在一个缺乏规范社会线索的环境中开展交流。[3] 从维尼卡特学说的角度来分析网络行为将有助于理解本书前面关于网络关系的章节。我们曾经说过虽然在某种意义上，在网上游戏爱情和现实中的调情是近义词，但是本书把前者界定为一种以游戏的形式出现的独特活动。在线上有着比线下更多展开幻想的机会。网络用户可以栖息于任何一个他们所渴望得到的躯体中，这既可以是一个年轻的躯体，也可以是一个性感的躯体，甚至可以是异性的躯体。研究发现男性尤其喜欢在线上冒充女性（Whitty，2002）。而且，用户可以虚构他们的幻想伙伴的模样、整体感觉

以及对自己的态度。用户可以幻想自己被别人所吸引并且反过来别人也被自己所吸引。因此，正如在上一章所提出并论证的，虽然躯体很显然是无法物理地存在于在线交互中，但是躯体仍然非常重要。在这个“潜能空间”中，用户可以自由地扮演各类身份，包括他们自己的物理身份。

艾特金(Aitken)和希曼(Herman)(1997)曾经提出，维尼卡特的理论框架“让灵活地操作意义和关系成为可能”(p. 11)。他们认为对象、文化习俗和自我形象都可以变成这个空间的元素。而且，他们提出随着“个人在一生中不断调整适应和更新知识”，这些元素也会发生相应的改变
(p. 11)。确实，游戏向社会规则提出了挑战。在维尼卡特的潜能空间中， 63
现实是具有弹性的，并且其意义是可以重构的。把这一观点应用到网络空间上，可以认为在网上游戏能够向刻板的性别角色提出挑战。因此，可以说这个潜能空间为人们提供了机会，让他们可以重构和实验自我及性别的传统文化意义(不过正如第 2 章中所说明的，并非每个人都会利用这些机会)。个人可以通过尝试不同的身份来进行游戏从而来发现，用维尼卡特的话来说，就是何为“我”以及何为“非我”。这种类型的游戏对于心理治疗的结果有着重要的影响；当然我们也不能忽视由这类活动也有可能会导致心理疾病的产生。当然，正如第 2 章中所提到的，当与自己交互的人是现实中的陌生人时，在网络空间中尝试各种身份就更容易了。

与维尼卡特的观点相关的一种提法是，潜能空间是一个安全的地方，是一个人们能够即兴发挥并尝试新事物的地方。他提出信任是人们开展游戏的必要前提。例如，他说过心理治疗要想成功，“游戏必须是自愿的而不是服从或顺从的”。(Winnicott，1971d，p. 51)与潜能空间的这些特点一致，网络空间也是能够提供一个较之现实世界更加安全的空间，让人们在其中开展游戏且尝试调情、自我展示和发展关系。“围绕着在线关系形成的那种友好和更加安全的气氛增加了人们选择以这种方式发展关系的可能。”(Ben-Ze’ev，2004，p. 34)当你能够随时从这个虚拟世界中退出的时候，被拒绝也就不大可能造成心理伤害。并且与你的网络玩伴再度碰面的可能也大大减小了。更重要的是，网上有着更多的供个人发挥创

造性和尝试身份、性和爱情的机会。虽然，现实中的调情无可否认也可以被视为一种游戏(例如，在舞会上调情的已婚男女只不过是想证明一下自己的吸引力尚存；而并非真的打算把关系更进一步)。但是我们还是要说网络空间创造了更多地开展维尼卡特式的游戏的机会。这种游戏需要人维持幻想，并且我们认为在网络上维持幻想会更容易些。

我们并不是最早提出网络空间是一个游戏空间的研究者。著名学者霍兰德·瑞欧德(Howard Rheingold)(1993)就曾把因特网作为一个虚拟游乐场——一个可以开展合作性游戏的地方——来谈论。丹纳特
64 (Danet)、罗恩德堡(Ruendenberg)和罗森堡-塔马里(Rosenbaum-Tamari)(1998)也曾经写过关于计算机中介交流的游戏性特点。下面一段引用丹纳特等人的话语(1998)：

> 计算机中介的交流具有令人吃惊的游戏性。上百万的人以他们或许从没想到过的方式玩着电脑键盘，甚至利用如逗号、冒号和反斜杠这样不起眼的材料来完成极为复杂的任务。不仅是黑客、电脑迷、年轻人和孩子，甚至那些看似严肃的成年人也开始学习新的游戏方法。(p. 41)

丹纳特等人(1998)认为流的体验(flow experience)是同步交流的内禀特质(例如，参见 Voiskounsky, Mitina & Avetisova, 2004; Voiskounsky & Smyslova, 2003)。维果斯基(Voiskounsky)等(2004)解释说，流的重要特点包括：自我意识和时间感的暂时消失、高度的集中和控制、明确的目标、内在动机和及时的反馈。丹纳特等(1998)提出这种流效应会引发游戏性。这些研究者特别关注的是通过在线聊天系统开展的游戏。在这个空间中，他们确定出三种相互联系，却有各具特点的游戏形式：游戏身份、游戏交互的参考系和游戏打字符号。我们在涉及网络调情的时候已经讨论过游戏身份和游戏打字符号了；但是我们漏掉了对游戏参考系的讨论。丹纳特等(1998)把游戏参考系的概念与多任务处理相类比。当涉及网上多任务的处理的时候，人们可以同时打开多个任务窗口，但是通常只有一个任务窗口是位于前台的。虽然这些研究者所特指的是在线

聊天系统，我们是可以把窗口的概念延伸到其他的在线空间。例如，人们可以同时进行电子邮件和及时通信。而且，当涉及聊天和及时通信的时候，人们可以打开多个窗口从而可以几乎同时地（这需要看一个人的协调能力如何乐）与多个个体进行交谈。当然人们也可以同时参与到线上和线下的多个任务中（例如：在网上聊天和听音乐的同时还在写电子邮件）。当人们面对面地调情时，他们通常每一次只能把注意放在一个人身上。但是，由于网上能够允许多个参考系的存在，个人就可以每一次和多个人同时调情。

网络空间是一个提供心理成长和“解放”的潜能空间吗？

在维尼卡特对游戏的讨论中，他更多强调的是关于游戏是以怎样的 65
方式解除束缚、有益于自我的发展和促进心理成长的。有一次，他曾经作出了如下的总体评论：

> 换言之，游戏是普遍存在的，并且与健康相关。游戏能够促进成长因此有益健康。游戏可以促进团体关系的建立。游戏可以是心理治疗中的一种交流形式。最后，精神分析曾经是作为一种高度具体化的游戏形式来促进与自己和他人的交流。（Winnicott, 1971d, p. 41）

尽管维尼卡特强调游戏富于创造性的和健康的本质，他同时也承认游戏可能导致不良后果。通常他会以描述过渡区域的优点的方式来推测或描述一个“足够好”的环境如何作为协助维护潜能空间的必要前提，从而保证纯粹幻想和纯粹现实之间的界限和辩证交互不至于崩塌。虽然在本章的前面我们提到了维尼卡特对那些主要生活在纯粹幻想或纯粹现实中的人的看法，但有一个问题是，如果过分接近现实或幻想的边界又会发生什么样的后果呢？奥格登（Ogden）（1985a）记录了四种独特的可以导致不同心理疾患的“理想”类型或案例:(1)现实吞并了幻想,后果就是丧失通过思想和感觉来得到“娱乐”的能力,幻想被妄想所替代;(2)现实形成了对幻想的防御,结果就是被剥夺想象力;(3)现实与幻想产生分离,结果就是恋物癖和心理扭曲;(4)现实与幻想间阻断,即无法创造潜能空间;其后果就是一种无体验状态,在其中知觉无法引发对因果的判断,从而导致无法做出正确的情绪反应。

66 要证明网络空间并非总是一个有益于心理成长、自我发展和带来任何形式的释放体验的地方并不困难。事实上,网络空间可能是一个非常不安全的栖息地,这一话题我们将在第 5 和第 6 章中详细讨论。在这里,我们希望能够把注意力放在另一些有利于研究网络爱情游戏者的行为特点的对象关系理论之上。

对象关系理论:退行行为与分裂

精神动力学理论对人类行为的解释强调的是无意识(unconscious)的重要性。类似于谚语中的冰山,无意识被认为是隐藏于“表面”之下的精神活动领域——这一心灵的地下部分由一些先前经验、记忆、感觉和冲动所组成,并且由于防御机制以及其他一些活跃的精神动力过程的活动使得这些组成元素无法为个人主动觉察到。在描述无意识的时候,弗洛伊德通常会把它比喻作大锅炉。实际上,弗洛伊德的那部分被其称为“本我”(id)的无意识比作是“充满了沸腾的冲动的大锅炉”(Freud,1933/1988, p. 106)。这一比喻突显了在弗洛伊德看来这个人类精神中的所谓“无意识”部分是多么活跃。

弗洛伊德曾提出一个心智的地形和动力模型,在这个众所周知的模型中,他把心智分为了三个部分,并分别命名为本我(id)、自我(ego)和超我(superego)。本我是各种欲望、冲动或本能所栖息的部分;并且它的活动是完全不为意识所察觉的。自我则是进行逻辑思考、记忆和判断的部分；它的功能是在外部现实所划定的范围内满足本我的需求。超我则是心智中涉及遵守社会“行为准则”——即道德和社会规范——的那部分；它提醒着自我各种社会现实的存在。自我和超我的局部位于无意识之中，并且这三个部分与外部世界之间有着一种交互关系——弗洛伊德是这样描述这种关系的：

> 自我在努力完成其工作任务的过程中，受到本我的驱使，超我的限制，现实的排斥……如果自我被迫承认自己的弱点的话，那么它就会在焦虑中爆发——与外部世界有关的焦虑[害怕]、与超我有关的道德焦虑以及与本我中的与激情强度有关的神经质焦虑。(pp. 110 – 111) 67

的确，本我与自我及超我之间过度的且尚未得到解决的冲突可能会导致各种不同的心理疾病，从恐惧症到歇斯底里症，从躁郁症到偏执狂。

为了尽量避免急性的心理疾病以及随之而产生的焦虑，很多防御机制都参与到帮助心灵抵御那些痛苦危险的想法、欲望和情绪的任务中。这些防御机制如今已经成为了人们日常口头语的一部分，其中包括：压抑(repression)[一种无处不在的核心防御机制，通常伴随着其他类型的防御机制发生作用]，退行(regression)，合理化(rationalisation)，否认(denial)，升华(sublimation)，认同(identification)，投射(projection)；置换(displacement)和反应形成(reaction formation)。虽然这些防御机制的活动目的都是为了让心智的意识部分无法觉察到焦虑的来源，这些被压抑的“记忆”在无意识中依然活跃并且能够在影响人类行为的同时让人无法知道究竟是什么东西让他们对特定的环境做出这样或那样的反应(见 Carr，2002；Carr & Gabriel，2001)。

虽然上述的那些精神动力机制通常都发生在面对面的情况下，但是这些机制也存在于网络上的人际交互中。不过，如果一个人仔细分析那种一对一的或者是发生在聊天室和其他各种网络论坛中邮件交互的话，就会很清楚地发现，比起通常的面对面情境，这类聊天似乎更加不受“约束”(例如，参见 Joinson，2001)。有一些话题的讨论在网上要比在线下更加开放和直率。这种缺乏约束的表现在高度的自我暴露和所谓的言语火拼现象中尤为明显，虽然与此同时我们常常可以见证人们更加真实的一面。我们将把下面这封被频繁引用的电子邮件作为例子来说明这一点；这封邮件是一位记者写给另一位记者的，后者曾经写过一篇拍微软老总比尔·盖茨(Bill Gates)马屁的文章：

> 你看好了，傻帽儿：听着，你这个贱种马屁精……我会把你的头塞到肛门里，让你看看。我要让你明白真正的记者从来不会阿谀奉承自己的采访对象，不会装作自己和这个被采访者有着某种特殊关系，更不会为了得到好处而告诉该采访者这篇文章将会为他们增光添彩，并且还会因为自己写出这样的文章而洋洋自得。把这个邮件
> 68 转发给你老母吧，并抄送给 Tina[纽约客杂志的发行者]，告诉她这个杂志正逐渐变成化粪池。一条虫子就只配和另一条虫子待在一起。(Seabrook，1994，p. 70；也参见 Holland，1995，p. 1)

这封邮件中所说的“虫子”当然指的就是计算机病毒，因此这封信在暗示某种威胁。

如果从精神动力学的角度来解释这样的行为，可以说这是本我的冲动以一种能够与世界相联系的最原始的方式得到了表达——即退行(regressive)行为。正如诺曼·霍兰(Norman Holland)(1995)所观察到的，“在网上聊天时，人们就会退行。就是这么简单……人们会退行，用他们在面对面交往中绝对不会使用的方式表达性欲和攻击性”(p. 1)。匿名性似乎使超我的限制监控作用不能正常发挥，最终导致心理活动退行到一种比较原始的状态。这一解释人类行为的观点假设，“早期发展阶段的行为模式”并不会完全消失，而是以另外的功能模式存在着(Rycroft，1995，p. 154；也参见 Freud，1915/1985，p. 73)。弗洛伊德在下面这段话中详细地描述了退行的概念；这段话是《释梦》(*The Interpretation of Dreams*)一书 1914 年再版的时候添加的：

> 可以区分出三种形式的退行：(a)从心智器官的示意图意义上来说结构性退行；(b)回到早期心理结构问题的时间性退行；(c)形式上的退行，在其中原始的表达和表征方法替代了常见方法。然而，所有

> 这些形式的退行从根本上来说就是一个整体且通常都是同时发生。因为在时间上是早期的东西在形式上也是原始的，并且在心理结构上也是靠近知觉端的。(Freud, 1900/1986, p. 699)

在焦虑的情况下最容易观察到退行，特别是在感到威胁、受到阻挠以及更为常见的身处令人不悦的处境的时候。研究者发现回复到“关联”的早期阶段是与阻抗的发生相联系的(Balint，1968)。在临床条件下，维尼卡特(1958，p. 280)也曾同样注意到，退行就像是一个防御性 69
“盾牌”和一种“自我监禁”的形式。在令人沮丧或存在威胁的处境中，正在游戏的儿童可能会寻求从这种环境中退出或者是像人们通常所说的那样“耍脾气”。一些发生在因特网上的言语火拼以及是火拼战都和耍脾气比较类似。网上那些充满挑衅的、与性相关的和有些过火的言论都可以被看作是一种向比较原始的关联方式的退行。网上的一些订户列表和论坛都会指派一个“仲裁人”，其功能就是屏蔽某些电子邮件或者是将违规的用户从列表或论坛中删除。在后面这种情况中，仲裁人的行为可以被理解为是为了把网络空间建设成一个更加安全的游戏场所。

除了我们在前面所描述的那些退行性反应之外，我们在一些交流中还可以注意到一种将世界分裂(splitting)为理想化的“善”和妖魔化的“恶”这样两个部分的退行行为。这样一来，攻击性交流产生的目的就是为了避免潜在的迫害性的“邪恶对象”所造成的焦虑。在对象关系理论家梅拉妮·克莱因(Melanie Klein)(1944，1975a-d)的研究中，我们可以发现对这种原始的关联方式的完整的描述。克莱因认为原始的人际关系是建立在矛盾或互为因果性之上的。人类生命的最初几年就如同一个摩尼教的世界，克莱因认为，在这样一个世界中，婴儿需要经过的一个重要的初始过程就是解决母亲的乳房所带来的不确定性和冲突。乳房既是一个好的对象同时又是一个坏的对象。婴儿会理想化“好的”乳房并将爱上它。这是因为通过提供乳汁，乳房能够带来一种被婴儿所接受和内化的满足感，这些感觉代表的是母亲所带来的维系生命的保证。这个“好的”

对象同时也让婴儿感到困惑。因为乳房强调了婴儿对它需要和依赖，从而导致了一定程度的嫉妒感。在婴儿并不愿意的情况下，中断哺乳或将其与乳房分离，婴儿就会体验到这个好的对象是在它的控制之外的。因为婴儿并不能够想要什么就得到什么，也没有办法想什么时候得到乳房就可以得到。由于尚不具备理解矛盾的能力，在孩子的心灵之中，乳房同时又变成了一个令人沮丧、可怕的且“无恶不作”的对象。这个坏对象在孩子看来拥有一种能够同时摧毁婴儿和“好”对象的迫害性力量，因而会导致分离焦虑或者是与生命力隔离的感觉。这种焦虑会变得非常剧烈，它甚至会把孤立转变为完全瓦解，因而成为害怕“死亡”的同义词(Carr，2003a，2003b)。

早在生命的第三个月，婴儿通常就会认识到自己对于同样乳房是既
70 爱又恨，克莱因把这种“情况”成为抑郁点(depressive position)。作为尚未发展成熟的自我的一种防御机制，婴儿可能会试图否认[或者是弗洛伊德所说的“不承认”(disavowal)]迫害性对象存在的现实。好的乳房成为了自我寻求发展所围绕的核心，就好像是珍珠形成所需要的那颗沙粒(见Klein，1975c，pp. 178－180)。然而嫉妒好的乳房的体验仍然会成为这一过程中的干扰源。正是在这一被称为分裂(splitting)的精神动力学过程中，儿童试图通过最小化冲突从而来尽量消除不明确性。夸大好与坏之间的差异的是为了能够消除“灰色区域”并创造一张“黑白图片”。这样一来，对象的一部分就变成了全善的或让人安心的，而另一部分则变成全恶的且具迫害性的。克莱因称此为偏执-精分点(paranoid-schizoid position)，从而来突出“焦虑的迫害性特质……以及背后心理机制的精神分裂的本质”(Laplanche & Pontalis，1967/1988，p. 298)。一些精神动力学理论的研究者认为分裂是超我的前身或原始环境(参见 Laplanche & Pontalis，1967/1988，pp. 430，436－438)。虽然这是正常发展过程中的必经阶段，然而这种原始的对焦虑的防御仍是一种退行性反应，因为它始终存在且永远无法超越。在成熟的超我中，那些“好的”对象所表征的是

一种幻想式的理想自我。

涉及网络空间时，我们可以很容易的在“火拼战”(flaming wars)找到分裂的影子。在火拼战中一些个人或阶级及群体被妖魔化而其他的则被理想化——这个被视作是由“我们”和“他们”所组成的世界的特点。这种形式的退行性行为扭曲了交流进行的方式。在涉及网络关系发展的时候，分裂的概念也是值得思考的。同他人在网络空间中交互的时候，个人或许会把这个关系从世界中分裂出去。而且，正如沃尔瑟等人(2001)所提出的，在一些情况下，个人会把他们的网络伙伴理想化。其中部分原因很有可能是由于个人对在线自我展示格外用心。同时，这也可能是网络关系从个人的世界中分裂出去的一个后果。我们将会在第 5 章讨论网络不忠的时候再次提到分裂的概念。

对象关系理论和准对象的循环：游戏中的“皮球”

维尼卡特的工作，特别是他提出的过渡对象的概念有助于更好地了解人们如何进行游戏以及他们进行游戏的动机。近来，研究者(见 Carr 71
& Downs, 2004a, 2004b; Whitty & Carr, 2006)发现，过渡对象非常类似于法国哲学家米歇尔·塞尔(Michel Serres)(1993/1995)所提出的准对象的概念。维尼卡特关注的是单个个体与单个对象的关系，塞尔(Serres)关心的则是“对象如何穿透一个社会群体，并且在此过程中，与该群体的成员建立关系”(Carr & Downs, 2004a, p. 357)。在《天使》(*Angels*)一书中，塞尔(1993/1995)所创造的角色 Pia 这么说道：

> 看看外面那些玩皮球的孩子们吧。那些笨手笨脚的孩子把球当作是一个对象来玩。然而对于那些更有技巧的孩子们来说，球就像是他们中的一分子：他们跟随皮球运动和反弹的轨迹而运动和改变位置。在我们看来，皮球是为人类主体所操作的。但这是错误的，实

> 际上,皮球在玩球的人之间创造关系。正是在跟随皮球的轨迹而运动的过程中,团队被创造了出来、得到了了解并获得了表征。是的,皮球是主动的。进行游戏的是皮球。(pp. 47－48)

在塞尔看来,准对象就是社会性的起源。这种社会性是随着准对象的循环而产生的。准对象,如同代币或者是扑克牌中的白搭,是空白的;它是一种“通用等同物”(Serres,1982,p. 229),可以传递或扔给任何人并且是通过主体间的交换而得到定义的。如同对象关系理论扩展了弗洛伊德的理论,塞尔的准对象理论在很多重要的方面扩展了对象关系理论。弗洛伊德的主要关注单个体的内部冲突模型在对象关系理论那里变为了双个体模型,而塞尔的准对象理论则是一个三个体模型;或者更准确地说是一个多个准主体(quasi-subjects)与一个准对象的模型。最重要的是,塞尔的理论把微观水平上的对象关系的世界与宏观水平上的社会关系连接了起来。

塞尔的准对象概念可能对于理解网络空间中一些社会关系的形成非常重要。了解“话题”和电子邮件内容在因特网、聊天室、新闻组等空间内
72 像游戏中的皮球一样移动的方式将会是非常有意义的。因为这些动态关系将有可能揭示群体本身、建立社会关系网以及个人希望进行游戏的一些动机的本质。

一些社会学家,特别是交流理论家们不仅研究了涉及网络空间的社会动力学;而且他们的研究更加强调以现实关系为基点并且关注所形成的社会网络的“效用”。例如,多产作家巴里·韦尔曼(Barry Wellman)就虚拟空间中的社会网络进行过大量的描写。韦尔曼曾非常精辟地评论道:

> 当计算机网络把人们连接起来的时候,它就是一个社会网络。正如同计算机网络是由电缆连接起来的一组机器,社会网络也是通过具有社会意义的关系所连接起来的一群人(或组织或社会实体)。(p. 179)

以韦尔曼为代表的一些研究者曾经思考过强联系和弱联系在网络上是如何发展的。韦尔曼和古莉阿(Gulia)(1999)曾发现与现实中的关系相类

似，很多在线关系都表现出强联系的特点。他们认为很多在线关系都有着很强的支持作用。尤为重要的是，研究者并没有把自己的研究局限于完全在真空中考察在线关系。虽然，我们在本书中说过个体有时会把网络世界从现实世界中分裂出去，但总的来说，网上的沟通是无法与个人生活的其他方面完全分离的。在这里，我们再次引用巴里·韦尔曼的话(2004)：

> 因特网已经融入了我的生活，但是并没有从生活的其他方面分离。我把线下和线上的活动整合了起来。我使用电子邮件、聊天、网络搜索和及时通信与我的朋友和亲戚们联系。但是我也走路、开车、骑车、坐公交、乘飞机、打电话，并且还会偶尔发送一两张贺卡。我并不是一个特例。在 90 年代，网络所带来的新鲜感和对网络可能会破坏“社区”的恐惧已经消失了。事实上，网络的使用不仅扩充了社区，而且以微妙的方式改变着社区。(p. 23)

在另一个研究中，卡明斯(Cummings)、斯普劳尔和基斯勒(2002)考察了网络社会支持对失聪者的效果。他们发现将在线支持与现实中的支持结合起来比单纯的在线支持更有效果。很显然，社会网络的形成方式是一个我们需要理解的重要动态过程。塞尔的准对象理论的洞见力为我 73
们追踪这些社会网络的发展和动态变化提供了一个很有价值的工具。

身份

儿童们游戏的时候，他们或许会试图“化妆”成别的人。他们也许会试图为自己创造一个全新的角色。换言之，他们试图通过装饰现实使得他们在游戏中的话语是以关于自己的“事实”为基础的。同样地，在网络空间中，研究者已经注意到“人们总是在以游戏的态度来尝试新的存在方式：不同的职业、相反的性别、更改过的自我描述”。在网上有一种“无所谓”的态度和一种刀枪不入的感觉(Holland，1995，p. 2)。

在因特网上呈现出的那些新身份和人们当前自我的变体真正使得相关各方能够充分发挥自己的想象力。涉及在线关系的时候，创造一个试图与他人的幻想产生共鸣的自我展示的能力可能会带来比现实中更富有激情的关系(参见 Ben-Ze'ev，2004，pp. 83 – 88)。当然，正如我们前面所提到的，过于靠近幻想的边界以及偏离现实太远都有可能导致避之不及的心理疾病。

因特网提供了一个论坛，在其中个人不仅可以展示自己当前的身份，也可以扮演他们所希望成为的角色——一个理想自我(ego-ideal)。想要理解这一精神动力学过程的重要性以及它给参与者所带来的影响，我们首先需要深刻理解理想自我从何而来以及它作为一种诱惑力的强度。

埃里克·埃里克森(Erik Erikson)提出"无论是从语言学还是心理学的角度来说，身份和认同都是同源的"(Erikson，1959，p. 112)。身份通常被认为是自我与他人之间的一种关系性的精神动力。我们所"获取"的身份集合来自于各种社会交互和社会情境，如家庭、工作和社会群体。西格蒙德·弗洛伊德(Sigmund Freud)曾经描述过"认同"所涉及的无意识过程是如何带来身份的。拉普兰切(Laplanche)和鹏塔里斯(Pontalis)(1967/1988)颇有深度地写道："在弗洛伊德的著作中，认同这一概念渐渐
74 地成为了一个重要的核心概念；它不仅是众多心理机制中的一种。而且人类主体就是通过它的运转而构成的。"(p. 206)

弗洛伊德在他的关于"心智"，或者精神的早期理论中提出原始自我(自我)是服从于快乐原则的，它一开始是试图通过把自己作为爱的对象(自我力比多)来满足愿望、欲望和冲动(力比多)——这一过程被称为原初自恋。接下来，它发现了由其他对象所构成的"外部"世界，并试图通过如母亲的乳房(力比多对象，object-libido)这样的"好的"对象来建立依恋和获得快乐——这一过程被称为二级自恋(secondary narcissism)。在一定程度上，婴儿或许会通过吮吸自己的手指的方式来保持与他人的独立。在构建其关于心智的第二理论的时候，弗洛伊德提出了现今众所周知的

本我、自我和超我的划分，并且对早期理论进行了修正，他保留了自恋的概念并加入了理想自我的概念。

在介绍理想自我这个概念的时候，弗洛伊德(1914/1984)提出：

> 个人是不会愿意放弃童年时的那种自恋式的完美化[并且]……他试图以理想自我这一新的形式来找回它。他投射到自己面前的理想只是已经丢失了的童年时代自恋的替代物。在童年的自恋中他就是他自己的理想。(p. 88)

很显然理想自我就是一种对个人在经历他人之前所享受过的完整和完美的渴望。这一理想自我，正如我们前面所提到过的，代表的是理想化的积极意义上的超我，同时它也承认超我也有着消极的一面，即对自我的愿望进行审查并且会在自我犯错的时候通过产生道德焦虑感的方式对其进行惩罚。根据弗洛伊德，超我，包括其消极和积极的两方面特点是通过三种不同形式的认同而建立起来的：

> 第一，以与某一对象间的情感纽带为原本形式的认同。第二，以一种退行性方式建立起的认同；这种认同是作为与某一利比多对象间的纽带的替代物，并且是通过把该对象内化到本我之中的方式来实现的。第三，认同是对个体与他人间的共同点的新认识，这里所指的他人不可以是个体性本能的对象。(p. 137)

拉普兰切和鹏塔里斯(1967/1988)准确地把握到了认同这一概念的 75
重要性，他们将其定义为：

> 在他人树立了榜样之后，主体吸取他人的特质并部分或完全发生改变的心理过程。一个人格的构建和具体化是通过一系列的认同而实现的。

因此，对于弗洛伊德来说，认同是一个理想自我建立和再建立的机制，在此机制中自恋式的满足是追寻完整的动力。在这里，我们需要认识到同其他特质一样，自恋也是人生的一个部分，它既不是病态的也不是健康的，但是它会以一些夸张的形式存在或是具备成为双刃剑的可能。通过认同，自恋被转变为一种“依赖”，这一依赖的中心不一定是自我，而是理想自我；而理想自我的满足是通过其他的对象而得到的。在这些精神动力过程中，身份可以被理解为是“投射式的认同和内化式的认同之间的切换……，其中后者必须是占主导地位”(Bassols, Bea & Coderch, 1985, p. 173; Carr, 1994a)。换言之，个人会在没有察觉的情况下，吸取他的外部世界的特点同时试图将这些特点与之前的认同以及自我/共同认识体验整合起来。就是在这样背景下，身份可以被看作是处于不停变动的状态；或者说“在自我成长与被控制间的发展斗争中不断产生出来的状态”。(Dunn, 1998, p. 31)

在网络中，我们可以很容易地体会到，个体所构建的理想自我在至少某些方面是可以展现得就好像这个理想自我已经实现了一样。如果能够成功地将这样的理想表现出来就会带来一种自恋式的愉悦，而这种愉悦是不可能或者很难以从现实关系中得到的。现实状况严格地限制了世界中的另一种存在。个人的物理特征(如年龄、种族、性别、体重、发色和身高)所构成的当前现实以及与世界中的真实存在相关联的社会假设以及模式化印象都会受到约束。虽然当前的社会圈和同年龄群体既能够肯定当前身份也同样可以阻止新的认同(如前所述，过去的认同随时提醒着人
76 们自己的某个正在存在的身份)，但是当新的关系在网上形成的时候，它们也可以在很大程度上被避开，就如同个体是一张“空白的”画布。在“尝试”个人理想身份的某些方面的过程中，如果能够引来网络伙伴们共鸣的声音的话，就表明高度的自我暴露发生了并且相互同情的友谊也建立了(参见 Bargh 等，2002；Coleman, Paternite, & Sherman, 1999)。

研究曾经表明在网上与他人交互能够提高自尊并促进自我概念的改变(参见 McKenna & Bargh, 1998, 2000; Stryker & Statham, 1985; Turkle, 1995)。那些由于社会焦虑或者缺乏“正常”的社交技能而无法在面对面的条件下与他人建立关系的人们通常会发现，因特网是一个更容易与他人建立关系的地方。而且有了网上关联经历之后，他们的自我概念将会得到改善，在面对面条件下的交流能力也将得到提高。

丹纳特(1998)曾经观察到因特网的一种与性别有关的“解放”能力。

丹纳特(1998)写道:

> 许多以前从来没有对穿着异性服装而装扮成异性产生过兴趣的人正在因特网上的文本交流中实验新的性别身份……在网络空间中,通过键盘输入的文本提供了一个面具。这样做的动机是有很多种。男人对究竟做女人会是什么样的感觉非常好奇,或者希望得到那些以女性身份在网上出现的人所通常获得的注意。女人则希望能够避免性骚扰或者能够更加自由地直言不讳。对于其他一些人,无论是男人还是女人,文本面具就像是愉悦的源泉或者是实验自己性别身份的方式……我相信通过这种方式进行伪装能够提高对于性别问题的意识并且从长远来看有可能动摇我们当前对性别的理解方式。(pp. 129 - 130)
>
> 虽然有着各种对个体行为,尤其是女性行为的社会和文化约束,但网络确实是一个非常自由的媒介。(pp. 129 - 130,136)

网络空间有利于个体在性别方面的解放和性别的社会构建的拓宽。这样一种思想能够改变行为的社会学及性学模式的发生方式。虽然如此,我们依然需要指出,一些实证研究曾经发现很多个人并没有尽可能地利用网络所提供的机会来游戏性别角色。

丹纳特的观点是,如果性别能够被掩盖或中和了的话,那么网络空 77
间将可能给女性带来很多自由。这个观点或许会促使我们更加深刻地反思某些问题,例如允许女性的声音能够在通常属于男性的"广播时间"和空间中可以被听到,从而使得女性不再需要在从属的位置上与男性竞争这些时间和空间。同样地,外貌及其对倾听者的影响这一问题也将不再那么棘手。苏勒(1999a)在一个个案研究中讲述了一个事例,一位女性通过扮演男性的角色使得她能够"自由地表现出一些攻击性的且强势的行为。如果人们知道我是女性,我是不可能做出这样的行为的"。模式化印象作为现实中社会交谈的一种中介因素,其约束性和控制性在网络上也被削弱了。尽管如何在网络空间中进行性别实验以及遮掩或中和性别依然是未来研究的一个重要领域,这类实验和遮掩在多大程度上能够赋予人们自由以及追踪这种实验对现实中的社会交谈所产生的社会学及心理学影响依然值得我们持续地关注。话又说回来，一些个人（参见 Suler，1999a）一直在设计和提出一些策略来揭穿那些企图进行性别欺骗的个人，因此网上性别转变有可能将不再像从前那样泛滥了。

值得注意的是，一些研究发现在网络中实验身份有可能会给当事人造成不良影响。例如，研究表明如果这些新身份的一些特质无法被整合到当前的自我中，由此而产生的分裂有可能会降低个人当前的自信心，并且在一些极端情况下还会导致精神分裂和多重人格（参见：Donahue，Robins，Robers，& John，1993；Glass，1993）。苏勒（1999a）非常严肃地指出，网上极少数的一些性别转变的案例可能是性别混乱的临床症状，性别混乱是由于性别身份未能正常发展所导致的。缺乏区分两个（或多个）身份的能力还有可能导致妄想式行为，有些类似于服用精神类药物后所带来的体验。在一些极端案例中，受到不断增加的自恋式满足的诱惑，[4]个人甚至试图构建更加复杂的身份展示。在这样的情况下，计算机变成了极具引诱力的对象——一种富有吸引力、让人兴奋的对象，因为从中人们可以获得那种通常在现实中并不容易得到的自恋式的愉悦感。

本章主要试图提供一个理论框架来帮助理解网络空间中的人际关
78 系。对象关系理论家的工作是这一概念框架的主要来源。然而，关于当我们试图在网络空间中游戏爱情时所遇到的过渡对象的重要性，我们还需要从对象关系理论家得到更为深刻的启示。在下一章中我们将继续讨论网络空间中的对象关系。

第 4 章

对象参与及在线关系的障碍性特点

在上一章中，我们探讨了对象关系理论（object-relations theory）对 79
于理解网络空间中的关系的重要意义。在谈到维尼卡特的工作时，我们注意到过渡对象是人们能够在内部与外部世界之间来回穿梭的基础。然而，我们与这些过渡对象间的关系并非完全是良性而有用的，相反，这种关系是一种情感化、躯体化的体验的一部分，这一体验与无意识过程和情绪状态有着紧密的联系。这一章将简单地讨论技术所引起的躯体化的反应以及这些反应与我们参与网络空间的方式之间有着什么样的联系。克里斯多弗·博尔斯（Christopher Bollas）（1987，1992）的研究对于这些问题有着特别的指导意义，因此我们将首先介绍他的研究。

对象参与的精神动力学：克里斯多弗·博尔斯的工作

看过热门电影《网络奇缘》（*You've got email*）的读者或许还记得这部电影是以一首背景歌曲来开场的，歌中唱到“结交朋友的愿望……这个愿望却仅仅只是一个梦”（Donner & Ephron，1998）。伴随着歌声，我们看到一位叫做弗兰克·纳瓦斯凯（Frank Navasky）（由 Greg Kinnear 扮演）的记者正在为他刚醒过来的女友凯瑟琳·凯利（Kathleen Kelly）（由 Meg Ryan 扮演）朗读早报：

> 这真让人惊讶。弗吉尼亚的所有工作人员都不得不将单人跳棋游戏从他们的电脑上卸载因为他们在六周中什么事情都没有干……

你知道这意味着什么吗？我们正亲眼目睹我们所熟知的西方文明的终结(看着笔记本电脑，他继续对着整个世界说道)，你觉得这个机器是你的朋友，但它并不是。

然后弗兰克就像平常一样的安静地离开还穿着睡衣的凯瑟琳前往工作单位。凯瑟琳在确定弗兰克确实已经工作去了之后，立刻打开电子邮箱开始收邮件。电影导演然后把镜头切换的一个名叫乔·佛克斯(Joe Fox)(由Tom Hanks扮演)的角色之上。乔和他的女友帕琦卡·埃登(Patricia Eden)(由Parker Posey扮演)出现在一个类似的上班离别的场景中，乔在确认帕琦卡确实已经离开之后也开始收电子邮件。然后我们看到乔开始阅读一封邮件，并可以听到凯瑟琳的画外音，就好像她正在与乔直接对话：

收件人：NY152

寄信人：购物女孩

主题：亲爱的朋友

我开启了计算机的电源。耐心地等它启动。我登录因特网并且迫不及待地想听到这样五个字：你有新邮件。但是我什么都没有听到，甚至连纽约街上的声音都没有听到；我只听到了自己的心跳。我有邮件了。来自你的邮箱。

阅读完各自的邮件之后，乔和凯瑟琳便各自前往工作单位，虽然他们在大街上擦肩而过，但却对他们几分钟之前托因特网之福所进行的“亲密”联系一无所知。之后，导演的镜头跟着凯瑟琳走进她的那家名为“在街角购物”的小书店，之后我们偷听到了她与她的女性朋友兼顾员的对话。这个雇员询问为什么凯瑟琳心情那么好并猜想她一定是恋爱了。凯瑟琳接下来问道：“通过电子邮件与别的男性谈恋爱算不算不忠？”在他们各自现实中的恋人不知情的情况下，凯瑟琳和乔继续互通邮件，这些邮件就如同他们的“心情日记”，在其中，他们记下了各自工作中发生的事情和对整个人生的哲学思考。在接下来的场景中，我们看到电影中的两位主演一边瞥
81 着各自的电脑一边绕着电脑“跳舞”，就如同这个对象是有生命的或者是即将活过来一样。特别是在一个场景中，我们看到乔在露天门廊中走来

走去，并且时不时地停下来看看自己的电脑。就好像他正期待着电脑说点或做点什么，或者是正在决定是否上网。我们可以看到乔和凯瑟琳都与各自的电脑交谈，并且时不时地敲击键盘，就好像他们在通过硬件来投射自己的感情。

这些来自于电影《网络奇缘》的场景与本书前面几章中所描述的行为形成了很好的呼应。确实，读者可能还记得我们在上一章中的简单叙述，即在网络空间中，我们在对象上投入了大量的感情以至于仅仅是关于上网或触摸计算机（以及其他过渡对象）的想法就能够触发情绪反应。在这样的背景下，我们有必要回忆一下我们曾经指出过的开机过程对个体的影响。下面的描述值得再重复一次：

> 当我打开我的计算机时……它发出了轻微的声音。有时候为了找乐子，我会把这个声音理解为是令人愉快的“早安”问候，因为把计算机唤醒的动作通常是早上发生的第一件事情……伴随着一杯早茶，这个声音帮助我在情绪上和生理上为接下来的这个工作日做好准备，在工作日里我需要不停地敲击键盘，并紧盯着显示器浅蓝色的屏幕。（Lupton，1995，p. 97）

勒普顿对其电脑的反应以及在前面所描述的《网络奇缘》中的相似行为使我们能够清楚地瞥见对象参与（object engagement）的一些维度。在精神动力学的文献中，克里斯多弗·博尔斯（Christopher Bollas）在其著作中很中肯地描述了这一类对象参与的动力学过程。作为对维尼卡特工作的扩展，克里斯多弗·博尔斯贴切地指出，同其他所有对象一样，过渡对象也会在我们身上留下一道痕迹。博尔斯（1992）坚持认为：

> 当我们与对象的世界遭遇时，对象的结构会引发我们自身重大的变化。我们的内心将被那些在我们身上留下痕迹的对象所改变，这个对象可以是某段音乐、某部小说或是某个人。在游戏中，主体把自己的风格释放到对象的领域中，这个主体将被那种体验的结构所改变，并且会将这一次遭遇的经历记录在无意识中。（p. 59）

有一些对象对于我们来说确实有着更多的意义并且能够解释无意识 82

的思想过程和情绪状态(Bollas,1992)。从某种意义上来说,这些对象具有"转换性"特点并且扮演着"精神钥匙"的角色(Carr,2003a;Whitty & Carr,2003)。这些对象作为精神钥匙似乎能够让过去的无意识经历释放出来,对当前行为产生影响。[1] 博尔斯认为,心理始终受着早期生活经验的深刻影响,特别是那些与母亲相关的并且发生在语言习得之前的经历。就仿佛这些早期经历形成了自我的内核("风格"),并且通过这个内核我们可以带着一种主观性来参与和诠释对象的世界。这种主观性非常类似于精神分析师以前所说的"梦境",即象征性、隐性及显性意义的浓缩。博尔斯是这样描述对象参与的过程的:

> 任何对象的进程完整性——这是对象在被某一参与主体赋予生命之后的所固有的特性——会被个体根据梦境的规则加以利用。当我们使用对象的时候,就好像我们已经知道了参与的规则。我们知道我们应该"进入"一个中间区域,并且在进入的那一瞬间,我们将改变知觉的本质,这是因为我们被梦程所控制。在梦程中,主观性被打碎并散布到对象世界中,被遭遇所改变,然后在辩证之后重归自我,但是内部的内容已经由于那一历史事件而发生了改变。(p. 60)

我们参与并诠释对象世界,包括我们与过渡对象之间的关系的方式可以是健康的也可以是不健康的过程。虽然我们已经讨论了很多的正常的健康参与;我们也需要警惕那些可能会对我们在现实中"正常"机能造成障碍性和不健康影响的参与。

对象参与和对象依恋:障碍性和不健康的后果

恋物和性功能失调

对象,特别是过渡对象的参与和依恋过程是成长过程的一个正常部
83 分并且是一种非常重要的发展行为。但是,正如我们在前一章有关游戏

部分中所指出的，在对象上倾注过多的感情也是会有危险的。维尼卡特(1953)提出，通常来说，过渡对象能够提供一种健康的体验。这种体验在一段时间之后便丧失了意义。正如我们在前一章所说过的，他相信第一个过渡对象是以一种错觉的方式来代表乳房的。他认为在童年后期，诸如玩具这样的对象表征的是身体的局部。但是，过于持久地依恋某个过渡物体，就会导致问题的产生。维尼卡特提出，“过渡对象有可能最终演变成一个恋物的对象，并且将作为成人性生活的一个特征持续存在”。(p. 9)

维尼卡特观察到了恋物癖和性的某些方面之间的联系，然而这种联系在西格蒙德·弗洛伊德及其同事在他们的早期著作中就已经指出过了。1914 年，桑德·费仁茨(Sandor Ferenczi)在给西格蒙德·弗洛伊德的信中提到了一个有着“恋足癖”的受虐狂病人。(Brabant，Falzeder & Giampieri-Deutsch，1993，p. 534)费仁茨把这种恋足癖与性唤起联系在了一起。(参见 Ferenczi，1916/1994，pp. 16，22)在对恋足癖的早期评论中，弗洛伊德更加普遍地提出“实际上从比纳(Binet)[1888]开始，我们就已经尝试把恋物癖的病源归结于童年时期的色情印象”。在这之后，弗洛伊德(1905/1977，p. 67)所表达的观点又有所改变，他说阿尔弗雷德·比纳(Alfred Binet)(1888)是第一个认为恋物的选择是某种性印象的后果，这种性印象通常是作为一种规则在童年早期所接受。准确地说，“性印象”和“情色印象”并不是一回事，但是在他的早期著作中，弗洛伊德是在一个与童年早期及性欲相关联的背景下对恋物癖作出评论的。

通过这些早期观察，弗洛伊德后来修改自己关于仅在情色和性欲的意义上讨论恋物癖是否恰当的观点。我们必须清楚认识到，弗洛伊德作出这些初期观察的时候，他正试图从力比多理论(libido theory)的角度来构建精神动力学。弗洛伊德提出人类天生的本能能够产生“心理能量”(psychic energy)——这种生物学力量的产生方式非常类似于发电机产生电能的方式。弗洛伊德认为思想、感觉和行为的动力都是力比多。虽然力比多需要表达，但是一系列的因素可能会抑制力比多——把没有得到满足的冲动转移到无意识中，但是在那里这些冲动依然希望得到表达。这种早期解释通常都认为力比多与性本能及身体愉悦感之间有着特殊的联系。这样一种对精神的初步理解在弗洛伊德的那些出版于 20 世纪头二十年的著作中都很容易看到。一直到了 20 世纪 20 年代初期，弗洛伊
84 德才提出了一个经全面修正的关于精神的学说，这一学说进而又促使他重新思考自己过去对各种行为的解释。

在一篇长约四页的题为《防御过程中自我的分裂》(*Splitting of the ego in the process of defence*)的未完成文章中(1940/1985)，弗洛伊德放弃了自己的早期观点，即恋物癖是性反常或情色/性印象的一个例子。他的早期观点认为恋物癖基本上是男性所特有的变态行为，并或多或少与阉割情结(castration complex)有关——即恋物癖是身体(或者另外一个对象)某一与性无关的部分(或者其他对象)成为了儿子一度认为母亲也拥有的阴茎的替代物(Freud，1927/1977)。这个恋物对象在成为一种否认性别差异的手段的同时也成为了对阉割恐惧的防御。在这篇未完成的文章中，弗洛伊德(1940/1985)开始把恋物与更广层面上的自我功能的心理过程以及各种防御机制的精神动力学过程，尤其是置换(displacement)取代的精神动力学过程相联系。弗洛伊德(Freud)对恋物概念的修正促使精神分析领域中的一些学者为该术语提出了这样一个解释："这是一种比喻意义上的对某一对象的过分忠诚"(English & English, 1958/1966, p. 205)。

弗洛伊德之所以对恋物概念进行重新思考，部分原因可归结于被修改过的精神动力学学说，即我们在前面所提及的心理第二模型。现在我们就需要思考这样一个问题，即究竟怎样才能够从自我的，尤其是那些与防御机制相关的精神动力学过程的角度来解释恋物。不过，我们还是可以很容易地把恋物描绘成处理威胁和将他人理想化这样一些精神动力学过程的集合的一部分。的确，与精神分析领域中部分学者的思想一致，关于恋物的元心理学坚持认为恋物就是"忠诚于某一对象"的精神动力学过

程中的一种夸张反应。

当我们谈论过渡对象和因特网的时候，下面两个问题将变得愈发复杂：(1)恋物癖与转置及其他心理防御机制的关系是什么样的？(2)被选为恋物的对象究竟是如何在本质上象征着与性相关的事物？像计算机这类的过渡对象是个体能够在性和幻想的领域中与他人建立联系所依赖的手段。常常可以听到计算机的主人谈论硬盘的大小，内存的大小，处理器 85
的速度等等。对对象的所有权本身已经成为了“声望”的一种来源以及有着性象征意义的一种恋物。的确，在涉及因特网的时候，过渡对象转变为恋物的能力不仅在理论上没有得到足够的重视，而且也缺乏相应的研究关注。人们将这些过渡对象用于网络沟通的方式带有一种象征性的性含义。这是非常值得研究的。此外，在涉及计算机时（参见 Suler, 1998），移情反应发生的程度，以及移情是如何与恋物的产生相互纠缠在一起的都没有得到足够研究重视。

网络性行为：(毫不隐讳的)性类型的对象参与

本书的第 1 和第 2 章曾指出，与现实生活中相比，在网络空间中人们在性方面有着更多的自由。在线性活动所涵盖的种类范围是变化的。“网络性行为”这一术语通常被用来指代网络中的一种特殊的同步交流，在其中通常是两个人展开关于性幻想的讨论并伴随有自慰。一些研究发现，参与到网络性行为中的人们会认为自己的行为是一种健康的并且能带来情感满足的体验。（参见例如，Cooper & Sportolari, 1997；Cooper 等，2002；Turkle, 1995）有时候网络性交甚至能够有益于个人线下的性生活（Whitty, 2003b）。然而，正如将在第 5 章中所说明的，总的来说，对于那些在现实中已经有着一段恋爱关系的人来说，网络性行为会被视作是不忠表现。因此，对于某些人来说，在线性行为可能会造成一系列的破坏性的和不健康的后果，尤其是当这个人已经在现实中与另外一个人建立了恋爱关系。詹妮弗·施耐德（Jennifer Schneider）(2003)报告了当自己的恋爱伙伴卷入到网络性行为中时会给人们造成的不利影响，这包括如下的感受，“伤害、背叛、拒绝、抛弃、毁灭、孤独、羞耻、孤立、受辱、嫉妒、愤怒以及自尊的丧失。反复地受到欺骗是造成痛苦感的主要原因”(p. 329)。在施耐德对 91 名女性和 3 名男性的研究中，接近四分之一的被调查者由于自己伴侣的网络性行为已经与对方分手或是离婚，而该群体中的其他人正在认真考虑是否要他们的伴侣分手。还有人指出，从更大范围上来
86 说，网络行为会给儿童和家庭生活带来伤害。一些人认为网络性行为会让人上瘾(参见 Cooper, Delmonico & Burg, 2000; Cooper, Putnam, Planchon & Boies, 1999; Schneider, 2003)。

在第 1 章中，我们说过库珀(1998)曾提出了一个名为“3A 引擎”的概念来解释因特网是如何为性活动的活跃媒介——所谓 3A 引擎是指因特网容易通达(Assess)、价格合理(affordable)并且个人在网上是匿名(Anonymous)的。很明显，在解释网络性行为时，精神动力学理论会强调这种行为在缺乏社会约束的情况下更为退行和原始的本质。关于网络性行为的解释的关键点在第 3 章中已经提过，研究者指出匿名性似乎“束缚了”或忽略了超我的约束功能对心理机能向早期状态退行的干预。这似乎是一个比较怪异的补偿性自恋式愉悦感，且还涉及我们在上一章中所讨论的与恋物癖有关的问题。此外，对象关系理论可能会提出，这种为了获得性满足而与他人交互的行为可能源于许多早期生活经历。在他早期的一部著作中，克里斯多弗·博尔斯(1978)介绍了“改变性客体”(transformational object)的概念来说明第一个母性对象是一种过程而非一件物品。与维尼卡特的观点略有不同，博尔斯(1978)提到：

> 我把第一个对象称为“改变性客体”，是因为我希望把客体看作一种过程，从而把我们对客体的理解与婴儿对其的主观认识联系起来。在作为一个完整客体的母亲通过个人化而被婴儿所理解之前，她的主要功能是引起变化。因为婴儿自身的新生的主观性几乎就是自我(认知的、性冲动相关的和有效的)整合的全部体验，所以第一个对象就被当作自我的另一状态而为婴儿所认同。对成人而言，自我的经历始终是一种无意识记忆的形式而存在；成人通过对改变性客体坚

持不懈地追求来重新体验这些经历，这里的转换性客体包括新伴侣、不同形式的工作、新的物质获取和意识形态或信仰。(pp. 105 – 106)

网络空间代表的不仅仅是游戏的地方，同时也是一个人可能发生退行的地方。对因特网使用量的增加，似乎增大了网络性伴侣成为一种"被追求的改变性客体"的可能。虽然这一临床工作者的观点已经开始影响对网络空间的研究，但是基于这种理论框架的更深入的研究似乎还是很有必要的。

对象的传承性特点

在我们结束与技术的躯体化反应和对象参与的相关讨论之前，反思 87
一下这样一个观点是很有意思的，那些被卷入的技术对象或许在本质上是具有传承性的。博尔斯(1992)对此作出了清晰的解释：

> 如果我们打算仔细研究几代人的心理学，那么对比世代间的潜能空间的特性，关注那些被选为一代人的意识的标识的对象以及把由这些对象所组成的场作为或许是健康或病态的无意识思想来分析，都是非常有意思的。(p. 266)

他进一步提出具有传承性的对象与历史时代相交织，并特别指出："几代人形成了那些象征着童年历史的对象。这些对象见证了一个期待和被期待塑造历史的广大群体穿越时间的集体长征。"(Bollas，1992，p. 267)虽然现在还为时尚早，但几十年后我们或许回头再来审视计算机、调制解调器、键盘等这样一些对象，这时我们也许就能看到这些物件对于历史上特殊的一代有着特别的意义。

在提出这个关于对象的传承性特点的讨论的同时，我们也想起了在前一章中讨论过的塞尔的工作。要考察对象的传承性特点，或许需要了解这些对象是怎样通过我们而进行游戏的。对于这一问题当前已有研究中尚无答案。通过了解对象是如何通过我们进行游戏的，我们也就可以明白自己是如何被游戏的本质所"俘获"或吸引的(参见 Friedman，

1989)。我们所讨论的对象参与是通过语言的介导而发生的，但是尚无研究对这一问题进行探索，即语言是以何种方式来为对象参与服务的。这些领域的研究将有可能深化我们对无意识的认识，同时在涉及对技术和对象参与的躯体化反应的问题上，修正我们先前自以为理所当然的假设。

第 5 章

网络偷情——我们真的能在网络空间中得到解放吗?

> 我结婚两年半的丈夫做出了些奇怪的事情。一名和他在 88
> 同一工作领域工作的女孩给他发了很多电子邮件。他告诉我说,这些邮件都是关于游戏并且是属于开玩笑性质的,但是他却询问那个女孩是否安装了摄像头和即时通讯,这样以后他们可以直接聊天。她说她在大概三周后会到他的工作地参观。我质问了他这件事情,他却说他们只是通过计算机说说话,他从来没有碰过别的任何女人,这一切就是个大型游戏。这种带有性暗示的电子邮件能不能算作是一种通奸行为?
>
> (匿名,偷情的妻子的故事——偷情的丈夫的故事)

在前一章中,我们简单提及了参与网络上的性活动可能会导致一些问题的问题。在这一章中,我们将进一步考察网络关系的阴暗面——特别是网络偷情。我们将会讨论迈克尔·茨维(Michael Civin)的精辟观点:“网络空间可以赋予人力量的同时,也可以使人虚弱”。虽然成功的关系确实可以在网上建立(正如第 1 章第 2 章中所说明的),但是也有很多在网上建立的关系最终变得极为糟糕。有时候那些愉快的在线活动并不总能给人以自由。

不是所有的泰迪熊都是过渡的

正如在本书前面章节中所讨论过的,著名作家谢里·特克尔在其对

MUD玩家的深度剖析中展示了网络空间的乌托邦景象。虽然我们也相信网络空间可以提供一些独特的让人获得解放的机会，我们也认同茨维
89 (Civin)(2000)的观点：网络空间并不能让所有人都得到解放(Whitty & Carr，2003)。茨维(2000)曾非常坚决地认定："把网络空间作为一种潜能空间来使用，其过渡性和促进性并不会像特克尔所认为的那样强 (p. 38)。"相反，他提出"没有一种对象或过程，包括网络系统是在本质上是过渡的"。(p. 39)茨维认为一些人之所以被因特网吸引是因为他们把它看作是一个与世隔绝的安全港湾。然而，他们最终进入的却并非什么安全港湾。他写道：

> 面对可能受到迫害，无论是来自外部还是内部起源的，我们都倾向通过退避到一个更加安全的精神居所来寻求心理的慰藉。这些精神居所通常被比作堡垒，其目的是抵御由于外部攻击所造成的侵害威胁。但是当涉及因特网的时候，另一种比喻似乎更有力和有用。想象因特网用户被困在一个个相互隔离的单人牢房中而不是堡垒。他们被关押着以至于他们既不能做坏事同时坏事也不会降临到他们头上。
>
> 但是，很多人无论受到了什么样的威胁、无论处于什么样的退避中，以及无论多少次地把自己禁闭在自己那间相对安全的单人牢房中，他们对完整的、自由的关系的渴望只会越来越强。
>
> 最终，对网络关系的研究将会让我们得出这样的结论：很多困在单人牢房中而无法与他人联系的人们可能会选择去寻求一种最接近于完整关系的错觉；尽管有时是他们自愿将自己紧闭起来以避免与他人建立真实的联系。(pp. 41 - 42)

茨维提醒我们维尼卡特并没有暗示过所有的泰迪熊和毛毯在本质上都是过渡的！类似地，并不是所有的网络系统都是扮演过渡对象的角色。茨维继续说道，恰恰相反，网络系统具有潜在的侵害性，以至于可能会导致迫害焦虑(persecutory anxiety)。茨维(2000)提出对于一些人来说计算机系统(在任何意义上)都是与泰迪熊和最喜欢的毛毯迥然不同

的，网络系统和具有过渡性和潜能性的各种对象之间的差异是非常巨大的(p. 51)。

为了说明这一点，茨维(2000)引用了一个个案研究，一个名为珍妮特(Jeanette)的已婚妇女开始体验到了婚姻中的孤独感。为了消除这种孤独感，她全身心地投入到学习中。由于多数情况下她的学习都需要使用电脑，她发现自己渐渐开始对网络聊天产生了兴趣。她和一名男性在网 90
上成为了朋友，并且在刚开始时非常享受对方对自己的关注。然而当珍妮特把该男子推荐自己安装的一个软件告诉给了自己的在线朋友时，二人之间的关系就开始走下坡路了。当该男子想和珍妮特聊天的时候，这个软件就会立即通知后者。当该男子发现珍妮特在与她的朋友分享这个软件时，他变得非常愤怒以至于珍妮特最终不得不断开网络连接。该男子的愤怒转变成了嫉妒。珍妮特发现该男子通过向自己发送电子邮件来泄愤，她收到的电子邮件的数目已经超过了她能够回复的能力。电子邮件数量的增加又致使她开始焦虑自己的网络关系可能会被丈夫发现。珍妮特最后不得不停止使用计算机，当然也就放弃了自己的学习。由于专心学习是珍妮特应对自己不快乐婚姻的一种方式，因此作出放弃学习的决定对她来说无疑是非常困难的。

上面这个例子清楚地说明，并非所有在网上发展起来的关系都是有利于心理成长的。我们将会通过分析一种称为网络不忠(cyber-infidelity)的新现象来深入我们的讨论。

网络不忠

可以说网上的婚外恋在某些方面要比现实中的婚外恋更有诱惑力。(Whitty & Carr, 2005a)在本章后面我们将探讨这一重要观点。不过，本章将首先定义现实中的不忠并将其与网络不忠进行对比。本章还会强调在关于背叛的看法上两性的差异。

现实中的不忠：不仅仅只是性

大多数研究者都认为我们需要关注的不忠行为不应但只局限于与第三者性交。例如，罗斯科(Roscoe)和肯尼迪(Kennedy)调查了本科生对于不忠行为的看法，结果发现了三种主要的不忠行为：与第三者约会或共度时光；与第三者性交；与第三者发生其他类型的性交互，例如接吻、调情和爱抚。作为对罗斯科等人研究的补充，亚拉博(Yarab)、森西巴弗(Sensibaugh)和阿尔盖尔(Allgeier)(1998)考察了人们在相互承诺的浪漫关系存在的情况下会把除哪些关系外的行为认定为不忠行为。亚拉博
91 等人的研究(1998)发现了包括与第三者进行性交在内的多种不忠行为，例如激情地接吻、性幻想、坠入爱河的非性幻想、性吸引、浪漫吸引以及诸如与第三者一同学习、共进午餐和看电影这类二人行为。这些研究者称"心理排他性"(mental exclusivity)被认为是与"性排他性"(sexual exclusivity)同等重要的。有意思的是，亚拉博和阿尔盖尔(Allgeier)(1998)发现当涉及性幻想时，如果性幻想对当前关系的威胁越大，那么该性幻想的不忠指数就越高。例如，对当前伴侣的好朋友产生幻想(非常有可能扰乱当前关系)就被大多数人认为比对电影明星产生幻想可能构成更大的威胁，因此也就更为不忠。此外，这些研究者还发现，比起对电影明星产生幻想，研究参与者会因为自己的伴侣对自己的好朋友产生幻想而更为嫉妒。

现实中的不忠：男性和女性的观点

绝大多数人都同意，男性和女性对现实中一夫一妻的婚姻关系有着不同的看法。例如，谢泼德(Sheppard)、内森(Nelson)和安德雷奥利马斯(Andreoli-Mathie，1995)认为，与女性相比，男性倾向于认为，婚姻承诺和一夫一妻制的选择不够具有吸引力。此外，男女进行婚外恋的原因似乎也各不相同，女性更多的是因为她们想要寻求一段友谊或情感上的关

系,而男性则对肉体上的关系更感兴趣(Glass & Wright,1985)。两性在婚姻满意度方面也存在着明显差异,男性对婚姻的不满更有可能是由于性生活不和谐所致;女性则更多是将感情问题归结为婚姻不美满的原因。(DeBurgher,1972)

值得注意的是,与女性相比,至少男性更有可能承认自己曾有过某种类型婚外性体验(Hansen,1987; Townsend & Levy,1990)。亚拉博等(1998)发现,承认有过与第三者进行性交和口交的幻想的男性比女性要多,并且男性参与者更有可能称他们曾经对第三者“动过心”。 92

研究也探讨了男女在不忠问题上的态度的差异。例如,泰勒(Taylor)(1986)发现男性倾向于认为男人比女人更有理由出轨。谢泼德等(1995)发现,男性大学生比女性更有可能认为不忠是一种可以接受的行为。保罗(Paul)和加洛韦(Galloway)发现构成其研究样本的本科生中,女性(52%)比男性(30%)更有可能称他们会因为伴侣的不忠而终止两人间的关系。但是这样一些性别差异并非总能得到支持。例如,研究发现男女都倾向于认为自己的出轨行为要比伴侣的出轨行为更值得理解。(Yarab 等,1998)此外,研究者指出,比起异性的出轨行为,人们对待同性的出轨行为的态度更加宽容(Yarab,Allegeier & Sensibaugh,1999)。造成研究结果间相互不一致的一个可能原因是不同研究所使用的样本间的差异,例如有的研究是要求正处于一段关系中的人们对他们当前的关系进行的反思,而其他的研究则是要求目前还没有关系经历的参与者假想一个作出不忠行为的伴侣。

在涉及哪些关系外行为对个人的打击会更沉重时,女性更倾向于关注不忠所造成的感情后果,而男性则对于不忠行为有关性的方面更加敏感。但是,同样值得注意的是,男女都认为,与关系外的感情行为相比,关系外的性行为更加令人难以接受并且会带来更强烈的背叛感(Buss, Larsen, Westen & Semmelroth, 1992; Shackelford & Buss, 1996)。罗斯科等人(1988)也发现了在究竟什么是不忠这一问题上的性别差异。在这个研究中，他们要求参与者列出哪些行为在自己看来是对严肃恋爱关系中的伴侣的不忠。他们发现男性更有可能与第三者发生性行为是典型的不忠。相反，女性则更有可能认为瞒着自己的伴侣与第三者共度时光是典型的不忠行为。巴斯(Buss)等(1992)提出，从进化的观点来看，男性对肉体不忠的嫉妒感比女性更为强烈，这主要与父方的身份不确定性有
93 关。相反，女性对情感不忠的嫉妒感则强于男性，这是因为女性认为这种类型的不忠更会减少父方的情感投入。

上述研究存在着很多的不足之处。首先，这类研究大都关注不同的不忠行为给人们造成的心理打击有什么不同。最近的一些研究通过考察诸如愤怒和伤害这样一些情绪发现了一些与先前研究不同的结果(Becker，Sagarin，Guadagno，Millevoi 和 Nicastle，2004)。该领域研究的另一局限之处在于大都对大学生样本的过分依赖。考虑到这些年轻人通常都没有结婚或与他人同居，这显然会对研究结果产生不良影响。因此，这些人对长期关系的体验的缺乏有可能深刻地影响他们对不忠行为的看法。

网络成瘾和网络不忠

诸如金波利·杨(Kimberly Young)、埃尔·库珀和马琳·马休(Marlene Maheu)等这样一些研究者都是网络绯闻(cyber-affair)领域中的先驱理论家(参见例如 Cooper，2002；Maheu & Subotnik，2001；Young，1998a)。杨、葛列芬雪莱(Griffin-Shelley)、库珀(Cooper)、奥玛哈(O'Mara)和布坎南(Buchanan，2000)把网络绯闻定义为"一种由在线联系所引起的一段浪漫关系或性关系；这种关系主要是通过电子邮件和发生在聊天室、互动游戏或新闻组等的虚拟社区中的电子对话来维持的"。杨及其他研究者的研究的缺陷在于他们关注的是"在线性冲动"(online sexual compulsivity)和因特网绯闻间的联系(关于网络成瘾我们将在下一章中进行更详细地讨论)。此外，他们的很多论点都缺乏可信的实证证据的支

持。他们的基本假设似乎就是在网上发生绯闻的个体都是有心理障碍的,并且在线绯闻是唯一一种不忠的行为。除绯闻之外,其他的不忠行为包括在线调情和与自己倾心的人分享私密。至少肖(Shaw,1997)提出,"网络不忠与其他形式的不忠在行为上当然是有区别的;但是当我们考虑到它们会对伴侣间的关系产生什么样的影响时,那么无论起因还是结果都是类似的"(p. 29)。但是,肖(Shaw)并没有界定线上和线下的不忠在行为上究竟有何差别。据我们所知,惠蒂(2003b)首次通过研究来试图回答这一问题。

按错了按钮

就人们对于网络中以及现实中的不忠行为的态度,莫妮卡·惠蒂 94
(2003b)调查了 1117 名参与者。样本中 42%是男性,58%是女性,样本的年龄范围是 17 岁到 70 岁。样本的来源同时包括了网络群体和现实中的群体。这个调查关注了诸如性交、网络性行为、热聊、情感袒露等行为和不同种类的色情传媒。有意思的是,研究发现人们确实认为一些网上的交互构成了背叛行为。这些行为中的一部分如网络性行为所构成的威胁要比其他诸如下载色情传媒这样的行为大。更重要的是,研究发现我们需要区分对待不忠行为的不同组成部分,包括性不忠、情感不忠和色情传媒。以往对现实中的不忠的研究(在本章前面有过描述)发现性不忠并非不忠的全部,心理排他性也是忠诚的一个重要组成部分(Yarab & Allgeier,1998),而这恰好与莫妮卡·惠蒂的研究结果相一致。然而,惠蒂(2003b)的研究的独特之处就在于她对数据进行了因素分析并发现网上的各种不忠行为并不是相互独立的。例如,性交、热聊和网络性行为就共同构成了一个因素。因此,通过这个研究我们可以得到一个结论,人们对于网络和线下的不忠行为的态度是类似的。

惠蒂(2003)的研究还发现了其他一些值得一提的有趣结果。她发现，比起有过网络性经验的人，没有网络性经验的人更有可能把“性相关”和“色情传媒”这样两个因素归为不忠的形式。惠蒂认为，那些有过网络性经验的人们可能会觉得这些行为并没有太大的威胁性，因为这一群体更了解这些行为的实质。另外，这些人比起其他的人在性方面更为开放且更不循规蹈矩。研究还发现在涉及性不忠这一因素时，在性别和年龄两个变量之间存在着交互作用。总的来说，女性更有可能认为性行为是一种背叛的表现。总的来说，青年组（17—22 岁）比老年组更有可能认为性行为是背叛的表现。23 岁到 44 岁年龄段的男性比最大年龄组的男性（45—70 岁）更有可能认为性不忠是比较严重的不忠行为。然而，女性样本恰好相反，较大年龄组的女性（45—70 岁）比 23 岁到 44 岁年龄段的女
95 性更有可能认为这一行为比较严重。最后，在性不忠这一因素上，年龄和关系状态这两个变量之间存在着交互作用。当前处于关系中的青年人群（17—22 岁）比没有处于关系中的同龄样本更相信这些性行为是不忠的表现。并且，处于关系中的 17 岁到 22 岁年龄段的人比其余所有样本更为重视这个因素。有意思的是，这一模式在 23 岁到 44 岁年龄段中刚好颠倒了。在这一年龄段中，那些没有处于关系中的人比起处于关系中的人更为重视这个因素。与之相反的结果在 45—70 岁年龄段中出现了，这个年龄段中没有处于关系中的人对该因素的重视度比其他所有样本都低；但是，这个年龄段中处于关系中的人对该因素的重视度的下降不显著。关于为什么处于关系中的年轻人比其他人更重视不忠诚的性行为，惠蒂（2003b）相信存在着一个可能的解释。求爱被认为是人们用于评价对方是否具备作为一名长期配偶的资格的“尝试”期（Paul，Foss & Galloway，1993，p. 403）。由于关系中年轻人更有可能处于这个双方关系中的试用期，因此他们对于任何形式的性不忠都觉得难以容忍。有趣的是，这一结果在年纪稍大的成年人中却恰恰相反。那些没有处于关系中的人比处于关系中的人更有可能认为性不忠是一种背叛的表现。而且，最大年龄中那些没有处于关系中的人对于不忠的性行为的重视度低于其他任何群体（或许是因为其中一些是寡

妇或鳏夫）。

惠蒂（2003b）提醒我们她的研究所得到的年龄效应或许并不是由于发展水平的不同所致，而反应的是一种群组效应（cohort effect）。虽然我们无法在截面设计（cross-sectional design）中区分这两种效应，我们依然希望考虑到不同年龄组在一生中所经历的社会变革是不同的。例如，23—44 岁年龄段曾经经历过妇女运动和性解放，而更年轻的群组则在他们的性格形成时期经历了发生在 90 年代的一场反对性解放的运动，这场运动的起因是由于诸如艾滋病这样的性病在 80 年代的出现。

惠蒂（2003b）的研究结果说明，人们确实认为一些网上交互属于不忠的行为。身体接触的程度和自己伴侣的手淫行为并不一定是不忠的表现，自己伴侣对第三者的觊觎以及试图与第三者发生性交互才是关键。因此，惠蒂认为网络性行为是一种“真实的性行为”，其对现实生活中的关 96
系所产生的影响类似于关系中的一方与第三者发生性交所造成的影响。所以，虽然没有物理上的身体接触，但这并不意味着网上的行为就是虚假的和不真实的。此外，我们或许应该重新思考一下亚拉博和阿尔盖尔（Allgeier）（1998）的观点：当讨论性幻想时，一个幻想对于关系的威胁越大，它就越有可能被认为是不忠的表现。研究中的参与者很有可能会认为诸如网络性行为和热聊这样的行为比色情传媒的威胁性更大，因为个人与他们的网络情人面对面相遇的可能要大于与三级明星见面的可能。正如第一章中所概述的，虽然很多艳遇都起始于网上，调查发现很大一部分人把这种关系延伸到了现实中。

网络出轨的故事

在一个后续研究中，惠蒂（2005）使用了一种定性的方法来调查人们对网络不忠的认知，而不是像原来那样直接询问参与者他们认为哪些行为属于网络不忠。受到基青格（Kitzinger）和鲍威尔（Powell，1995）对现实中的不忠的研究的启发，惠蒂设计了一种故事填充的研究方法，要求被试根据自己对研究者提供的一个与网络不忠有关的线索的反应来写作一个故事。在这个研究中，234 名从 17 岁到 57 岁的参与者被要求完成如下两个版本的故事填充任务中的一个：

> A 版本：麦克（Mark）和珍妮佛（Jennifer）已经约会一年多了。后来，麦克发现珍妮佛在网上与一名男性发展了一段关系……
>
> B 版本：麦克和珍妮佛已经约会一年多了。后来，珍妮佛发现麦克在网上与一名女性发展了一段关系……

选择这种“投射测验”（projective test）作为研究工具的原因有如下几点：

> 当研究者怀疑存在着某种障碍会阻碍研究参与者的诚实的自我报告时，他们就会主张使用投射技术。这些障碍可能包括“觉察障碍”（barrier of awareness，人们缺乏对自己的动机和态度的意识）和“容许障碍”（ barrier of admissibility，人们在承认某些感情时存在有障
> 97 碍）。通过提供模棱两可的刺激材料，人们认为投射技术创造了一种特殊条件。在这种条件下，人们的需求将会影响他所知觉到的东西，并且会把自己的动机、感情和行为归因于刺激材料中的人物，换言之，人们通过幻想反应将自己的焦虑、担忧和行动外部化。（Kitzinger & Powell, 1995, p. 348）

投射测验对于考察网络不忠来说尤其适用，因为人们有可能无法完全意识到自己对这类行为的态度，而且承认与不忠有关的感觉或动机有可能与社会称许的原则相冲突。

惠蒂使用内容分析法来分析数据。数据分析时她考虑了在网上与第三者建立关系到底是不是不忠行为，并且如果是的话，为什么人们会认为这是不忠的表现。接下来，研究者希望通过对数据的分析，发现这种类型的网络交互是怎样影响现实中的关系的。

基青格和鲍威尔（1995）曾根据现实中的不忠行为编写了一个故事线索用于自己的研究中。他们发现 90% 的样本都认为该线索所描述的是一种性卷入的行为。然而在惠蒂的研究中结果却不是这样的。虽然所有的参与者都明白故事线索暗示的是一个关于不忠的两难困境。然而关

于故事中的背叛者是否意识到自己的行为是不忠的表现，参与者有着不同的看法。此外，在一些参与者的故事中，背叛者的伴侣们并不能确定自己成了不忠行为的受害者。而且，与基青格和鲍威尔的研究不同，虽然参与者会认为线索故事与性卷入有关，但这种性卷入并非一定是性关系，很多参与者认为这只是一种纯粹的情感卷入。

虽然在大部分参与者（86%）所完成的故事中，受害的一方会感到他们遭到了背叛，并且 51%的被试写道，背叛者也清楚自己的行为是不忠的表现，但是有很少一部分参与者似乎并不认为研究中使用的情景是与不忠有关的。下面给出了一些解释来说明为什么故事的主题不应该被认为是与不忠有关（这些解释之后，我们将提供一些参与者写作的故事的节选来进行补充说明——注意下面的节选都是原始的写作，因此可能有错别字和语法错误）

- 这种交互“无非只是一段友谊”
- 这种交互就是调情或者纯粹是为了找乐子
- 和主人公建立关系的是虚拟空间中的对象（计算机）而不是一个真实的人
- 这是两个从未谋面也不打算谋面的人之间的交互 98
- 这不可能是不忠，因为双方没有发生肉体关系

用来说明故事为何与不忠无关的最常见解释是“这种交互无非只是一段友谊”，正如下面的故事节选所描述的：

> 珍妮佛对麦克解释说这并不是一段浪漫关系，她与对方只是朋友而已。
>
> 他并不认为自己做错了什么，毕竟这个女孩只是一个存在于文本间的朋友而已。

另一种解释是这种交互就是“调情或者纯粹是为了找乐子”，正如下面所描述的：

> 另一方面，珍妮佛认为自己并没有做错什么。她无非就是想和一个住在很遥远地方的人打情骂俏一下罢了。

> 刚开始，麦克并不在意这件事，认为不过就是因特网罢了，找点乐趣不会造成什么伤害的。

有意思的是，还有一些人指出这并不是不忠行为，因为与主人公建立关系的是虚拟空间中的对象(计算机)而不是一个真实的人。

> 她试图解释道：对方只是一个忠实的伙伴并且她对那个男人并没有真实的感情，这个男人只是屏幕上的文字而已……

> 当某天吃晚饭的时候，她就这件事向他发难。他对一切指控都予以否认，说他们只不过是朋友而已。并且她不应该把这件事太当真并过于担心，因为这不是真实的关系，只不过是网络关系。网络关系没有什么意义，因为网上的人都居住在一个虚拟现实中。

还有其他一些人强调这种交互不能被认为是不忠的表现，因为两人从未谋面也不打算谋面。而且，通常这些故事中的两个网络恋人是来自于不同的国家，这就使得他们几乎不可能见面了。

> 99 珍妮佛反击道：我怎么可能和一个没有见面的男人发生绯闻呢。

> 麦克让她平静下来，并且说虽然他经常与那个人聊天，但是他从来没有提出想要与她见面并且对方也没有这种意向。

出轨者的性别显著地影响了参与者是否会在故事写作中把“这不可能是不忠，因为双方没有发生肉体关系”这样一个理由作为解释。当麦克是出轨者的时候，男性和女性都会更有可能在故事中使用这一解释。

> “不，我没有偷情。我根本没有和她发生过肉体关系。”

> 虽然麦克相信由于他与网友之间从没有过身体接触，所以他的行为不是偷情，可珍并不这样认为。

> 但是，麦克说这根本就不算偷情。他说自己只是在享受通过计算机而实现的一段想象中的关系。他说自己从来没有和他在网上认识的女孩见过面。他的意思是如果自己与第三者没有性关系，他的

行为就不是偷情。

最后，还有这样三名参与者，他们认为故事主人公的行为并不是不忠的表现，而不过是一种性实验罢了，因为故事中的网络艳遇是发生在两个同性成员之间的。

> 最后，他问："你们的关系发展到什么程度了?"她回答道："嗯，我就是找点乐子罢了，你没有什么可担心的!"事实上，她接着说道："对方其实是一个女的!!"(啊啊，他被彻底震惊)

虽然其中一些故事(正如上面所列举的)的关注点是解释为什么这种在线行为并不是背叛的表现，更多的人则理所当然地认为这个故事的主题就是不忠。大量的故事给说明为什么这是不忠行为提供了各式各样的理由，要么是通过出轨者主动承认自己的错误，要么是通过解释为什么受害人会感到自己被背叛了(我们在下面对这些理由进行了总结，然后引用一些参与者写作的故事来进一步说明)：

- 不能够与多个人有关系
- 情感不忠
- 性不忠
- 秘密的关系

用于说明为何这是一种不忠行为的最常用的解释是，参与者认为一个人不应该和多个人有浪漫关系。这是因为人们有时会认为网络关系与现 100
实中的关系一样真实，或者网络关系的实际效果与面对面的关系相同，或者是因为主人公有与网络情人见面的打算。这正如下面的例子所说明的：

> 珍妮佛再也无法容忍麦克的背叛并向他提出了最后通牒——她不打算与另一个女人"共享"他。

分析中得到的一个有趣结果是，人们认为情感不忠和性不忠的严肃性是相似的。与过去研究现实中的不忠所得到的结果一致，与男性相比，女性更难以接受情感上的不忠。下面的节选或许是对情感不忠最好的描述：

> "这就是偷情。"她非常平静地说。

“没有，我没有偷情。我和她之间根本没有过肉体关系。你是我唯一的爱人，而且我已经说过了，我根本不打算与她见面。”他边说边跳上床。

“这是情感上的不忠。”她开始有些生气。

“怎么个不忠法？”他问道，感到有些好笑。

“不忠并不一定非要涉及肉体。那只是一方面……”他把被单蒙在头上并翻过身去。

“嗯……我知道你为什么至今还没有和她见面，反正我还是有点不高兴，麦克。”她坐在床边。

“别生气。你是我唯一心爱的人。说说看，这到底是怎么个情感不忠法。”他坐起来。

“你没有对我坦诚相待。两人关系的关键就在于信任。如果你不肯让我知道关于这个‘因特网女孩’的事情，我怎么能够信任你呢。”

当讨论性不忠的时候，有部分参与者指的是网络性行为；其他一些参与者则会写一些关于在线调情和热聊的事。但是只有在很少一部分故事中，参与者会描写主人公与网络恋人发生性关系。下面提供了一些被认为是背叛行为的网络艳遇的例子：

他悄悄地走到她身后，却看到自己的女朋友正在和一个名为布奇(Buzzy)的男人调情。他冲她大吼大叫并告诉她说他们之间的关
101 系结束了。她请求他不要离开自己，但是他告诉她说，他一直就觉着她在背地里与别的男人偷情，她再也不可能得到他的信任了。

麦克对因特网的迷恋必将会导致关系的破裂。一天深夜，珍妮佛在麦克离开计算机的时候发现他正在与一名叫做“金发美人”(“Buxan Blonde bombshell”)的女人进行“网络性行为”。珍妮佛向麦克提出质问，麦克承认他确实和这个女人维持着一段在线关系，并且这个女人能够满足他的性幻想。这最终导致了珍妮佛与麦克的分手。

另一个被用来说明为什么这种网络行为是一种背叛的表现的解释

是,这是一种秘密关系。如果故事中的不忠一方是清白无辜的,那么他/她就不应该瞒着自己的伴侣进行网络活动,正如下面这段节选所说明的:

> 她说完后,麦克追问她为什么不把这段关系告诉自己,而要等到被自己发现。

在分析参与者的故事的时候,研究者还考虑了网络背叛对于现实中的关系可能产生哪些类型的影响。65%的故事都提到这种虚拟空间中的际遇确实伤害或惹恼了受害者。研究结果清楚地表明网络不忠确实会对线下关系产生深刻影响,在很多情况下甚至直接导致关系破裂。下面我们对这些影响进行了分类总结,然后通过一些故事的节选来补充说明:

- 受害者感到痛苦、抑郁、烦乱、愤怒
- 分手
- 信任感的丧失
- 报复
- 出轨者感到痛苦、抑郁、烦乱、愤怒
- 共度时间减少
- 震惊
- 性冷淡
- 自尊

最常被提及的网络不忠对线下关系的影响是受害者通常由于这类事件而感到烦乱。女性明显比男性更有可能描写容易受害者的烦乱感。一些时候,受害者表达的是深深的痛苦,另外一些人则因为遭到背叛而感到非常愤怒,正如下面所描述的: 102

> 麦克感到震惊、烦乱和痛苦。他感到被珍妮佛背叛了,因为自己在她眼中已经不再重要,以至于她都不肯向他说明实情。麦克的痛苦很快变成了愤怒。他开始极力掩饰自己的痛苦。他不明白自己为什么会有这样的感受。
>
> 麦克对于珍妮佛非常不满意。他说:“我很不高兴,珍妮佛。”

46%的样本写到了现实中的伴侣们由于网络韵事而分手。在一些故事中，现实中的关系本来就不稳定，并且之所以寻找网络韵事就是因为对当前关系的不满意。在另外一些故事中，网络韵事就是分手的原因。与男性相比，更多的女性在他们的故事中描写了伴侣们的分手。

> 第二天，珍妮佛告诉了他有关这次艳遇的一切。她觉得把一切说清楚或许是最好的选择。但是她错了。麦克让她离开他们的家并且永远不要回来。她手足无措，也说不出话来。最后，她收拾行囊黯然地离开。
>
> 她与他分手了，并且没有对他作任何解释。她开始跟踪骚扰他以至于他出现了妄想狂的迹象。然后她与他最好的朋友结了婚。她的新丈夫是一名医生，年收入至少是50万美元，而且相貌堂堂。

42%的参与者写道网络偷情造成了现实关系中信任感的丧失。这样写的女性要比男性多；并且如果线索中提到的出轨者是麦克的话，人们的故事中更有可能提及这种观点。

> 从那天开始，她就一直在问他电话那头是谁，他和谁出去喝酒了，和他一起工作的女孩是谁。珍妮佛试图猜出他的邮件密码并查看他的声音邮件信息。最终，猜疑、受骗感和偏执终止了这段关系。

故事中受害者会使用一些比较有趣但是通常又非常残酷的方法来报复出轨者。例如，一些人写道受害者会上网冒充出轨者的网友，企图破坏这段网络关系。有时候，参与者会写道，为了进行报复，受害者自己也出
103 轨。还有一些人的故事里写道受害者在心理或身体上伤害他们的伴侣或伴侣的网络情人。

> 珍妮佛决定通过冒充身份玩个小游戏……。她成功地以麦克网络情人的身份与麦克聊天，而当麦克的情人上线的时候她的身份又成了麦克。然后珍妮佛成功劝说让他们彼此见面，并假装他们是彼此相爱的。麦克和他的情人同意了……当珍妮佛见到麦克的网络情人时，她用键盘把她敲击致死，把鼠标塞到她的肛门中，并把她的头用显示器替换掉。接下来，她运送着该女子的尸体去和麦克相见。麦克走进来看到了面目全非的尸体，他惊呆了，珍妮佛就乘机把他捉住。珍妮佛把他做成了一个人体沙袋，每次回家心情不好，她就会拿

着麦克拳打脚踢。她绝不会忘记自己曾被欺骗也不会允许自己再被欺骗。而麦克除了永远记住自己的所作所为别无选择。

这个研究的结果说明，当面对一个假想的关于网络偷情的情景时，他们通常会认为网上的不忠不仅是真实的而且能够严重影响现实中的感情。类似于基青格和鲍威尔(1995)以及其他一些对现实中的不忠行为的研究(例如：Feldman & Cauffman，1999)，参与者写道，伴侣的网络韵事使得受害者感到烦乱和愤怒。同时，这个研究中所收集到的关于报复的故事也很类似于基青格和鲍威尔的研究。或许最能说明网络韵事是一种真实的韵事的证据是，很多参与者都写到关系双方因为网络韵事而分手。

另一个有趣的发现是这个研究中的女性比男性更关注于情感背叛，这与先前对现实中的背叛的研究结果是一致的。基青格和鲍威尔(1995)也发现女性比男性更加强调关系和背叛中的情感成分。这些研究者提出女性在她们的故事中使用的情绪词要比男性多。惠蒂的研究中也得到了这一结果。她发现女性比男性更有可能在故事中写到受害者由于网络韵事而受到伤害或感到烦乱。

在网络空间中取其精华，去其糟粕

虽然上一节指出了网络不忠和现实中的不忠的一些相似之处，我们也 104
需要考虑两者的不同之处。我们(参见 Whitty & Carr，2005a)前面曾经说过，网络韵事在某些方面比现实中的韵事更有诱惑力。为了解释为什么我们认为网络韵事有可能更难以抗拒，我们借鉴了梅兰妮·克莱因关于分离(splitting)的研究。她认为分离是最原始或最基本的应对焦虑的防御机制之一。正如我们在第 3 章中所提到的，根据克莱因(1986)的说法，自我通过把好的部分从对象上分离出去并否认自己的一部分的方法，来防止对象坏的部分玷污了好的部分。在自己与母亲的乳房的关系中，婴儿认为乳房既是一个好的对象又是一个坏的对象。乳房既能带来满足感也会造成挫败感，并且婴儿会同时将爱与恨同时投射到乳房上。一方面，婴儿会理想化好的对象，在另一方面，在婴儿看来，坏的对象是令人恐惧和沮丧的，就如同一名威胁要摧毁婴儿和好的对象的迫害者。婴儿把爱投射到好的对象上并把它理想化，从而试图（通过一个投射式认同的过程中）让母亲觉得自己应该为坏的对象而负责，因此婴儿的行为超越了一般的投射。人类发展过程中的这一阶段被克莱因称作是妄想—精神分裂阶段（paranoid-schizoid position）。为了保护尚未成熟的自我，婴儿或许会试图否认迫害性对象的事实。虽然在正常发展过程中，我们都会经历这个阶段，这种应对焦虑的原始防御是一种退行反应，这种反应在某种意义上来说是永远存在且无法超越。好的对象在成熟的超我中代表了幻想化的理想自我，因此也代表了“重返自恋的可能”（Schwartz，1990，p. 18）。

与克莱因的对象关系理论一致，理解个人在网上偷情是为了成为一个“好的对象”或许是有用的。假定发生在网络空间中的交互是可以与外部世界相分离的，那么将网络韵事与个人生活的其他部分分开可能会比较容易。在线关系可以满足无能为力者的不受约束的幻想，这种幻想是很难在现实中实现的。因此，网络韵事可能会导致自恋式的回避。

有人认为导致现实中的不忠行为发生的原因是由于关系中出现了问
105 题或者是人格特质方面的问题（参见 Fitness，2001）。巴斯和沙克尔福德（Shackelford，1997）曾经列举了一些解释人们为什么会背叛自己伴侣的主要原因，包括抱怨自己的伴侣对他人表现出性关心，表现出较强的嫉妒心和占有欲，贬低他人，性冷淡，过量饮酒。这些恐怕也正是人们在网上偷情的动机。但是，借鉴克莱因的理论，我们想要指出这些关系要比现实中的韵事更容易维持。我们认为在线关系可以通过分离并否认网络偷情对象和自己本身的“不好”的方面而得到理想化。当你能够更容易地过滤掉关系的潜在消极方面的时候（坏的对象），你就可以更容易地理想化网络中的某一个体（好的对象）。关系可以随人所愿地进行和终止，并且交流的内容在一定程度上也更加容易控制。而因特网确实提供了一个环境，在其中可以更容易地构建积极的自我概念并且避免表现出自我的负性方面。相反，由于在现实偷情个人必须要与“真实的”人打交道，因此想要沉迷于自己完美的幻想中就不是那么容易了。

理想化了的网络情人

我们并不是唯一认为网络关系要比现实中的关系更有可能被理想化的理论家。正如本章前面所提到的，茨维(2000)也同样思考了克莱因提出的妄想—精神分裂阶段的概念，并且发表了很多关于他亲自治疗过的求助者的案例研究；这些求助者过分沉迷于在线交流之中，以至于在茨维看来他们已经否认了自己大部分的精神现实。莱文(2000)也向那些打算发展在线关系的人提出了警告。她相信在网上将彼此理想化是比较容易的，因为关系双方可以在各自的头脑中刻画一幅自己情人的完美图像。她说道：

> 由于亲近感是虚拟的且不真实的，所以有大量的空间供你将自己的潜在伙伴和二人关系理想化……我给那些在网上寻找爱情的人的建议是：利用网络去尝试建立一种相互吸引的亲密关系，然后在一 106
> 个月内把它转入现实中以便能够切实地了解对方在真实世界中的态度、行为和举动。如果让相互吸引的关系在网上持续时间过长，人们的期望通常就会被错误地抬高，最终必然导致相应的失望。(Levine，2000，p. 570)

正如在本书前面所提到的，沃尔瑟等(2001)也提出在一定条件下，个人会把自己虚拟伴侣理想化。他们观察了有照片和没有照片两种情况下的在线人际交互。这些研究者相信，他们的结果说明，在没有照片存在的情况下，人们更容易将对方理想化，并有选择性地展现自我。沃尔瑟及其合作者的研究突显了不可以把网络空间作为一个笼统单一的空间来对待的重要性。因此，我们的假设——网络上比现实中更有可能发生理想化——或许是正确的，但这只有在特定条件下才会发生，在这些条件下或许个人可以更好地拿身份做游戏。

关系脚本

我们曾经提出，随着因特网的出现，情侣们已经开始重新讨论关系中的规则（Whitty & Carr, 2005a）。本章之前所简述过的惠蒂的研究表明，并不是所有的研究参与者都相信网络韵事是一种“真正的”不忠。费特尼斯（Fitness，2001）指出，定义背叛的关键在于“关系的知识结构”（relationship knowledge structures），即个人关于关系在通常情况下应该如何开展以及自己的关系应该如何开展的理论、信念和期望。假定在线交互的种类与现实中的关系有所不同，并且或许在某些感觉上不是特别真实，那么可能在很多人看来，虚拟性行为和在网上与某人建立亲密的情感纽带并没有违背线下关系的规则（在这里我们也可以说这些行为没有必要被理解为背叛）。

当涉及什么样的面对面行为在关系中是可以接受的时候，规则可能要更明确一些。如果再次把网络空间理解为位于幻想与现实之间的潜在空间，那么对边界的认定可能就会有点模糊。假定研究确实表明情侣们用于界定某一在线行为是否合适的规则并不总是非常明确，那么我们给情侣们的建议就是将关系中规则明确化，同时不要向对方隐瞒自己网络活动。

107 遵守规则

值得注意的是，个人的网上行为所受到的监控与面对面情境下的行为不同。如果一个人在复印机边上与同事调情，那么这种行为就有可能被他人所目击——如果这种行为被认为是不合适的，那么这个人就可能直接或间接地通过办公室八卦获得反馈。网络空间可以被看作是一个更为私密的空间——这也就意味着在没有他人约束的情况下，个人很可能在网络交互中失去自制力。因此一些用来控制个人的在线行为的软件被开发出来就不奇怪了。例如，名为间谍软件（Spyware）的软件公司曾经通过广告来宣传如何通过使用他们的软件来制止不忠行为：

> 监视器(Spector)就像一个监视相机一样每小时都拍下数百张快照。有了监视器(Spector)，你就能够准确地看到你的配偶、孩子和雇员在线上和线下都干了些什么。

另一个叫做"网络责任"(NetAccountability)软件能够帮助人成为一个很好的"基督教徒"。下面这段话描述了该软件的工作方式：

> 网络责任提供了一种不同于过滤的途径——真实世界的责任感。网络责任将会让你的朋友和家人知道你浏览过什么样的网站，而不是(像一个过滤器一样)告诉你哪些网页可以看哪些不能看。

在该软件公司网页上有一句大概是一名基督教徒所写的颇有教育意义的引言："每一个使用因特网的基督教徒都应该对自己的网络行为负责，对自己负责。我们必须成为解决方案的一部分而不是制造麻烦的一部分。"(Chuck Swindoll，NetAccountability)但是，人们还是想知道这个软件是怎样把人变成一个"好的"基督教徒。

其他存在问题的在线关系

网络韵事并非是唯一的一种存在问题的在线关系。正如本书前面所提到的，研究者已经注意到在一些空间中充斥着大量以言语火拼的形式出现的攻击性交流。在下面一章中，我们将进一步深入探索在网络空间
中游戏是如何造成负面后果。我们通过探讨诸如网络成瘾、恋童癖、网络 108
骚扰、网络跟踪和在线虚假自我表征这样一些异常行为来阐述我们的观点。

第 6 章

异常行为与网络空间

109 虽然网络的匿名性为弱势个体和群体(如女性)提供了抵抗或挑战强势者的最优条件,它同样也使得强势群体可以更加容易地操控他人;而且还会滋生促长"关系的阴暗面"。

(Lea & Spears, 1995, p. 224)

正如在上一章中所描述的,在网络空间中游戏对于所有人来说并非都是一种积极的体验。本章将继续探讨在线关联的阴暗一面。例如,一些人在网上会受到骚扰,并且这种骚扰所产生的不良影响会波及到线下生活。那些害羞的人试图在网上寻求一个可供他们探索自我的安全空间,但他们可能会发现自己那些看似隐秘的活动会变得非常的公开,正如下面这个故事所描述的那样。

努玛努玛舞

艾伦·福尔(Alan Feuer)和杰森·乔治(Jason George)在《纽约时报》(*New York Times*,2005)对下面这个故事进行了报道。故事说的是一名叫做格雷·布罗斯玛(Gary Brolsma)的 19 岁小伙子将自己所表演的一段所谓努玛努玛舞的视频发布在网络上之后所面对的尴尬和羞辱。福尔和乔治(2005)写道:

这个关于格雷·布罗斯玛的故事给人们敲响了警钟。新泽西人布罗斯玛是一名 19 岁的业余摄像师。他所犯的一个严重的错误就是把自己随着一段罗马尼亚流行歌曲翩翩起舞的录像片段发布在了因特网上。即使在浴室镜子里看，布罗斯玛先生的表演也只能说是充满热情但却令人难以忍受。

他的故事说明文化杂碎，如名人性录像，在苏联被当作新奇货一 110
样流传的古怪日子结束了。它也在一定程度上说明，在当今社会出名的速度真的是跟闪电一般快。

让我们从头开始说起：

布罗斯玛先生，一个来自桑德布鲁克的矮胖家伙为自己今年秋天表演的一段舞蹈制作了一个视频。视频中他通过对口型演绎一首题为"Dragostea Din Tei"(可大致翻译为"来自菩提树的爱")的罗马尼亚流行歌曲。他一边"唱"歌一边跳着一种他所谓的"努玛努玛舞"——一种乱挥手臂、挤眉弄眼的始终坐在椅子上表演的舞蹈。

在12月份，newgrounds. com——一个网络视频和动画的交换场所——在它的主页上放了一个指向布罗斯玛先生的舞蹈视频的链接；很快就引起了广泛的关注。"早安美国"致电布罗斯玛邀请他参加该节目，并且他最终也确实出现在了节目中。CNN和VH1广播了这段视频。讽刺家们纷纷上传了自己表演的努玛努玛舞。到昨天为止，布罗斯玛表演的"来自菩提树的爱"仅仅在newgrounds. com就已经吸引了近两百万的点击率。

但是，福尔和乔治(2005)也描写了突如其来的名望给可怜的布罗斯玛的生活造成的影响。

他现在为了躲避名望藏到了家中，他家是位于桑德布鲁克的一条沙石路面街道上的一间小屋。他不再接听任何来自新闻媒体的电话，包括《纽约时报》。他取消了自己在NBC的"今日"(Today)节目中的出场。据家人说，他每天都窝在屋里，情绪十分低落。

更糟糕的是似乎没有人理解他的行为。

"要我说，格雷这可是你成名的机会啊——一定要把握住。"科里·杰琳斯科(Corey Dzielinski)说道，他从五年级开始就与布罗斯玛先生相识了……问题是为什么会有两百万人愿意在线上观看一个戴眼镜的矮胖男子伴着一首罗马尼亚流行歌曲挥舞手臂呢。

布罗斯玛先生的老师苏珊·萨默(Susan Sommer)还记得他。她说,布罗斯玛是个安静的孩子,他很幽默并且在技术方面很有天分。

这个故事很好地说明了这样的观点:虽然网络空间为那些“安静的人们”发表言论和展示“真实”自我提供了一个空间,但网络空间无法总是给人们的生活带来好处或积极的变化。一个人只有在体验布罗斯玛的生活后,才能够理解他所经受的折磨可能造成的长期影响,但至少从短期来
111 看,网络对于他来说并不意味着解放和自由。如果在一开始布罗斯玛就能够知道自己的视频在网上的潜在观众数量的话,他恐怕就不会觉得网络是一个安全的游戏空间了。如果这个链接还可以访问的话,他的视频还是值得一看的:http://www.newgrounds.com/portal/view/206373

网络成瘾

在前一章中我们讨论了在线关系的诱惑力,这里我们希望能够通过详细地考察网络成瘾来扩展这一观点。在 90 年代中期伊万·哥德堡(Ivan Goldberg)创造了“因特网成瘾障碍”(Internet addition disorder,IAD)这一术语,但是,最初,他并没有很严肃地对待这个概念。他在自己的帖子中详细地记录了 IAD 的症状,例如对因特网的幻想以及由于过度上网,放弃了重要的社会及职业活动。他本来是打算把自己的帖子作为一个笑话——来讽刺成瘾障碍;但让他吃惊的是,人们的反响却是非常严肃的。他开始收到很多自称患有 IAD 的个体的电子邮件。从这时开始,像金波利·杨和麦克·格里菲斯这样的研究者也在自己的研究中考察了网络成瘾现象。

金波利·杨(1998a)出版了一本名为《困于网中:如何识别网络成瘾的迹象和一种有效的解决办法》(*Caught in the net: How to recognize the signs of internet addiction and a winning strategy for recovery*)的

著作，书中详细地考察了网络成瘾的问题。她报告了很多她所认为的网络成瘾的病例。例如：

> 托尼（Tony），一个新婚不久的建筑工人，每天晚上回家之后就上网参加互动游戏 DOOM-II，在其中屠杀妖怪和恶龙，并痛击对手。“在白天我是一个彬彬有礼的丈夫和工作认真投入的工人”，托尼告诉我，“但是到了晚上，只要一碰鼠标，我就会变成一个你所能想象到的最凶狠的混蛋。没有人知道我在玩这个游戏。我想它实际能够阻止我去伤害别人——比如殴打我的妻子。这实在是太可怕了。我在这方面需要帮助。”（Young，1998a，p. 15）

杨（1998a，1998b，1999）编制的用于诊断网络成瘾的工具是根据《精神障碍诊断与统计手册——第四版》（*Diagnostic and statistical manual of mental disorders-IV*）列举的诊断病态赌博的标准所修改的。每周平 112
均上网娱乐时间达到 38 小时被认为是网络成瘾的初步证据。杨确定了 5 种类型的网络成瘾，即（1）对成年聊天室中的网络性活动成瘾，（2）对网络友谊和网络韵事成瘾，（3）参与网络赌博、拍卖或交易的强迫驱使，（4）强迫性上网和（5）对网络游戏和计算机编程成瘾。

杨发展了一个 ACE 模型来解释“通达性”（accessibility）、“控制”（control）和“逃避”（escape）在网络成瘾的形成中所扮演的重要角色（参见例如 Young，Pistner，O'Mara & Buchanan，1999）。根据 ACE 模型，一个寻找性快感或者赌博或游戏场所的人会被吸引到网络中参与这些活动，其原因可能是因特网的一些特殊性质。她认为因特网使得人们可以在一定程度上逃避日常生活。

杨的研究有着很多的不足之处。首先，ACE 模型暗示着问题症结是网络本身而不是网络成瘾者。第二，麦克·格里菲斯（1999，2000）曾指出，很多上网过度的人并不一定是“网络瘾君子”。他称，在很多情况下，一个赌博成瘾者或性成瘾者不过是把网络作为自己从事成瘾活动的地方。另外，对杨的工作更为严肃的批评是关于她对成瘾进行操作化定义的做法。例如，她把使用因特网时间在 38.5 小时或以上的人划定为网络成瘾者。网络用户只要满足杨(1996)所制定的标准中的任意三条就被认定为成瘾者。这样就会造成一个问题,即很多被确诊为成瘾的人其实并没有成瘾。

作为杨的诊断标准的备择标准,麦克·格里菲斯(1998,2000)提出当涉及网络成瘾时,我们需要考虑成瘾的六个传统的核心成分:显著性、心境改变、耐受性、停药症状、冲突和复发。但是格罗(Grohol,1999)对格里菲斯关于如何诊断网络成瘾的建议表示质疑,前者说"如果采用这样的标准,那么任何行为都可以被视作是成瘾的了,无论是看电视、听收音机、熨衣服、上网、看书、缝纫或锻炼"(p. 396)。珍妮特·莫拉汉马丁(Janet Morahan-Martin,2005)提出了一个截然不同的观点。她认为因特网滥用实际是其他一些问题的行为症状,如抑郁、性障碍或孤独。因此,她相信
113 需要得到治疗的不是成瘾而是诸如抑郁这样的心理问题。

本书最关注的网络成瘾的类型是对网络关系和网络性行为成瘾。这一领域内的实证研究还十分罕见。一名对网络性行为成瘾者进行考察的研究者是埃尔·库珀。库珀等人(2000)对网络性行为成瘾者进行了研究。他们在调查了一群"网络性冲动"的因特网用户后,得出了这样一个结论,即有一小部人的网络性行为完全是强迫行为。他们还指出了一些人口学变量,他们相信具有这些人口学变量的人更有可能患上网络性行为强迫症。女性和男同性恋者更有可能被划入网络性行为强迫症群体。那些喜欢在性行为和非性行为上冒险的人更有可能出现在这个群体中。最后,参与聊天室活动和上网时间较长也是网络性行为强迫症的指标。虽然我们相信研究者的一个重要任务就是发现哪些人有可能对网络性行为上瘾,但是我们认为库珀等人的工作并没有清楚地回答这个问题。例如,并未对网络性行为成瘾的女性、男同性恋者和聊天室用户,要比相应的成瘾者多。不过这个研究确实表明,并非所有的网络性活动都能赋予人自由;同时该研究也表明,我们还需要进一步了解这些问题的行为,从而使咨询师能够更好地帮助成瘾者。

再次借鉴对象关系理论,"成瘾"可以被理解成一种原始母性移情

(primitive maternal transference)的形式，并且因特网为个人提供了创建一个内部对象家庭(object family)的可能。这一观点主要是受托马斯·奥格登(Thomas Ogden)研究(1985b,1991)的启发。在第3章中，我们借助维尼卡特的研究指出，婴儿通过与母亲的关系开始发现什么是"我"和什么是非我；并且通过与替代对象的交互，婴儿学会不再持续地依赖于母亲。婴儿与对象游戏和交互的场所是一个创造于婴儿自身和母亲这样两个主体间的空间——这个空间被维尼卡特认为是"主观对象与客观感知对象之间的潜能空间"。母亲们应该创造一个婴儿可以在其中游戏但又允许婴儿把母亲作为一个对象卷入其中的环境；否则的话，婴儿就会变得依赖于母亲的存在。

奥格登(1985b)指出，如果没有创造出潜能空间的话，婴儿就会沉溺于被当作是对象的母亲。为了支持这一说法，奥格登引用了一些有关婴 114
儿失眠症(infantile insomnia)的研究，患有这种疾病的婴儿只有在母亲的怀抱中才能入睡。"这些婴儿没有办法为自己提供一个用于睡眠的内部环境……很多这类婴儿的母亲都曾干扰过婴儿寻找母亲的物理存在的替代物(例如，诸如吮吸指头这样的自发情欲活动)的尝试，以至于婴儿完全依赖于被当作是对象的母亲。"(Ogden，1985b，p. 359)奥格登为这一现象提供了进一步证据，他指出一些情况下帮助病人的治疗师未能创造一个治疗环境——一个分析空间；恰恰相反，他们成功地把自己作为一个"万能的对象插入了病人的生活中"(Ogden，1985b，p. 360)。这种等价的原始母性移情造成了病人对治疗师的完全依赖。

奥格登(1985b)很好地捕捉到了上述的心理过程对于个体总体发展的重要性，他提出：

> 这个非常重要的心理—人际现象使得婴儿从母亲所提供的心理子宫中脱离成为可能，同时也是一系列矛盾现实能够得以维持的原因，这些矛盾现实包括：婴儿与母亲是一体的，同时婴儿与母亲又是两个人；婴儿创造了对象，但是对象又是始终在那里等着婴儿去发现；婴儿是在母亲在场的时候学会独处的。千万不要问婴儿或孩子

> 矛盾的两面究竟哪面是事实(Winnicott,1951/1971b);因为两面都是事实。同时坚持婴儿与母亲为一体的以及婴儿与母亲是分离的这样两个情感事实使得婴儿能够在母亲与婴儿之间的潜能空间游戏。(pp. 360—361)

在维尼卡特看来,在个人与环境(即维尼卡特所说的对象)之间创建潜能空间的能力对于创造性和个人发展都有着持续的重要性。

现在回到因特网上,因特网既可以被作为一个开展游戏的空间又可以被作为一个“对象”来体验。在这种情况下,聊天室和其他一些在线论坛为个人创造自己的在线“对象家庭”提供了可能。原始母性移情(参见
115 Suler,1998 对由计算机所引起的不同类型的移情反应的讨论)也有可能使个体对被当作对象的因特网成瘾。因特网成瘾者沉迷于网络的原因可能仅仅是因为在线家庭为自己提供了一个增强自我效能的关系群。因特网提供了一个现实中所没有的支撑环境。

虽然有关对象关系尚不成熟的理论在临床上证明是有效的,但是到目前为止,我们还没有看到任何研究从这一角度来考察网络成瘾。确实,正如其他研究者所指出的(参见例如 Walker, Harper, Lloyd & Caputi, 2003, p. 524),探讨网络成瘾的研究似乎缺少了某种完整的理论轨迹来解释这一现象是怎样形成的以及它真正的普遍程度。

网络骚扰

其他网络异常行为包括网络骚扰和网络追踪(cyberstalking,一种更为恶劣的网络骚扰)。有些人利用电子交流,以与现实中传统式骚扰相似或不同的方式去骚扰他人。网络骚扰可以发生在熟人或陌生人之间。发生网络骚扰的原因可能是由于浪漫关系出了问题,或者是源于避之不及的浪漫或性关注。

在一篇对已有文献的精心综述中,阿茨·巴热克(Azy Barak,2005)指出了三种可能在网上发生的性骚扰:性别骚扰(gender harassment)、避

之不及的性关注(unwanted sexual attention)和性胁迫(sexual coercion)。他认为性骚扰和避之不及的性关注是比较常见的网络性骚扰类型。下面是一个例子：

在 1993 年,大卫·克鲁斯(David Cruz)由于网络追踪克洛伊·伊斯登(Chloe Easton)被判处了 5 个月的监禁。克鲁斯是通过朋友与克洛伊相识的,并且他很快就迷恋上了她。克洛伊·伊斯登正在经历一次非常混乱的离婚,她发现在整个过程中,克鲁斯都一直给予她很大的支持。当大卫·克鲁斯向她示爱的时候,她很清楚地表示自己只希望二人之间关系停留在纯友谊上,这使克鲁斯感到非常愤怒。他对克洛伊及其家人进行超过六个月的骚扰报复。在大部分骚扰中,大卫·克鲁斯都装作是一
位忧心忡忡的朋友,并尝试帮助克洛伊找到她的追踪者。另外一些骚扰 116
包括通过电子邮件附件向克洛伊的父亲发送色情视频——视频记录的是一名酷似克洛伊的女人在聚众淫乱。克洛伊每天会收到 30 条左右赤裸裸的"令人恶心的色情"文本信息(Wilkins,2003)。

虽然目前还没有大家一致接受的对网络追踪的定义,博茨(Bocij,2004)给出了一个比较全面的定义：

> 个人、群体或组织利用信息与交流技术骚扰另外的个人、群体或组织的行为集合。这类行为可能包括,但不局限于传递威胁和诬陷、身份窃取、破坏数据或仪器、计算机监视、出于与性有关的目的教唆未成年人和任何形式的攻击。骚扰被定义为:拥有相同信息的一名理智人能够想到的、可以导致另外一名理智人遭受情感痛苦的一系列行动。(p. 14)

重要的是,博茨指出网络追踪不仅可以发生在个人之间,也可以发生在个人与组织之间。下面这个发生在伍德赛德(Woodside)文化公司与珍妮·希契科克(Jayne Hitchcock)之间的经典案例(Bocij,2004;Deirmenjian,1999)说明了这一点。当珍妮·希契科克把她的写作计划提交给伍德赛德文化公司后,她收到了一封回信,信中夸赞了她的计划同时向她索取一笔评阅费用。几个月后,一篇出现在 Usenet 群上的帖子向该公

司的作家们发出了警告，该帖子促使作家们向该公司投交自己最糟糕的手稿来检验该公司的可信程度。结果是，这些作家收到的都是对自己手稿的褒奖并被索取一笔评阅费。当伍德赛德公司发现是怎么回事之后，该公司的老板伦纳德（Leonard）通过发送垃圾邮件的方式展开了报复。然后，他在各类新闻组中冒充希契科克，并发表包含有煽动性评论的信息。其中一个这样的信息称希契科克对于施虐和受虐活动非常着迷，并公布了她的电话号码。这导致希契科克接到了大量在她看来对自己生活构成了明显干扰的电话。伦纳德在 2000 年由于阴谋实施邮件欺诈的罪名而被捕。

网络迷恋式关系侵扰

117 虽然分析网络追踪者的文献很少，依然有一些研究者已经尝试对网络追踪者的特征进行概括。在一个罕见的考察网络追踪的实证研究中，斯皮伯格（Spitzberg）和胡布勒（Hoobler，2002）探索了究竟什么是网络迷恋式关系侵扰（Cyber-Obsessive Relational Intrusion，Cyber-ORI）。布赖恩·斯皮伯格（Brian Spitzberg）和他的同事们在研究中更倾向于探讨“迷恋式关系侵扰”（Obsessive Relational Intrusion，ORI）而不是追踪。他们对 ORI 的理解是“一个人对另一个人所展开的反复的、令后者避之不及的追求及对后者实际或象征意义上的隐私的侵犯；侵犯者可以是熟人也可以是陌生人，并且他/她渴望得到或幻想已经得到了一段亲密关系”（Cupach & Spitzber，1998，pp. 234—235）。卡帕奇（Cupach）、斯皮伯格和卡森（Carson）（2000）认为，ORI 与法律对追踪的定义非常接近，只是 ORI 的含义更加广泛。他们称追踪是“ORI 的一种极端和恶劣的表现形式。追踪涉及一种任何理性的人都会感到受到威胁的侵扰模式。虽然 ORI 也可以具有威胁性，但有些时候它不过是让人感到心烦或厌恶”（p. 132）。他们还认为 ORI 和追踪的动机是不相同的；ORI 是受到关系性连接的驱使，而追踪则不是。

在斯皮伯格和胡布勒(2002)的开创性研究中，他们指出了网络迷恋式关系侵扰的三种类型，包括“超亲密”(hyperintimacy)、“真实生活移情”(Real-Life-transference)和“威胁”(threat)。“超亲密”包括发送过度直白的信息、代表爱慕之心的信物、夸张的表达爱慕之心的信息以及发送色情或不雅的信息或图片(有意思的是，超亲密有着正反两面——在本书前面部分，我们已经讨论了超亲密的积极一面，尤其是借鉴了沃尔瑟的研究)。“真实生活移情”的例子包括先在网上相遇，然后威胁对方；先在网上相遇，然后在现实中跟踪对方；以及企图破坏对方的计算机。最后，“威胁”的例子包括发送威胁性的文本信息，发送威胁性的图片或图像，以及破坏他人的名声。

很多对网络骚扰和网络追踪的案例研究发现，异常行为都是在网络关系出现问题后发生的。这里讲述一个最早的也是最极端的网络追踪的
案例。这件事发生在 90 年代后期，一名保安遭到了他在教堂认识的一名 118
女性的拒绝。他的报复行动包括以该女子的名义在因特网上散发广告宣称她对“强暴幻想和轮奸幻想非常着迷”……这个广告还包括对她的身体的详细描述、她的地址和电话号码，甚至还有如何避开她家的防盗警报的说明(Gumbel,1999)。这个女人常常在半夜被男人的敲门声所吵醒，这些男人都大喊着要强暴她。

工作场所中的网络骚扰

网络骚扰并非总是由于浪漫关系出了问题所造成的。实证研究表明，网络骚扰也可以发生在工作场合中。在 2001 年，埃尔罗恩软件公司(Elron Software)的报告说，每三名被调查者中就有一名声称在工作的时候收到通过电子邮件发送给自己的性别歧视的材料，并且每八名被调查者中就有一名声称在工作的时候收到通过电子邮件发送给自己的种族歧视的材料。惠蒂(2004a)最近的研究也发现了类似令人担忧的情况。在她为一家名为冲浪控制(Surf Control)的公司所开展的澳大利亚全国范围内的研究中，17%的参与者称自己曾经在工作场所受到过以电子邮件形式进行的骚扰，

49%的参与者说他们收到过侮辱性的电子邮件。在回答哪种类型的材料应该在工作场合被禁止时，与男性(55%)相比，更高比例的女性参与者(67%)称诸如色情信息这样的材料应当被禁止。此外，女性在她们的回答中更加坚定地认为，应该禁止员工在工作期间浏览色情网站。

总的来说，虽然人们对工作期间在因特网上流传的材料以及恼人邮件比较担忧，不过他们依然对因特网和电子邮件服务于个人用途表示赞同。颇为矛盾的是，一部分可能会打搅、激怒或者骚扰他人。例如，惠蒂吃惊地发现，这个由 524 人组成样本中的三分之一认为，工作期间员工在网上讨论与性有关的内容是可以接受的行为。(Whitty,2004b)

工作场所中的网络交互管理

当我们把网络空间看作是工作场所中一个新的娱乐空间时，我们也
119 需要考虑这一新活动所需遵守的规则。(Whitty & Carr,2006,2005b)维尼卡特认为，我们之所以需要考虑游戏的规则是因为尽管游戏与日常生活是分开的，但是它依然应受到规则的约束。正如在本章前面讨论网络不忠时提到的，在网络空间中进行游戏的规则依然没有制定出来。立法人员和心理学家仍然还在努力解决网络骚扰和网络追踪的定义问题。尽管这些专家的定义(或者是对“规则”的理解)相互之间还缺乏一致性，工作场所已经成功地制定了一套约束网络骚扰和歧视行为的规章制度。然而，在涉及员工应该如何进行电子交流时，这些规章制度却没有得到一贯的执行。对此，我们所提出的解释是，网络空间被认为是工作场所中的一个特殊空间，其中的规则还在讨论和制订中。我们有理由认为，这个空间在员工眼里是一个比较私密的空间，并且是与“真实的”世界区分开的。在某种意义上来说，一个雇员可能会把这里看作是自己的私有空间，其雇主没有权力侵犯和监视这个空间。

由于工作单位的同事们并不一定会知道所有发生在网上的对话和从网上下载的信息，因此私密性的错觉才能够得以维持。这显然不同于通过面对面或电话方式进行的对话；由于在面对面或电话情况下别人可以

看到自己的所作所为，所以个人显然是需要对自己的行为负责的。当然，尽管员工们或许会错误地坚持认为网络空间是一个比较隐秘的地方，实际情况却并非如此。人们可以看到自己同事的电脑显示器上的内容，电脑能够记录一个人曾经浏览过哪些站点，那些能够有权登陆服务器的人可以看到发出和接收到的电子邮件的内容，此外电子邮件经常会被错发到非收件人的邮箱。尽管如此，当人们进入网络空间的时候，他们还是常常忘记这一现实。因此，考虑到网络空间与其他空间的相对独立性，就不难理解为什么人们不把旧的规则应用到这种新形式的交流中。

我们将再一次应用克莱因的有关将世界分裂为“好的”和“坏的”对象的理论。正如前面所讨论的，如果我们考虑到占据网络空间的对象之一是文本的话，我们就能够识别一些在网上发生的有趣的分离行为。我们
在上文指出过人们对于工作场所中的因特网和电子邮件的态度中的矛盾 120
之处。似乎有一部分人使用的是双重标准，他们一方面认为个人谈论与性有关的话题以及发送连环邮件或笑话邮件（其中通常包含有色情材料）都是可以接受的，然而同时又反对网络上与性有关的内容、人身攻击的电子邮件，并对自己收到连环邮件非常愤慨（Whitty, 2004b）。

网络空间中的强奸

在网络空间中还有可能发生更为严重的犯罪行为。网络空间中第一起强奸案大概是 1992 年在拉姆达 MOO 中发生的，这一事件被人们称为“本戈（Bungle）先生事件”（参见 Turkle，1995）。在网络空间中，一名玩家利用一种被称为伏都娃娃（voodoo doll）的 MUD 编程技术冒充成另一名玩家的角色。这个名为本戈先生的角色利用伏都娃娃强迫另一名角色与他发生性关系。考虑到网络空间并非完全是一个幻想的世界——并且正如我们在贯穿本章的众多案例研究中所能看到的，严重且不能忽视的罪行都有可能在这个空间中发生。如果一个对自己在 MOO 和 MUD 中

的网络角色有着强烈的认同感的话，那么像本戈先生事件这样的意外就可能会对个人造成严重的心理创伤。

恋童癖

成人并非是唯一受到网络性虐待的影响的群体。下面这位 13 岁女孩的网络韵事经历就是对上述观点的证明(参见 Tarbox，2000)。

刚开始，凯蒂(Katie)非常享受从一名年长于自己的男性网友那里得到的关注，然而，这种关注后来变成了恐惧和悔恨的根源。凯蒂说，她之所以到网上寻找志同道合的伙伴是因为感到自己在现实中不能被别人理解。虽然很多和她在网上相遇的男性都没有给她留下深刻的印象，她依然坚持不懈地寻找那个与她心灵相通的人。下面是凯蒂的话：

> 121 他们只关心你长什么样，特别是你的身材。你知道，每次上网都会有人问你乳房的尺寸。我真的不明白为什么有人会不厌其烦地问这样的问题。没有人会说真话的。
>
> 没过多久我就发现青少年聊天室中的很多人都不正常。他们都是些禽兽，他们想要的就是一个在他们看来是大胸版的辛迪·克劳福德(Cindy Crawford)来激起他们的性欲。
>
> 尽管如此——尽管存在着这些变态和一种与现实脱离的怪怪的感觉——我仍然隐约相信在网络上有一个与我心灵相通的人。(Tarbox，2000，pp. 25 - 26)

最终凯蒂确实遇到了一个她感觉能与自己产生共鸣的人。那人告诉凯蒂自己 23 岁，名叫麦克。两人常津津有味地讨论他们最喜欢的时尚。凯蒂并不知道，这个人的实际年龄比他所说的还要大，他的名字也不是麦克，而且他还是一个恋童癖者。麦克一直维持着网友的身份，而凯蒂声称他们变得特别的亲密以至于最后麦克取代了自己最好的女性朋友，成为了自己的知己。在二人第一次在网上相遇的大约一年之后，凯蒂最终同意了麦克希望与自己见面的频繁的请求（她比较谨慎没有透露自己的地址和姓）。当凯蒂与父母及游泳队到另一个城市访问的时候，她安排了两人的见面。他们在凯蒂所住的宾馆见面了，然后麦克说服她来到了自己的宾馆房间中。的确，他试图猥亵她。不过幸运的是，凯蒂的一个朋友一直跟着她（凯蒂当时并不知道）并打电话向凯蒂的母亲求助。尽管凯蒂最终避免了性侵害，我们可以想象这件事会对凯蒂的心理造成怎样的伤害。

虽然恋童癖并不是什么新型的犯罪类型，但是随着因特网的出现，恋童癖者有了接近儿童的新方式。我们同样需要找到确保儿童安全的新方式。长椅（Pew）因特网与生活计划发现在他们所调查的 12—17 岁儿童中 60％的人都收到过来自于陌生人的即时信息或电子邮件（Lenhart，Rainie & Lewis，2001）。利文斯通（Livingstone，2001）对其他研究者关于儿童安全的研究进行了描述性总结。她写道，有调查发现在美国每 5 名青少年中就有一名报告曾经在聊天室中收到某种形式的性教唆。利文斯通（2001）相信，虽然存在着不少指导家长如何在网上保护自己孩子的信息，很多家长并不知道在哪里可以找到这些信息。她也称“在已经提出的各类安全策略中，大多数都更适用于年龄较小的儿童而非 10 多岁的少年”。毫无疑问，在这样一些方面还有大量工作尚待完成。了解网络恋童 122
癖者的活动，儿童是如何在网络中进行交流和发展关系的以及如何最好的保护儿童免受网络恋童癖者的伤害。

在线的自我虚假展示

我们已经说过，在网络空间中拥有拿身份做游戏的自由，这可以是一种有利于心理健康的体验。它使得个人能够探索和了解自己那些从前所不知道的方面。事实上，善意的谎言能够为人们提供一个安全网，在其中人们可以进行更多的自我暴露——展示更多关于自己的重要事实。但是，在网上虚假展示个人身份是否总是一件好事呢？与在现实中相比，我们是不是更有可能在网上说谎呢?

大众传媒乐此不疲地告诉我们,人们是多么喜欢在网上改变自己的性别。虽然这一点在文献中得到了部分支持,但是远没有达到媒体所期待的程度。惠蒂(2002)发现在聊天室中假扮成女性的男性(28%)要比假扮成男性的女性(18%)多。莉和斯皮尔斯(2005)提出性别变换通常发生在MUD中。与之相反,惠蒂的研究表明,在MUD中发生的性别变换要比在聊天室中的少。在惠蒂(2002)对聊天室中的谎言的研究中,她发现与女性相比,男性更有可能承认在自己的某些特征上撒过谎。男性更有可能在性别、职业、教育程度和收入这样一些方面撒谎。惠蒂还发现,那些每周在聊天室中逗留时间最少的人是最有可能说谎的。或许这些人对待这个空间的态度不像固定用户那样严肃。

事实上,谎言会损害一个在线群体的社会结构。例如,费尔德曼(Feldman,2000)报告了一个案例,其中一位名为芭芭拉(Barbara)的女性参加了网上一个囊肿性纤维化群体(cystic fibrosis group)。该女性谎称自己在家等待死亡,并且是姐姐埃米(Amy)在照顾自己。这个群体给了芭芭拉很大的支持,并且当几天后从埃米那儿听说芭芭拉已经去世时都非常悲痛。当他们发现埃米和芭芭拉的拼写错误是一样的时候,这个群体最终揭穿了芭芭拉的谎言。芭芭拉/埃米向这个群体承认这是一个骗
123 局,但同时却嘲笑他们的幼稚。费尔德曼(2000)指出,当类似事件发生在网络支持群体中的时候,一个典型的结果就是该群体分裂为相信者和怀疑者两个阵营,并且由于成员间开始彼此失去信任,群体通常会解散。

由于学术文献以及大众传媒对在线谎言的集中关注,人们或许会有这样一种感觉,即在网上的谎言要比在面对面的情况下多很多。但是,最近的研究并不支持这一假说。汉考克(Hancock)等(2004)在一个日记研究中要求被试记录下自己七天的时间内所有说过的谎言和所有的社会沟通。他们考查了面对面情境、电话、即时通讯和电子邮件四种媒介中的谎言。每种媒介中的欺骗率(rate of deception)的计算方法是将发生在该

媒介中的谎言数目除以该媒介中发生的所有类型的社会交互的总数。有趣的是，他们发现与面对面情境相比，电话中的谎话更多，而电子邮件中谎言则更少。即时通讯和面对面情境下的欺骗率没有显著差别。汉考克等(2004)解释道，如果一个媒介的同步程度和分散程度越高、同时被记录下来的可能性越低的话，谎言发生的概率就会越高。

正如本书前面所讨论的，在网络空间中说谎和虚假展示并不一定会造成不良后果。在下一章中我们将详细讨论个人是如何在网络约会站点展示自己的。有些时候这些自我展示完全是无耻的谎言，但是在其他时候又更多的是自己的理想表达。下一章还将考察在网络约会站点虚假展示自我的后果，并关注这些关系是如何从线上发展到线下的。

第 7 章

在线约会——在因特网上选购爱情

124 本章内容将基于莫妮卡·惠蒂最近的一项研究，其对象是澳大利亚一家在线约会站点。这个研究提供了一些有关在线约会的新见解，并且清楚地说明了关系双方在什么样的网络空间相遇决定了关系在网上开始和发展的具体方式。这是一个什么样的空间、为在这样一个空间中交互而制定的规则以及使用这一在线空间的目的都会对在线关系的动力学过程产生影响。

建立在线约会站点旨在让人们能够在网上相遇并有可能发展一段社会、浪漫或性关系。此类服务允许人们建立一个个人档案，在其中人们可以提供有关自己的个人信息，如年龄、性别、人格、兴趣等。一些站点要求对个人进行人格测试，这样人们就能够根据人格特点来选择伴侣。多数站点鼓励人们将照片放在个人档案中。一些站点的会员人数很多，有的超过了 10 万人，而另外一些站点则具有针对性(例如，专门针对一些利益集团，如素食主义者和哥特主义者)。此外，大部分站点要求他们的会员支付一定的服务费用。

本章中所报告的研究考察了澳大利亚最大的在线约会站点。在该站点上，人们可以在个人档案中展示自己的照片。会员必须提供关于自己的概况以及一些比较详细的信息(例如，性别、地址、相貌描述、兴趣和他们想寻找什么样的伙伴)。

在 2003/2004 年，惠蒂和她的研究助理们采访了 60 位正在使用澳洲一家在线约会网站的用户(30 名男性和 30 名女性)。在招募被调查者的时候，该约会站点的管理者随机选择了 300 名正在使用该站点的用户并通过电子邮件邀请他们与莫妮卡·惠蒂联系进行一次电话访谈。回复率是20%,基本令人满意(如果考虑到很多电子邮件地址已经失效的话,那么这样的回复率已经是非常好的了)。被调查者都是些热情的、非常乐意分享自己的在线约会经历的人。一些人讲述了非常美好的浪漫体验,有些时候这样的体验最终将人们带入婚姻的殿堂,另一些人则表达了在网上寻找真爱的希望。然而,另外一些人则讲述了一些非常恐怖的故事。为了保护被调查者的隐私,这里我们将他们的真实姓名用假名替代了。

使用在线约会站点的动机

这个研究中的被调查者给出了很多注册到在线约会站点的原因。57%的被调查者谈到之所以选择在线约会而非酒吧或俱乐部,是因为他们在酒吧或俱乐部这些地方就找不到合适的伙伴,或者是他们不会喝酒,或者是他们不喜欢这种方式的邂逅。一些人谈到自己使用在线约会网站是想寻找一段短期关系;然而大部分人则是希望找到一段长期关系(91%)。一些人称他们使用该网站是为了找乐子或者一夜情(12%)。一些人选择在线约会,则是因为他们承认自己是比较害羞和内向的人。有近一半的人称网上可供选择的对象数量是在线约会吸引他们的原因(47%),虽然有超过一半的人觉得自己是不得已而为之(因为他们的工作情况、家庭责任、对其他寻偶途径的厌恶)。35%的被调查者谈到比较喜欢在线约会的便捷,也就是他们可以在家里的私密环境中进行约会而不需要出门和打扮(有点像在网上购物)。而且,在线约会对于样本中轮班倒的工人来说是一个更加方便的选择。下面的访谈记录解释了人们为什么选择通过在线约会站点来寻找伴侣:

访谈者:是什么促使你使用在线约会网站的?

格兰特:这是一种邂逅他人的新方式。我原来是在酒吧中寻找,但是现在年纪大了就不适合去酒吧了；而且网络也确实很方便。

（格兰特）

126 大卫：嗯，我当时想寻找俱乐部和酒吧之外的另一个选择。

访谈者：那你用在线约会站点是为了结交新朋友，还是发展短期浪漫关系，抑或是发展长期浪漫关系呢？

大卫：嗯，我打算发展长期关系。

（大卫）

苏茜：嗯，我曾经心碎过。我对于自己想从生活中得到什么和自己未来有着非常清晰的构思……我不想过一辈子的独身生活并且我很确信在这世界中一定有一个特别的人在等我。由于这种轮班倒的工作，传统的邂逅方式并不是很方便。而且在我工作的医院中……医生也都是女的；因此我必须找到其他的方式与男性相识……

（苏茜）

杰夫：我干的还是些小儿科的事情。我想这可能是因为我已经有些落伍了。我只是觉得这是一个邂逅他人的好办法，特别是对于像我这样快到中年的人来说。

（杰夫）

诺兰：啊，嗯，你问我在哪些地方与别人邂逅？我所有的朋友都已经结婚了，不包括那两个和我已经不再是朋友的女人，而且我最知心的朋友也都结婚了。我还在那个群体中，而且我仍然和他们一起出去玩。我们今晚就会出去吃晚饭。我将独自一个人前往，因为另外那个单身的人没有给我打电话。你看这就是我认识的人。我和单身汉们很难相处，而且我从不去酒吧和男人邂逅。

（诺兰）

沙恩：我想说我曾经超级变态的羞涩；我在等了整整10年之后决定试试网络约会。我听说过一些家庭舞会，但是我都特别害羞不敢去。而且我在50岁的时候结束了一段关系。我现在单身。对于50岁的人来说，生活实在是太残酷了。

（沙恩）

格兰特：不知道该怎么说，单身还是什么……后来我突然回到了澳大利亚，然后我不知道我接下来该做些什么……我只是想自己就像一个棒棒糖店里的小孩，有那么多的选择。

不同的空间不同的节奏：从线上发展到线下

正如在本书前面所提到的，以往研究已经发现，关系通常会渐渐地从线上过渡到线下（e. g. Baker，2002；Whitty & Gavin，2001）。在这里我们 127
再重复一遍这个过程，人们首先把自己的电子邮箱（现在通常还包括 IM）告诉对方以建立信任感，接下来是电话号码（通常是手机号）；然后关系有可能发展到面对面的阶段。正如我们在本书中所说过的，很多人发现网络空间是一个安全的空间，在其中人们可以与他人交流并且暴露自己比较敏感的方面。虽然这种观点似乎得到了实证证据的支持，尤其是当人们首次在聊天室或新闻组中相遇的时候，但是当人们是通过在线约会站点与别人认识的时候，发生的就将是另一种不同的过程。

惠蒂的研究表明，在线约会者并不想浪费时间与对方在网上慢慢相互了解。事实上，65%的被调查者称他们通常在第一次在线联系后的一周内就与自己的约会对象见面，而 11%的被调查者则在一个月内与对方见面。因此，虽然这些人都会交换邮件、电话号码并且用网站的即时通讯交流一段时间，但是最终目的都是为了尽快地将关系过渡到现实中。对于人们为什么想尽快在现实中见面的解释包括：需要确定两人之间是否会产生“化学反应”；希望不要浪费时间——如果当前的约会对象不合适，能够马上考虑新的对象；不信任在线个人档案提供的信息；渴望尽快了解档案后面的“真实”的人。下面的访谈记录阐明了特定的过程和理由：

罗宾：一切的开端就是那个吻（一种自动信息，个人可以选择通过网站将其传递给自己感兴趣的人)，她回复给了我一个吻，称自己对我很感兴趣并希望收到我的电子邮件。我给她发了一封电子邮件，将一些关于自己的事情告诉了她。她给我回了信，在信中她说了一些关于她自己的事情。然后我们见面了。我问她是否愿意与我在城里见面一起喝咖啡。她同意了，然后我们相见，并且一切进展得都很顺利。

访谈者：总共花了多久你们才见面的，当时你们处在什么阶段？你们互发邮件花了多长时间？

罗宾：一周。

(罗宾)

安德鲁：在第一次邮件联系后，我们至少交换了两次电子邮件。然后
128 我们通了电话并敲定了一个约会见面的时间。甚至于没有什么电话联系和连续通话三个小时或任何类似的事情，毕竟还是有些不确定性。

访谈者：那么从电子邮件到电话花了多长时间，一周还是几天？

安德鲁：可能是一到三周的样子。

(安德鲁)

珍妮：通过之前的几次尝试，我明白了如果在真正喝着咖啡见面前互发了很多电子邮件并打了很多电话绝对是一个很大的错误。嗯，至少对我来说是这样，因为虽然都是从友谊关系开始的并且也有一定的亲密感，但是如果没有化学反应的话，你是不打算维持这样的友谊关系的，因为这种感觉总是怪怪的。因此我给自己定了一条规则……我不会在感情上过于接近那些自己没有亲眼见过的人；因为这有可能让双方都很失望，而且感觉也会非常奇怪。

(珍妮)

访谈者：那么你们曾经交换过电子邮件吧？

安：对，但不是很久。我很久都没有使用电子邮件了，因为我觉得不是很好用。有的人很喜欢它。我只是觉得，你可以和一个人交换好

> 几个星期的电子邮件，然后却发现他们在真实生活中完全是另外一个人。电子邮件给了你充足的时间来准备该如何回信，但是我没有那么多时间。我不想一个劲坐在那里打字，我整天都是做这样的工作。我整个白天都是在电脑上工作，我不想晚上也这么做。所以，我基本都是跟人说，除非他们准备迅速见面，否则就别谈了。
>
> （安）

从惠蒂的研究来看，通过在线约会站点来发展浪漫关系明显不同于在其他的在线空间中，如 MUD、聊天室和讨论班，建立浪漫关系。在前者中，人们首先看到的是对方的个人档案，而不是首先与别人进行交流或旁听他人的对话（就像在聊天室或新闻组中一样）。这个档案展示了经过在线约会者认真挑选的各种信息。而且，档案中通常还有一张个人照片。因此，考虑到人们已经掌握了足够的关于自己潜在伙伴信息来决定是否与对方在线下见面，这就不奇怪为什么在网络空间中人们没有动机来慢慢 129
地相互了解。此外，正如在上面的采访中安（Ann）所指出的，人们都清楚对方会在电子邮件和个人档案上采用一些策略。正因为这样，人们就很希望马上开始面对面的沟通，这样的话他们就能够知道对方在现实中与在网络上是否一致。

最初由奥尔特曼（Altman）和泰勒（1973）提出并经其他研究者（例如：Morton, Alexander & Altman, 1976）修正的社会渗透理论（social penetration theory）认为，随着时间的推移，关系的亲密程度将逐渐加深。这一过程可以通过“洋葱类比”（onion analogy）来描述，即随着关系的发展，人们会暴露自己的越来越深层的方面。这个理论讨论了深度和广度。深度代表的是从人格表层方面到人格核心方面的维度。广度指的是关于很多主题的信息，例如一个人的家庭、职业等。根据社会渗透理论，在关系发展的早期阶段，人们行动都比较谨慎，谈论的是一些不太私密的话题并且随时关注对话中的互惠的迹象。渐渐地，人们能够更加放心地向对方袒露自己的其他方面。通常来说，这样一个过程可以在诸如聊天室、讨论版和即时通讯这样的空间中发生。并且正如前面所提到的，研究者发现，由于人们处于一个可以暴露自己核心方面的比较安全的环境中，所以这个过程发生得非常快。

如果你关注的是在线约会的过程的话，那么以这样的方式来发展关系的机会就比较少了。人们建立的个人网上档案应该能够同时揭示深度和广度。例如，当搭建个人档案的时候，个人通常会提供一些关于自己表层方面的信息，例如眼睛的颜色、饮酒和吸烟的习惯、关系状态、宠物的种类和数目以及职业。并且，所建立的档案中会留出一些空间来描写自己的一些深层次的方面，例如自己人格、兴趣、理想的约会对象和政治立场。这些站点还鼓励用户公开自己所有方面的信息，以便吸引到最合适的伴侣。

因此，可以说在线约会与人们所熟悉的发展关系的传统方法大不一样。这里没有可以让你慢慢试水和检查互惠的真正机会。相反，自己是否被对方所吸引和判断对方是否与自己相匹配在双方交流之前就确定
130 了。有趣的是，为了应对这一问题，人们会尝试建立多个档案。比如，如果他们对某人感兴趣，但进行了初次联系后没有得到答复，他们就会建立第二个档案，看看这个备用档案是否更加适合对方口味。

在线吸引与线下吸引：真的是如此不同吗？

正如本书所强调过的，研究者们已经详细地讨论了网上物质躯体的缺失所带来的好处，他们认为网络空间提供了一个心灵相遇的地方。例如，莉和斯皮尔斯(1995)提出：

> 在面对面交互中一个人的相貌始终处在最显眼的位置，然而在计算机中介的交流中相貌却退居到了幕后位置。而且，相貌的暴露始终处于主体的控制之下，主体可以选择在什么时候以何种方式显露自己的相貌。结果就是在这种媒介中，关系发展的阶段模型或者是我们对于关系应该如何发展的文化期望——即假设首先两个物质躯体间必须相互吸引——没有了任何实际意义。

虽然网络空间提供了一个削弱相貌重要性的机会，从而允许人们能够进行更多的自我暴露以及探索自己人格中的其他方面；但是在本书中我们还是认为，躯体扮演着非常重要的角色，尤其是当涉及在线约会网站上的自我展示的时候。正如在第二章中所解释的，接受调查的该澳洲在线约会站点的用户们谈到了选择一张照片来表征自己的重要性，以及在选择约会对象时会将对方照片中的相貌作为一个重要考虑因素。关于相貌在线下约会中所扮演的重要角色已经有过很详细的记载。例如，克洛伊德(Cloyd，1976)发现，在酒吧中，决定一个人能否与异性展开交流的最重要的因素就是外貌吸引力。而沃尔(Woll)和科茨比(Cozby，1987)发现，在视频约会中也是如此。

再次考虑惠蒂的在线约会研究的数据，可以发现男人(97%)比女人(83%)更加重视相貌。这一点与过去关于性别差异以及线下约会的研究结果是一致的(e. g. ，Davis，1990)。而且男人(47%)比女人(27%)更加看重身材。正如下面的访谈所说明的： 131

沙恩：不过当涉及他们的个人档案时，我比较关心有关身材的内容。我对于苗条的女性特别来电。我喜欢纤细的身材，我是不会和那些称自己体重超重的人联系的。

(沙恩)

经验丰富的购物者

访谈者：你觉得通过这个站点与他人邂逅和通过其他方式的邂逅有什么异同吗？

丹尼：说真的，我觉得女人们在这个在线约会站点上寻觅伴侣的时候就好像是在挑选商品。她们心里已经比较有谱儿对方应该是什么样的，她们就去看哪些人能够吸引自己的眼球或者哪些人有点扎眼但还凑合。她们实际就是在购物。拿录像机来作为例子，虽然它必须能够播放和录像，但是最重要的是它放在音响柜中会比较养眼。

(丹尼)

本研究中的被调查者通常都非常清楚自己对伴侣的期望。总的来说，他们查看个人档案的时候就好像他们手中拿着一张“购物清单”，“产品”每符合一项要求就打一个勾。虽然与相貌有关的特征是最重要的，但是其他一些特征也很重要，包括共同的兴趣爱好和价值观、社会经济地位和人格(表 7.1 完整地列出了人们在伙伴身上所寻找的魅力特征)。

因此，当涉及在线约会网站的时候，人们对“美貌”非常看重。比起那些在网上其他空间中发展关系的人，在线约会网站的用户可能更为看重外貌特征。这是由于两个原因造成的：(1)当人们与他人第一次在在线约会站点上相遇时，他们看到的是照片而不仅仅是文本；(2)在线约会站点提供了很多的选择(并且与诸如 MOO 那样的总有成百上千的人同时在线交互的一些空间不同，在线约会站点的用户都知道该站点上的所有用户都是希望寻找浪漫关系的人)，因此他们可以不理会那些缺乏吸引力的个人档案而选择那些比较吸引人的。

表 7.1　被调查者寻找伴侣时所关注的方面

魅力特征	男性	女性	总数
相貌	29(96.7%)	25(83.3%)	54(90%)
共同的兴趣爱好/价值观	25(83.3%)	26(86.7%)	51(85%)
社会经济地位：教育、智商、职业、收入、职业化水平(有时通过正确的语法/拼写来体现)	22(73.3%)	22(73.3)	44(73.3%)
人格	19(63.3%)	24(80%)	43(71.1%)
诚实/真诚/真实	17(56.7%)	15(50%)	32(53.3%)
被某一年龄组所吸引	11(36.7%)	17(56.7%)	28(46.7%)
身高	9(30.0%)	16(53.3%)	25(41.7%)
空间距离	11(36.7%)	13(43.3%)	24(40%)
身材/体重	14(46.7%)	8(26.7%)	22(36.7%)
不吸烟者	11(36.7%)	6(20.0%)	17(28.3%)
不同/独特的人/与自己兴趣不同的人	7(23.3%)	10(33.3%)	17(28.3%)
幽默	6(20.0%)	8(26.7%)	14(23.3%)
没有小孩或没有带小孩的人	5(16.7%)	7(23.3%)	12(20.0%)
有小孩的人	5(16.7%)	5(16.7%)	10(16.7%)
开场白	5(16.7%)	2(6.7%)	7(11.7%)
星座	1(3.3%)	5(16.7%)	6(10%)
想要小孩的人	1(3.3%)	3(10.0%)	4(6.7%)

对于男性和女性来说，相貌都是线下吸引力的决定因素。正如上面所

说的，在线下约会时，外貌吸引力是最初引起注意的第一要素。但是，一些 132
明显的男女差异也是值得一提的。男性通常比女性更容易被视觉刺激引发性唤起（例如，Ellis & Symons，1990；Townsend，1993）。考虑到这一点，第 2 章中所报道的在档案中放照片的女性要比男性多，且拍艺术照的女性比男性多，就不足为奇了。与此相反，在线下，女性通常更看重挣钱潜力、社会地位、能力、人格魅力这样一些因素，同时她们也更有可能被愿意为自己付出的男性所吸引（Buss & Barnes，1986；Kenrick，Sadalla，Groth & Trost，1990；Townsend & Wasserman，1997）。这一结果在惠蒂的研究中只是得到了部分支持。女性确实比男性更注重寻找具有一定人格特质的异性伴侣；但是在渴望找到一位有着较高社会经济地位的伴侣方面，男 133
女是没有差异的。与传统观点不同，男性似乎也很看重自己的潜在异性伴侣的社会经济地位。由于存在大量关于潜在伴侣的信息，个人的约会偏好可能就会发生改变——如果突然得知了有关某人财富和地位的信息，它们就可能成为男性在女性身上所寻找的更重要的魅力特征。

下面的访谈记录描述了一些被调查者心目中的魅力特征：

比尔：是的，找到有共同兴趣、有创造力、聪明、有精神追求的人。你看过那些具备这些特质的个人档案吧，我一般就被这样的档案吸引。（比尔）

访谈者：那么你想找的人是什么样的呢？

莫顿：打扮比较干净利落的人……模特或老师之类的。

（莫顿）

安德鲁：我在对方身上所寻找的特质啊？她们必须有照片，她们必须很有魅力，她们的身材必须很好。比较聪明。有独立性。这些就是我寻找的特质。

（安德鲁）

帕琦卡：他们的个子要高，我想找到一个高个子男性是每个女孩的梦想，这是我最看重的，然后是他们是否想要孩子；以及他们是否吸烟。

（帕琦卡）

访谈者：那么是什么吸引了你呢？

沙恩：她感觉上是个有意思的人。她说她很有魅力而且很苗条。

（沙恩）

帕琦卡：是的，如果你能够一上来就和某个人交谈，那么你就大概知道这个人的基本情况了。我想找一个受过教育的人。我不在乎他们是不是有失语症；我也不在乎他们的言语障碍是由于车祸所导致的；因为我曾经确实和这样一个人相处过。我想要的是接受了一定程度的教育。

（帕琦卡）

访谈者：好的，如果你已经从这个站点向另外一个人发送了一个吻或
134 者电子邮件的话，那么对方在哪些方面吸引了你？是什么促使你决定和她们联系的？

凯文：通常，如果她们貌似比较朴实且家庭观念很强的话，我就会和她们联系。此外，我希望对方是一个有原则有价值观的人，对生活很严肃的人，完全真诚的人，并且有可能的话比我要矮一些。

（凯文）

有趣的是，惠蒂的研究确实发现，大多数人在寻找伴侣时很看重共同的兴趣爱好和价值观这一因素（85％的人称这是一种魅力特征）。绝大多数关于吸引力的文献都十分关注外貌吸引力和社会经济地位之间的比较，这可能是由于该领域的很多研究者都认同社会—进化理论。不管原因如何，就最初的相互吸引而言，并没有太多的证据支持相似的信仰和价值观是吸引因素的这种观点。正如社会渗透理论所解释的，这可能是因为在面对面的求爱中，人们通常需要花费一段时间才能够了解对方的信仰和价值观。但是在线约会网站却在双方发生交互之前就提供了彼此在这方面的信息。惠蒂的研究结果支持了这样的观点，人们进行在线约会的方式明显不同于发生在网络空间或者现实中的其他形式的约会。

同样值得注意的是，空间距离也是选择伴侣时的一个重要因素（40％的被调查者提到了这一点）。一些研究者提出“在网络世界中，空间距离并不是由物理位置所定义的；而是由用户参与的聊天室、信息版（网络论

坛)、邮件列表以及他们所使用的上网软件之间的差异决定的”(Levine, 2000, p. 566)。但是惠蒂的研究结果至少说明,物理距离是一个决定网上建立的关系能否成功发展的重要因素。事实上,很多被调查者都表达了寻找一名与自己居住在同一个地区的伴侣的愿望。通常,这意味着不仅仅要在同一个城市,而且还要在同一个城郊住宅区。下面的访谈突显了空间距离的重要性:

访谈者:你可以稍微谈一下你是怎样做的吗?

玛格丽特:基本上所有的交流都是用电子邮件,我从来不在电话上与 135
别人交谈。我会找到他们居住的地方,如果他们住得太远,我就不会考虑了。

(玛格丽特)

一切都取决于第一次见面

正如上面所强调的,在惠蒂对在线约会研究中,被调查者大都希望在网上第一次联系后一周左右就能见面。很多人也非常赞同第一次约会对关系的最终走向有着决定性的影响。他们或者进一步建立比较严肃的关系,或者立即终止关系。第一次约会不仅是了解对方的一个重要途径,也能够确定双方之间是否有“化学反应”。事实上,如果对方的相貌不具吸引力,那么在线约会者通常就会在第一次约会后终止关系。下面的访谈记录说明了第一次面对面相见的重要性:

嗯,我真的很厌倦和女孩见面并且一切都决定于这次见面,即使不一定就是相貌问题,但是所有一切都决定于第一次见面,这与在酒吧里与某人相遇或者是有人把你介绍给别人认识相比,的确令人震惊。

(菲尔)

现在他们大都这么做。我不敢说别人怎样,但是我所做的基本就是随便写写邮件,之后通电话,再谈上一两次,然后见面。完全没有必

> 要浪费时间，因为如果没有“化学反应”就没有必要继续交往了。即使是刚刚使用这个网站没几天的人都会这么告诉你。如果他们在这里大概 3 个月或 4 个月，并且有过几次见面，他们就会告诉你没有必要浪费时间，因为一旦你开了门或者一旦你走进咖啡休息室，你看到那个人，你就知道结局了。当然，你可以继续和他们约会几次，然后你可以决定是否继续或者你甚至可以改变你的主意。大多数情况下，第一次见面就会告诉你这段关系会有什么样的结局。
>
> （马汀）

莉莎(Lisa)很好地解释了被调查者之所以认为第一次约会的情况决定
136 了关系是否继续的一个原因（见下面的访谈记录）。和其他许多被调查者一样，莉莎告诉我们，已知晓对方的很多东西能够节约时间。同在酒吧中与对方第一次见面不同，在线约会用户无需在初步了解对方上花费任何时间。

> 我已发现它（即在线约会）比较有利，因为比方说你如果在酒吧或者咖啡馆或者其他什么地方见到某个人，你和他们相见，要获得所有那些你已经从网上档案中得到的关于对方的信息的话，你和那个人至少得见 4 次面，这样的话你就得在一个自己根本就不怎么了解的人身上浪费 4 个周末。但是，如果你已经掌握了一些坐在你面前的人的信息的话，那你就有了一定的优势，因为你已经知道了他们的喜好并且对他们的背景也有所了解。哪怕不是很多，但是只要这些信息是真的，那么就是非常有利的，因为这可以节约时间。如果你在酒吧里遇见某个人，你就不可能有这样的优势。你必须去打听所有这些信息，你必须和他们见 4 到 5 次面才有可能找到所有那些你通过读档案就能知道的信息。你明白我的意思吗？
>
> （莉莎）

被调查者大多把自己与通过在线约会站点所认识的人之间的第一次约会看作是一个筛选过程而不是一个浪漫场景。咖啡馆通常是第一次约会的人最喜欢的地方，因为那里不仅是一个安全的地方，而且在那里，如果一旦觉得对方很一般，人们可以很快地离开。下面是几个例子：

访谈者：你通常在什么地方见面？

杰夫：一般来说就是一个像咖啡馆这样的公共场所。我们会尝试挑选一个比较显眼的碰头地点，这样比较容易遇到，比如像某个地方的拐角或者是某家商店外面。我们先去那里碰头，然后就去咖啡馆。通常就是咖啡馆。我觉得我和别人的第一次见面从来没有发生在咖啡馆以外的地方。通常就是咖啡馆。

（杰夫）

莉莎：我和他在一家购物中心相见。我总是在白天和他们在一个比较公开的地方相见。

访谈者：你为什么要这样做呢？

莉莎：我可不愿意在一条黑暗的小巷里与陌生人见面。我能想象和一个陌生人在黑暗的小巷或是其他什么地方见面会怎样，因此我希望在咖啡馆或者是饭店，如果那些地方比较不错的话。

访谈者：这是出于安全考虑吗？ 137

莉莎：对。

（莉莎）

如果在咖啡馆里的约会进展比较顺利，人们通常会延长约会时间去吃一顿饭或者看一部电影。下面是克里斯特尔（Crystal）的描述：

访谈者：这次约会是怎样进行的？

克里斯特尔：我们喝了咖啡，或者说我们见面了，我们在一个咖啡馆式的地方相遇，那种生意比较好的咖啡馆。我们的约会进展不错，我们就继续一起共进了午餐，确实很棒。

（克里斯特尔）

数字游戏

这家澳大利亚在线约会网站允许人们通过给某人发送一个"吻"从

而与对方建立第一次联系。"吻"是通过该站点发送到一个非公开邮箱的一句表白，意思是发送者对被联系人有兴趣。被联系人可以有三种回复方式：他们可以说自己也有兴趣并要求对方承担通过该网站来发送邮件的费用；或者说他们也有兴趣，并自己来支付通过网站发送邮件与对方联系所需的费用；或者说他们自己感到很荣幸，但是并没有兴趣与对方建立联系。接下来，人们就需要购买一些"邮票"来通过该站点发送邮件或者可以等待对方来支付邮费与自己联系。这就是这家公司赚钱的方法。用户可以在这些邮件里写任何东西。在这些邮件里，个人还可以透露自己的个人邮箱，这样的话双方就可以在约会网站之外相互联系。

在第3章中，我们讨论过网络空间是一个赋予人自由的地方，在其中人们可以无视自己的性别角色对自己的限制。然而，这些研究的结果表明，尽管网络空间提供了这样的机会，但是与现实中一样，通常都是男性主动与女性联系，并支付与她们联系的电子邮件费用。不仅如此，正如帕
138 琦卡(Patricia)和帕特瑞克(Patrick)所表达的，女性期待着男性的表现能像下面记录中所说的那样：

> 帕琦卡：我更喜欢比较传统的方式，由男人来迈出第一步，这样至少我知道他是有兴趣的，我可不想浪费我的时间。
>
> （帕琦卡）
>
> 帕特瑞克：你是一个男人，若等着他人花钱给你发邮件，恐怕你会一直等到头发灰白、年老体衰。
>
> （帕特瑞克）

当涉及与他人联系的时候，几乎一半的被调查者都把在线约会看作是一种"数字游戏"(numbers game)，即发出去的表达兴趣的邮件要比期望得到的回信多。与女性(43%)相比，更多的男性(60%)把在线约会看作是一种数字游戏。由于在网上有很多潜在的伴侣可供选择，人们可以不断尝试直到获得回复，正如艾伦(Alan)所说：

> 访谈者：你虽然会和很多人联系，但只期待着其中某一个会回复就

行，是吗？

艾伦：是的，这就是一种数字游戏。在你我还有看门人之间，生活就是一个数字，你既有可能赢也有可能输，除非你正好合他们的口味，否则你什么都无法得到。

访谈者：嗯。

艾伦：你选择的肯定是那些自己也有一定兴趣并且和自己有一定共同点的人，然后其他的人你就不会顾及了。但是，这还是一个数字游戏。

访谈者：对。

艾伦：我先看一看照片，然后再读一读文字。如果有超过 50％的机会得到回复，我就给他们发一个吻。

（艾伦）

访谈者：你虽然会和很多人联系，但只期待着其中某一个会回复就行，是吗？

鲍勃：不，我想要的不仅仅只是一个回复。但通常是这样。如果我是在好恶各半的情况下，比如说我有 50％的兴趣，我就会发送一个虚拟吻，而且我这样做了好多次了。

访谈者：所以你会送出很多，然后看有多少答复吗？

鲍勃：就是让他们来看看我的个人档案，如果他们想继续就继续，不想就算了。我这样做了很多次。我会送出一个半诚心半不诚心的吻，这样的话如果一个女性收到我送出的虚拟吻，她应该不会认为我被她完全迷住了。

（鲍勃）

是不是人人都会看档案？

假定人们特别是男性们玩的都是数字游戏，那么与男性（3％）相比，139
更多的女性（30％）担心与自己联系的人并未真正读过自己的档案就不足

为奇了。下面的节选很好地表达了这种担忧：

访谈者：所以你有这样一种感觉，就是他们根本都没有看过你的档案，是吗？

琼：他们看不看倒无所谓，关键是他们给每个人都发送一个吻，就感觉是一个亲吻狂欢节（大笑）。真的很蠢，不管是谁想出来的，我觉得真的很蠢。

访谈者：所以这种办法对你没有用。

（琼）

访谈者：为了吸引不同类型的男人你是不是会更改自己的档案或者就是简单地更新一下信息？

安：我尝试重新写过自己的档案，让它更简洁一些。我自己觉得男人不喜欢读很多的文字。我想让它简洁一些，因为原来那个比较罗嗦，我想让它尽量简洁一些。

（安）

过滤谎言

正如上面所提到的，大家之所以非常急切地想与自己的在线约会对象在现实中见面，原因之一就是他们想看看真实的人是否与档案中描述的相符。在几次约会之后，大家就会非常清楚地意识到真人和档案并不总是相符的。在惠蒂的研究中，被调查者们谈到了在线约会者的个人档案中会包括一些夸张的话和无耻的谎言。

最常见的自我虚假展示就是在相貌上说谎。68%的被调查者称自己与通过网站认识的人见面后，发现对方在相貌上说过谎（例如，把自己描述的比现实中更有魅力，用一张很久以前的照片或者是使用别人的照片）；42%的被调查者称他们遇到过在体重或块头上说谎的人（和男性相比，女性更有可能这样做）。调查样本中有17%的人遇见过在身高上说

谎的人(和女性相比,男性更有可能这样做)。下面是一些非常离谱的关于外貌长相的虚夸和谎言:

访谈者:有什么例子吗?

安德鲁:有,我见过这样的人。有这样一个女孩,我前些天刚和她聊过天,她说上传照片后把头发给剪短了,这是她最近的照片。但真人根本就是另外一个人。还有其他一些曾经与我约会过的人也说过这类的谎话,当他们真的出现的时候就是完全不同的一个人。有那么一个人,我很明智地当即就与她断绝了联系。但还是有两次我去约会了,然后对方根本就和她们照片或描述不同。

(安德鲁)

罗布:哦,是的。我曾经见过一位女士,她说自己很苗条而且胸部的尺寸至少有18。当她走到我面前的时候我根本无法认出她。她说:"你是罗布吗?"我说:"是。"然后她说:"我是某某某。"当时我真惊呆了。

(罗布)

凯斯:是的。有个男的告诉我,他有 6 英尺高,而且他做过这个做过那个的。当他真的出现在我面前时,我发现他的头发基本都掉光了,而且他比我还矮。我当时特别想转身就走,我的意思是你根本无法从他提供的照片中看出这些来,但我却对他说:"这不对吧。"我向他质疑,而他说:"没有啊,我觉得我是 6 英尺高啊,"然后我说:"我现在就告诉你吧,你最多也就只有 5 英尺 7 英寸。"(笑)

(凯斯)

索菲亚:还有一个男的,他的档案看上去真的很棒,我们聊过几次,之后我们就见面了,然而我发现在档案里看到的和面对面看到的完全不同。

访谈者:也就是说他的照片不像他。

索菲亚:是的……与他的照片相比,他老了 10 岁。我在脑子里想,等等,你长的是这样子,但是你给我的照片却很年轻。不是说我非要找一个年轻的男的，但是这个照片，虽然我可以看出真实的人和照片还是有几分相似之处，但我依然非常失望。为什么人们就不能诚实一点呢？

（索菲亚）

141 克里斯汀：整个过程就是在这附近的一家酒吧里喝了两杯。

访谈者：你的意思是很不成功吧。那为什么不成功呢？这次约会到底怎么了？

克里斯汀：因为他跟照片一点都不像，他也根本不像他在电子邮件和电话里说的那样。整个过程中，他就是不断地在提名人的名字。我不知道他是不是因为紧张还是他想给我留下深刻印象之类的。反正，我和他在一起不舒服。

访谈者：所以他的照片和真人非常不同，那是在什么方面不同呢？

克里斯汀：那是他弟弟的照片。

访谈者：啊，是他弟弟啊。那么他有没有解释为什么他和照片上的人不同呢？

克里斯汀：没有，他就是说他之所以放他弟弟的照片上去是因为他们长得很像。

访谈者：而且你说他和你也没有特别投缘，是吧？

克里斯汀：嗯，他又矮又胖还秃头。

访谈者：他弟弟不是这样吗？

克里斯汀：不是。

（克里斯汀）

其他一些人在外貌方面的虚假展示并不是特别过分。尽管如此，在线约会者们几乎不肯原谅任何形式的谎言。例如，玛丽莎（Messlisa）就感到非常受挫，因为她的一个约会对象在身高上说了谎：

玛丽莎：一些人会说他们有 5 尺 11 寸，这是我的最低要求，但是他们实际只有 5 尺 10 寸左右。

（玛丽莎）

正如本章之前所讨论过的，考虑到人们对相貌的特别重视，就不奇怪为什么当看到对方和照片有出入的时候，被调查者会感到极大的失望。有意思的是，大约一半的被调查者强调他们要寻找一个诚实、真诚的人。人们还会在其他方面撒谎，包括：

- 人格
- 兴趣/爱好
- 年龄
- 他们的意图（比如明明就是渴望性却撒谎说自己想要建立一种关系） 142
- 社会经济地位
- 他们的关系状况（比如：明明已经结婚了却说自己还是单身）
- 有无小孩
- 是否吸烟

下面我们再给出一些谎言或夸大的例子：

访谈者：他们在自己的职业方面都会怎样撒谎？

莉莎：大部分男人想通过他们的东西［个人档案］让你相信他们是管理层的人员。但是当你和他们说话的时候就会发现他们根本就不是管理层的。他们中的一些人甚至连中层管理者都算不上。

访谈者：也就是说他们夸大了自己的职位？

莉莎：完全正确。

（莉莎）

克里斯汀：很多人说他们寻求一段长期关系或友谊。但是我想他们要的就是一夜情。

（克里斯汀）

访谈者：你是否认为人们会以某种形式来夸大或歪曲信息？

詹姆斯：是的，人们有时会这样做。

访谈者：你能给我一些你现在能想到的例子吗？

詹姆斯：嗯，这个我以前说过，如果一个人说自己喜欢在丛林中徒步旅行，那么他们对丛林徒步旅行的理解和我的理解可能是完全不一样的。可能那个人从来就没有过丛林徒步旅行的经历。只是他觉得自己可能会喜欢这项活动。

(詹姆斯)

陈词滥调的自我：一边品着红酒一边在沙滩上漫步的人太多了

除了择出那些档案中的谎言，通常，在线约会者还非常反感那些包含“低劣的”套话的档案。他们大都会避开这样类型的人，因为同其他档案
143 相比，这些人的档案不仅过于讨好而且还非常不“真实”。对于像格雷斯(Grace)(见下面的引言)这样的人来说，套话会让人厌恶而不是像档案所有者所希望的那样能够吸引人。下面是一些被调查者认为令人生厌的套话档案的例子：

我喜欢在沙滩上漫步，以及诸如此类的讨厌的东西。

(菲尔)

如果你翻一翻这些档案，你会发现，每个女孩都想拿着一杯红酒坐在火炉边或者沿着沙滩漫步。我的意思是这完全是重复。你会发现有点心思的人都会认真思考一下自己到底是怎么样的，并且会稍微改变一下自己的简介，这样一来你就会觉得这个人还是有些独特之处的。在谈到自己想要的是什么的时候，很多人都表现得没有什么新意。他们总是说一些明显的东西，比如说幽默感之类。我想应该没有人会说自己不幽默吧。

(格兰特)

特蕾莎：我通常都避开那些满嘴陈词滥调的人。我想陈词滥调在很多档案中都有出现……

访谈者：有些什么样的套话会令你厌恶？

特蕾莎：有时候，一些档案带有某种性暗示，这会令我极度厌恶。有

些时候是整段的陈词滥调，什么在沙滩上漫步啦、浪漫的夜晚、浪漫的私奔、一瓶红酒和噼啪作响的篝火。就是不够真实，听起来就感觉很假。

（特蕾莎）

格雷斯：人人都说他们喜欢在沙滩上漫步，其实任何一个真正这么做过的人都会告诉你那实际是非常无聊的（大笑）。当他们这么说的时候，我就想“天哪，怎么又是一个这样的人，这实在是让人厌恶。”

访谈者：看来他们都挺着迷于沙滩漫步啊（大笑）。

格雷斯：天哪，如果有那么多人都沉迷于沙滩漫步，那为什么他们彼此没有碰见过呢？

访谈者：所以这种说法有点陈词滥调了？

格雷斯：太糟糕了，几乎令人想吐。

（格雷斯）

寻找网上的“真实”自我 144

在进一步讨论人们是如何构建自己的档案之前，本章将会讨论由巴奇、麦克纳和他们的同事们所完成的研究。正如本书前面所概述过的，他们的研究提出网络空间允许人们展示他们的“真实”自我（如，Bargh，et al.，2002；McKenna et al.，2002）。“真实”自我是个人所拥有的那些自己希望能够表现但通常无法表现出来的特质或特点。这里再次重申，这些理论家认为，由于物质存在在网络上的缺失，人们可能会觉得在自我暴露和展示真实自我或“真我”的时候更加舒服。他们相信，那些在网上展示真实自我的人更有可能建立在线浪漫关系，并将其成功转移到现实中。

上述理论不一定适用于解释在线约会者的行为。正如前文所强调的，在线约会者似乎只会被真诚和诚实的人所吸引，而且他们似乎都希望对方的档案所展示的都是一些真实的个人信息——而不是一个刻板的、陈词滥调的自我或者是一个人们希望拥有但通常却无法在日常生活中表达的自我。实际上，超过一半的被调查者都说有魅力的人是那些真诚和真实的人。但是，这些被调查者所指的“真实”(real)的自我更像是希金斯所说的那种“实际”(actual)自我。换言之，在线约会者所认为的诚实和真诚的人是那些在个人档案中包含了自己的那些通常能够在现实的社会情境中所表现出来的特质和特点的人。

这些在线约会者最关注的是约会对象的相貌，以及对方在第一次面对面约会时的表现。如果一个人与其档案不一致，那么就像前面描述过的那样，在线约会者会感到非常失望。这些在线约会者都很有经验，他们知道一个人在网上呈现的自我或许是与现实中不一致的。因此，不同于麦克纳(2002)等人的研究样本，在线约会站点的用户都不愿意花费太多时间在虚拟空间中彼此了解。事实上正好相反，他们表达了一种希望与对方尽快在现实中见面的愿望。因此，人们既没有机会或也没有愿望来了解对方的“真实”自我或者让对方慢慢地表达其真正自我。在线约会网
145 站的用户所得到的是对方的一张“快照”，而不是像在其他网络空间中那样的一个逐渐展开的在线自我。这不是一张简单的照片，而是整个人的“快照”。这与慢慢了解一个人不同，因为在慢慢了解的过程中冲突会显示出来，并且对方的复杂性也会变得更加明显。

找到“化学反应”

> 艾伦：嗯，我想毫无疑问每个人都有不同的人格。我可以用“化学反应”这个词。我想在面对面情境下，“化学反应”要比在电话或者电子邮件中更加明显、更加持久也更加重要。虽然一些前期的基本了解肯定是必要的，但是当你亲眼见到对方后，一切就都决定了。如果从一开始就有“化学反应”，那么你的关系的发展速度就会很快。
> (艾伦)

同样值得注意的是，在选择约会对象的时候，“外在美”要比“内在美”

更重要一些。考虑到相貌的重要性，我们就能够理解为什么在线约会者希望与潜在的浪漫对象在现实中见面，而不是通过网络来了解对方，但最终却发现对方的外貌根本就不吸引人。而且，这些在线约会者都渴望能与对方发生“化学反应”，当然化学反应似乎并不仅仅局限于外貌吸引力。虽然“化学反应”是我们日常用语中的常用词，但它依然是一个抽象的概念。根据惠蒂的推断，被调查者们理所当然地认为化学反应是一种身体和心理上的相互吸引。人们坚信：只有在面对面的情境下才能确定双方之间是否发生了化学反应。

麦克纳(2002)等人与惠蒂的研究结果之间的不同更加突出了因特网是由很多不同空间组成的这样一个观点的重要性。值得注意的是，麦克纳等人调查的是新闻组用户。而且，他们有意地挑选了那些他们认为用户参与动机并非是为了寻找浪漫关系的新闻组。这与在线约会者非常不同，因为在线约会站点的用户显然就是为了发展一段某种形式的浪漫关系。而正如前文所述，建立在线约会站点的目的与建立新闻组的目的完全不同。建立新闻组是为了鼓励和促进对话。在线约会网站上，人们可 146
以在交互之前就对对方有所了解。当然，在网络空间中还有进一步增进彼此了解的机会，但是正如本节开头的记录所说明的，在线约会者表达了一种与他们的约会对象尽快见面的强烈愿望，而不是“把时间浪费”在网络空间中的交流上。

是否物有所值

除了想更清楚地知道自己的网络伴侣的相貌，在线约会者急切地想与网络伴侣在现实中见面的另一原因是他们并不相信档案中所提供的所有信息。在现实中相见可以使他们能够核查一些事实，并且能够判定档案是否与现实中这个“真实的”人相一致。这些在线约会者所表现出来的怀疑并非是一种妄想式的担忧，因为大多数被调查者都曾经至少遇到过一个在线上进行虚假展示的人。人们都清楚地意识到不能在网上与一个人浪费太多的时间，因为这个人可能与自己想象的完全不同。这样做的话就可以让他们有时间去寻找其他的潜在约会对象。

新闻组和在线约会站点的另外一个重要的差别就是个人通常需要付费才能使用在线约会站点提供的服务。因此，人们并不想浪费钱或时间购买一个自己并不真正想要的产品。一名在线约会者很好地表达了这一点：

> 科林：我认为你不能期待人们都很坦诚。你知道，就像你购买东西，你在那里选购，当你买了什么东西的时候，你永远不会知道你得到的是什么。
>
> （科林）

创建个人档案的策略：究竟该展示哪个自我？

> 在网上，自我展示可以更加灵活而且容易控制。在各种情况下，人们都可以决定何时、以何种方式以及是否把自己相貌方面的信息暴露给他人。在一个像因特网这样的环境中，人们可以仔细地选择
> 147 且有意识地设计自我展示，因此比起面对面的交互，网络空间中的自我展示过程更容易被控制。（Levine，2000，p. 567）

被调查者也诉说了构建自己的个人档案时所经历的痛苦和麻烦。他们清楚地意识到，在试图吸引别人的同时又想把自己作为一个“真实的”人来展示。编写档案是一个动态的过程。在线约会者会关注什么样的人会对他们的档案作出答复，并作出相应的改变来吸引更多的人，或吸引其他类型的人，或避免引发太多人的回复。很多人还会同时放上几个不同的档案来探查不同的档案分别会吸引哪种类型的人。例如，杰西卡（Jessica）在开始使用这个站点时就放上了好多个档案，在其中一个档案中，她称自己对性更感兴趣：

> 访谈者：你曾经放了不止一个档案吗？

杰西卡：对，我放了 4 个。

访谈者：那你现在还放有多个档案吗？

杰西卡：我发现不同的照片可以吸引不同的男人，这完全决定于照片中的我看上去是怎样的。我在网上有 4 张不同的照片。我有一个档案是没有照片的；我必须承认这个没有照片的档案还是引来了很多人的，而原因就是那上面没有照片。不过也有可能是因为我在档案中所写的那些细节。

访谈者：没有照片的那一个比那些有照片的要成功？

杰西卡：是的，但是我并没有得到多少认真的回复。

访谈者：这些照片有什么差别吗？不同的照片都得到了怎样的答复？

杰西卡：根据档案上的细节会有不同的答复，但是有个东西男人都感兴趣。有些男人觉得在网站上有一些女人想要的就是性而不是关系。我在一个档案上就这样写的，我正好可以测试一下。我必须这么做。

访谈者：那么，你是怎么处理这个特殊档案的，你在里面写了些什么？

杰西卡：我就说我想要一个情人朋友。你知道你可以直截了当，我发现这样吸引了很多的男人。我甚至说过我对长期和短期关系都感兴趣。但问题是，我得到了很多男人的回复，我确实和其中的一个进行了沟通，不过结局不是很好，因此我只得将我所有档案中的细节都改成我想要的是更长期的关系。

（杰西卡）

表 7.2　人们如何在在线约会站点上虚假展示自己 148

虚假展示	男性	女性	总数
外貌：一年以前或者是更早的照片	2(6.7%)	14(46.7%)	16(26.7%)
关于自己的关系/孩子的细节（例如，有无孩子，他们和谁住在一起）	4(13.3%)	2(6.7%)	6(10%)
年龄	3(10.0%)	1(3.3%)	3(5.0%)
体重（例如：明明超重，却偏说是标准水平）	2(6.7%)	2(6.7%)	4(6.7%)
社会经济地位（职业、就业情况、收入）	2(6.7%)	1(3.3%)	3(5.0%)
兴趣	3(10.0%)	0(0.0%)	3(5.0%)

在惠蒂的研究中，被调查者非常厌恶那些上传虚假档案的人，并不肯

原谅这些人，但是在自己的档案中，他们所提供的个人信息却不是完全真实的。正如表 7.2 所列举的，一些人承认自己在外貌、体重、身高、人格、年龄、意图、有无小孩以及是否吸烟方面都会说谎。

说谎的主要动机是为了吸引他人。有趣的是，与男性相比，更多的女性会在相貌方面说谎或使用过期照片。正如我们在本章前面所概述的，与女性相比，男性更看重相貌，因此女性有了更多的理由来夸大自己的长相。绝大多数被调查者会合理化自己的不诚实行为，称这些不是彻底的谎言而只是夸大而已，而且他们认为其他人肯定也会对自己档案中的内容进行夸大。下面是一些例子：

访谈者：你是怎么决定放什么样的照片到档案中的？

安玛丽：嗯，很显然，你当然是想放一些像样的东西上去。我没有什么特别多的照片，所以我放上去的是一张摄影棚的艺术照，在里面他们会给你化妆然后做一做发型，让你看上去很漂亮。但是这是我唯一的一张像样的照片。

访谈者：你用了那一张。你已经用了整整 4 年了吗？

安玛丽：对啊，我就没有更改过，不过我确实应该换一换了，它看上去都不像我了，虽然还是能认出来。

（安玛丽）

苏茜：实际上，那个让你选择自己体型的东西挺有意思，你可以选择
149 “苗条、平均、健美、略微超重”。你听说过有哪个女的会告诉你他们有点超重吗？

访谈者：我不知道，我想没有吧？

苏茜：对，所以我都说我是平均。

访谈者：这就有点那种每个人心中的平均标准并不一样的感觉，可能你心目中的平均就是略微超重。

（苏茜）

菲尔：首先，我说我是 46 岁，我把自己说的比实际年龄小了一岁。我想虽然我是 46 岁，但是我应该写 45 岁，因为我觉得很多女孩都在他

们的档案里说要找 45 岁的，所以我想如果她们做一个搜索，她们想搜索的都是 45 岁的，然而我却是 46 岁的。我没有改过来，因为我觉得很多男人都在撒谎。

（菲尔）

马修：嗯，反正都是对现实的知觉，对吧？每个人对世界的看法都是不同的。我对我自己的看法就可能跟其他人对我的看法不同。但是你知道，我的观点是你要把自己推销出去，但又不至于太假。我的意思是你肯定不想被现实所震惊吧，当人们到了那里然后感觉"他根本就不是他说的那样"，因此你应当尽量充分全面地展示自己的优点，但又不能过分夸张，太夸张的话人家就再也不想见你了。因此我一般会有 90％的真话然后再加上点美化。

访谈者：可以告诉我们一下这些美化吗？

马修：哦，天啊……你知道的就是尽量从积极的角度来描述自己。像兴趣之类的东西。我觉得我对音乐就没有什么兴趣，但是我会说"我和 HMV 唱片公司的人很熟"，但实际并不是这样。不过这也没啥大不了。就这样一些。

（马修）

正如上面的这些记录所描述的，被调查者似乎是在寻求保持档案的真实性（实际自我）以及尽量推销自己（或者描述得像他们希望自己成为的那样）之间的平衡。这样做的动机一方面是避免约会对象在亲眼看见自己后会感到失望，另一方面也是为了尽量吸引一个不错的人。韦恩（Wayne）很好地解释了如何通过编写自己的档案来推销自己。

韦恩：我个人的另外一个优点是我很擅长为别人写交易手册，但如果是写你自己，并试图把自己推销出去的话，那就完全不同了。我不知 150
道究竟是男性还是女性更擅长推销自己。不过这也取决于你推销自己的愿望有多强烈，不是吗？

（韦恩）

被调查者也承认编写个人档案是一个非常艰难的任务。或许更为有趣的是，他们会请朋友和家人一起帮助自己构建档案。一些自我意识比较强的人能够知道自己眼中的自己和别人眼中的自己不一定是一致的。因此，朋友和家人能够帮助构建一个真正反映个人在日常生活中的典型表现的档案，正如丹尼(Danny)所解释的：

> 丹尼：信息的准确性是我最看重的东西。我会花很长时间来编写档案，我不会随便贴一张照片后就把档案放上去。你看过我的档案吗？
>
> 访谈者：没有呢。
>
> 丹尼：哦，没关系。我在上面花了不少心思，起草了一份后发给一个朋友予以澄清，之后我又重新起草一份。
>
> （丹尼）

在线约会策略：如何玩游戏

在第 1 章中，我们简述了乔·沃尔瑟和他的同事们有关网络交互方面的研究。他们发现人们在自我展示的时候会采取一些策略。惠蒂的研究在这方面也提供了很清楚的证据，她发现在线约会者在构建自己的在线档案时也会采取某些策略。在构建个人档案时，被调查者通常会考虑两个因素：(1)吸引他人；(2)当与他人见面时，不令他人失望。

我们在本书中一直认为网络空间非常类似于维尼卡特提出的潜能空间，即一个游戏身份和游戏爱情的比较安全的空间。不过在线约会站点的用户确实在拿身份做游戏和进行实验。一些人确实是通过巴奇和麦克纳讨论过的方式来展示“真实自我”(True Self)或“真我”(Real Me)。但是这些人通常并不能成功地把关系延续到第一次约会之后。此外，许多人所展示的是一个陈词滥调的自我——那种浪漫情人的模式化印象，喜
151 欢在沙滩漫步、吃烛光晚餐和品红酒。这些人通常不会被他人选作面对面约会的对象。那些最被喜爱、受尊重并更有可能赢得第二次约会的人是那些现实与档案描述相一致的人——他们在档案中展示的是一个更加

"实际的"(actual)自我。

我们在第 3 章中提到过游戏是一项非常严肃的活动，其中有着很多的规则。虽然在线约会还是相对新鲜的事物，但是惠蒂的研究中的被调查者都对人们应该怎样开展在线约会这种游戏有一些期望。在本章中已经提到过的一个规则就是男性应该主动付费来与女性联系。另外一个重要的规则是被联系的人出于礼貌应该回复对方(这种回复是不会花钱的)，哪怕这个回复是一个拒绝。正如托尼(Tony)所说的：

访谈者：关于发送吻或电子邮件，你有什么样的经历？你的感觉如何？

托尼：我好像说过吧，我用吻或电子邮件联系过的人中 60%都没有给过我任何回复，一点礼貌都没有。哪怕你没有兴趣，至少你也应该说一声，特别是这个电子吻系统，它给了你很多进行回复的选项；我想这是最起码的礼仪吧，就是告诉别人说你对我感兴趣，我非常的荣幸，但是我不想和别人进行联系，至少你知道……我觉得真的是缺乏礼貌，就好像在大街上一个人走到你面前，你就只看他们一眼就再也不理会了。这就是当前网络中的现实的一部分，它让你可以保持匿名，因此你就不一定要与别人进行面对面交流；而且与现实中的面对面交流不同，在网上你很少会因为不理会别人而承担什么后果。(托尼)

考虑到该站点的用户能够监视彼此在该站点上的活动——即他们能够知道对方上一次登陆是哪天的什么时间，因此用户们又建立了另外一条规则。他们认为如果一旦自己开始在站点上与某人约会，即使关系还没有正式确定，那个人就应该将其个人档案从网上撤下去，直到这段关系完全结束为止。正如玛丽莎(Melissa)所说的：

玛丽莎：我只能接受一次与一个人约会，一旦建立关系，我会立刻停止登陆。我注意到男性通常不这样做。

访谈者：挺有意思啊。

玛丽莎：那是。 152

访谈者：所以当你已经开始与他们约会，你还是能够看到他们的档案依然放在网上，是吗？

玛丽莎：是，他们的档案依然在网上且可以正常浏览，我就此事质问过几个人，他们说“这没有什么大不了的，这不代表什么东西”。我从来都不明白为什么男性不把档案撤下来——除非你要求他们这么做。（玛丽莎）

关于在线约会的结论

似乎很明显，在线约会并非只是昙花一现。相反，它作为一种约会手段将会变得更加流行（参见第 9 章中有关在线约会的未来的比较深入的讨论）。惠蒂的研究表明，人们在约会站点建立和发展关系的方式与在其他网络空间建立和发展关系的方式有着很大的不同。这支持了我们不应该把因特网作为一个笼统的空间来看待的观点。正如第 1 章中所简述的，像凯特琳·麦克纳和安德烈亚·贝克这样的研究者已经讨论过为什么成功的关系是可以在线上建立并转移到线下的。惠蒂的研究说明了适用于在线约会站点的规则是不同的。如果要建立成功的关系，人们需要“与自己的档案相符”，并且不能在自我展示中使用陈词滥调。但是，一个值得在线约会者们考虑的重要建议是：虽然在网上有着更多的对象可供选择，但这并不意味着一定能找到某位超级模特或者长得像布拉德·皮特（Brad Pitt）那样英俊的人。相反，在涉及什么样的人会对自己感兴趣这一点上，人们仍然有必要现实一些。在第 9 章中将详细讨论相容性的艺术。

我们曾指出，不同类型的交互发生在不同的网络空间中，作为对此观点的延续，我们在下一章中将关注网络空间中的人格。在接下来的一章中，我们将指出不同的人格可能会被网络的不同方面所吸引。

第 8 章

网络空间中的性格与原型

本章关注的是以往研究在性格类型和关系形成方面的发现。我们将 153
主要考虑这样一个问题:网络空间的不同子空间所吸引的是否是不同性格类型的人。受心理动力学文献的启发,我们认为还必须考虑另外一个问题:网络空间的一些子空间是否会对性格的某些方面具有"改变作用"(transformational),以及这是否与关系的成功形成有联系。与心理动力学理论的大多数定律一致,我们在本书中始终支持的都是这样一个观点:个人在网络空间中是一个"主动"的玩家而不仅仅是一个受影响的"被动的"接收者。因此,我们同意其他研究者的观点,与电视、广播和报刊这样一些可以被看作是单向交流的媒介不同,网络空间与个人之间可能有着更强的交互性。在网络空间中,这种交互性引发了大量尚待考察的研究问题。从网络行为的心理动力学角度来看,由于性格潜在的可预测性,因此我们可以通过研究性格来加深我们对人类关系的理解。

性格类型:心理动力学入门

关于性格一词,心理动力学的解释是"一个人应对本能或人际力量的典型的或习惯性的反应模式"(Gibson, Malerstein, Ahern, & Jones, 154
1989, p. 1139)。最广义的来说,性格可以被理解成是"一个群体、阶级、组织、社会或文化中的成员所共有的特质、动机、态度、价值和行为的模式"(La Bier, 1986, p. 135)。

弗洛伊德的性格理论

弗洛伊德(1905/1977)首次提出性格形成的原因可能是个人在性心理发展的某一阶段的固着或者是个人向与这些阶段相关联的基本体验的退行。这些性格类型,例如,口唇施虐型(oral-sadistic)、肛门紧缩型(anal-retentive),都是与弗洛伊德在力比多理论方面的早期研究相联系的。弗洛伊德在构建关于心智的第二理论时,除了指出那些与性心理发展相关的性格类型之外,还发现了那些反映了在个人生活中占优势地位的那部分心智(例如,本我、自我或超我)的性格类型。这些性格类型被称为"纯"类型,但是弗洛伊德还认为我们通常见到的都是由不同纯类型组成的"混合"类型,即色情迷恋型(erotic-obsessional)、色情自恋型(erotic-narcissistic)和自恋强迫型(narcissistic-obsessional)。

新弗洛伊德主义与性格

精神分析圈内的一些学者修正了弗洛伊德在性格类型方面的开创性的工作,使其对考查网络空间中的关系和性格具有了非常重要的启发价值。虽然这些研究者在总体上同意弗洛伊德对性格类型的临床描述,但是一些研究者也提出尽管性格或许是与"生物学"及个体发育阶段有联系,不过事实上它与童年时期的社会经济背景有着更加紧密的联系。卡伦·霍妮(Karen Horney)、埃里克·弗鲁姆(Erich Fromm)、埃里克·埃里克森(Erik Erikson)和哈利·斯塔克·苏利文(Harry Stack Sullivan)是这些通常被称作新弗洛伊德主义者的理论家中的佼佼者。我们非常赞同一位评论家的评论,他曾经说过新弗洛伊德主义与"正统弗洛伊德式的精神分析的区别可以被看作是仅仅侧重点的不同,但是他们所带来的却是对弗洛伊德几乎没有触及的观点的深度加工"(Levitt,1980,p. 21)。弗鲁姆很好地捕捉到了这种侧重点的不同,他提出"态度"是一个关键问题,并且提出婴儿的性唤醒区(erogenous region)"只是对待身体语言世

界的态度的表达”(Fromm,1941/1994, p. 290)。例如,“肛门紧缩型性 155
格”这一术语被用来特别表示三种特质的组合——整洁、节俭和固执。对于弗鲁姆来说,这种肛门型性格的特点更多是反映了新教(Protestantism)的伦理规范。

弗鲁姆(1932/1970)指出,“因为性格特质是源自力比多结构,所以它们显示出了相对的稳定性”。的确,麦科比(Maccoby,1976)评价道:“弗鲁姆和我都认为性格特质在童年时期就已经相对固定了,它们的形成受到了文化、工作模式、环境的影响,并且这些影响是通过家庭以及儿童的体质的介导而发生作用的。”(p. 42)相反,弗洛伊德理论则认为性格在童年就已经完全固定了,在没有精神分析干预的情况下是不可能发生什么改变的。在这里“相对”一词非常重要,这是因为麦科比和弗鲁姆都认为生命早期那些重要的社会经济影响依然有可能在生命后期带来一些变化。弗鲁姆和麦科比(1970)说:

> 我们同意弗洛伊德的观点,儿童性格的发展是对家庭的动态适应的结果。因为家庭的核心特点与儿童所进入的社会的特点一致,那些早期的主要的决定性的影响将持续塑造青少年和成年的性格结构。学校、工作和娱乐从本质上来说与生活在家庭中向孩子传递的方式没有什么不同。因此,假定社会环境没有发生什么重大变化,童年时期获得的性格结构在后期生活中将会得到不断的强化。(pp. 21 – 22; 也参见 Maccoby,1976,pp. 42 – 43)

麦科比(1976)在他的著作《游戏人》(*The gamesman*)中提到了上面这段引文,并且补充道:“对弗洛伊德理论的这一补充并没有与这样的期待——即使是社会环境发生了变化,童年时期形成的无意识的、极度不理性的态度也是很难更改的——相矛盾。”(p. 43)

性格类型、性格变化和网络空间

正如新弗洛伊德主义者所强调的,在一个变化了的环境中,性格类型容易发生"改变"的可能性对于思考网络空间有着重要的影响。有没有这156 样一种可能，即当个人进入网络中不同空间并游玩于其中的时候，其性格类型会被空间自身特性所"改变"，哪怕这种改变只是暂时的？我们以文献中常常提到的性格的一个方面——羞怯——为例子。在这样一个例子中，问题不仅包括是不是通常比较害羞的人更有可能被吸引到网上某一特定空间中，而且还包括是不是会由于网上这些不断变化的空间所带来的体验，个人的羞怯程度在线上或线下也会发生改变。在这一背景下，心理动力学的启发式就自然的引发了一个问题，即到目前为止的研究文献是否支持这样的观点：网络空间作为一个过渡对象能够在性格的某些方面产生一种"改变效应"。进一步的思考又还提出了这样一个问题，进行交互的不同性格类型是否是辩证相关的或者是互为因果的过渡对象？

这个问题主要是由麦科比(1976)、拉比尔(La Bier,1983,1986)和卡尔(1993,1994b,2001;Degeling & Carr,2004)等人开展的一系列研究所引发的。这些研究共同提供了强有力的证据来支持这样的观点：沉浸于不同的空间中可能会刺激个人某些特定的特质和态度，并且这些特质和态度代表了个人的一个不同的性格。在这些研究中，不同的空间指的是工作环境；但是在涉及网络空间时，我们也可以类似地提出有关可能存在的改变效应的问题。

性格类型和网络空间：研究发现

在过去，新闻媒体似乎倾向于将网络空间比较笼统地理解为一个被那些害羞的、社交能力差的、与世隔绝的和抑郁的人所占据的空间。确实，大多数探讨或者涉及网络空间中的性格类型的研究关注的大都是人格特点。通过对已有文献的综述，我们认为从相互联系的人格特点的主观聚类的角度来对这些研究进行讨论和分类将是不无裨益的。我之所以说是“相互联系的”，是因为研究者们把这些人格特点看作是相互联系或重叠的。

害羞的、社交能力差的、与世隔绝的和抑郁的人

部分过时的八卦小报宣称，网络空间是一个由害羞的、社交能力差的、与世隔绝的和抑郁的人所占据的笼统空间，这一观点曾引起这一领域 157
研究者们的大量关注。他们考察了这种观点的正确性。现在研究者认识到，网络空间并非是一个笼统的空间，而是由很多空间所构成——不同的空间可能有着不同的“吸引力”。

在一个有 30 名经常使用因特网的美国本科生自愿参与的实验中，麦考恩（McCown）、费舍（Fischer）、佩基（Page）和霍曼特（Homant，2001）使用了一个“人格马赛克问卷”（Personality Mosaic Inventory）来调查是否某些特定的性格特点在因特网用户中比较集中。这些研究者的结果是“网友们通常都有着很好的社交技能、很强的语言能力以及共情能力”（McCown et al.，2001，p. 593）。当然，一个尚待回答的问题是：绝大多数网络用户是在使用网络之前就表现出了这些特点还是在使用因特网后才表现出这些特点的？伯尼（Birnie）和霍瓦特（Horvath，2002）在一个有 115 名加拿大本科生参加的研究中也得到了非常类似的结论。这一研究的主要发现是“在线社会交流似乎是对传统社会行为的补充或延伸，而并非是为了害羞和社会焦虑的人群而存在的一个补偿性媒体”（Birnie & Horvath，2002，p. 1）。确实，他们注意到那些有着“比较广泛的社交网并进行频繁/亲密交流的人更有可能出于社会目的来使用这种新媒体（因特网）”（p. 14）。涉及社交性与社交网间的联系，麦克纳等（2002）对 145 名因特网用户进行了研究，在两年后的追踪调查中他们发现这些人的“孤独感和抑郁感都有所下降而且社交圈扩大了”（p. 29）。

关于害羞的问题以及对在线约会网站的使用，我们在第一章中提到

了史卡罗特和克莱斯特(1995)的一个研究。他们的研究包括了一个对一家名为月下老人(Matchmaker)的在线约会网站的 102 名注册用户进行的问卷调查,该问卷由 74 个问题组成。使用 5 点量表测查害羞程度,问题由从"我并不认为与陌生人交谈是很困难的事情"到"当与陌生人见面时,我很难表现得比较自然"(p. 197)这样的陈述构成,被调查者用从强烈
158 同意到不同意的五级选项对这些陈述是否适合自己进行评价。研究的重要发现是,"比较害羞的用户更有可能认为月下老人给予他们从不同角度探究自己人格的机会",并且"74%的高害羞用户称自己使用月下老人的主要目的是为了寻找一段浪漫关系或者性关系,然而只有 46%的低害羞用户这样说"(Scharlott & Christ, 1995, p. 199)。本研究中的"高害羞用户"和"低害羞用户"的人数是一样多的。研究者总结道"害羞的用户使用月下老人来克服那些可能在面对面的情境中阻碍他们建立关系的障碍"(Scharlott & Christ, 1995, p. 199)。很明显,月下老人在网络中所占据的空间的性质对于吸引害羞的用户来说是非常重要的,并且这个空间的吸引力的关键就是匿名性,因此这个空间就成为了一个可以"游戏爱情"的"安全的"过渡空间(参见 Stritzke, Nguyen & Durkin, 2004)。

乔英森(2004)研究了自尊及其对交流方式(电子邮件或者面对面交流)的选择的影响。他提到一些前人的研究,这些研究认为"与等价的面对面情境相比,人们在网上会暴露更多的社会认同度较低的自身信息"(p. 479)。他继续说道"大部分解释……都利用这个媒体本身的某些性质来说明研究中所发现的各种现象。例如,视觉匿名性、可识别性的缺乏……都被认为是造成网上自我暴露增多的部分原因。"(p. 479)乔英森发现"与高自尊用户相比,低自尊用户更加偏好于电子邮件交流而不是面对面交流"(p. 483)。虽然不是在研究害羞感,乔英森依然评价道:这一发现"不仅实验性地重复了害羞的人常常能够从以电脑为基础的约会系统中获益这样一个现象,而且提供了与社会自信度较高的人相比社会焦虑的人

更有可能成为'病态的'因特网用户这样的轶事证据"(pp. 483－484)。

在各种对害羞的研究中，性别被认为是一个重要的变量。史卡罗特和克莱斯特的研究发现，在某家在线约会网站上，男性更有可能迈出第一步，而女性则比较被动。伯恩(Byrne)和芬德利(Findlay)(2004)发现，在很多种媒体中，当开始第一次约会时，通常都是男性迈出第一步。在这个研究中，当确实是由女性迈出第一步的时候，她们偏好于发送手机短信而不是打电话；而当男性迈出第一步时，他们则没有这样的偏 159
好。惠蒂(2004a)最近也发现，男性更有可能在网上迈出关系建立中的第一步。

害羞的人使用像月下老人这样的服务来建立社会关系这样一个事实或许并不令人惊讶。在一个有 3154 名网络用户参与的对因特网使用更加全面的研究中，发现超过 30%的害羞人群每周会耗费 6 到 11 个小时在不同的网络空间中寻找社会关系(Carducci & Klaphaak，1999)。害羞的人参与网络活动的本质对于理解网络中不同空间各自的特点是非常重要的。

佩里斯(Peris)、希梅诺(Gimeno)、皮纳佐(Pinazo)、欧台特(Ortet)、卡瑞奥(Carrero)、桑琦(Sanchiz)和艾巴尼兹(Ibanez)(2002)试图考察在网民中是否存在着某种共同人格(common personality)或共同社会剖面图(social profile)。研究使用了两个样本，第一个样本包括 66 名"网络聊天者"，其中大部分都是西班牙人；第二个样本是西班牙某大学的 149 名心理系的学生。该研究使用了西班牙语版的艾森克性格问卷；研究得到的剖面"所描绘的是这样一群人，他们很满意自己在真实世界中的社会关系并且倾向于建立和维持社会交互"(p. 48)。此外，所采用的取样方式还可以比较网上"聊天者"与"非聊天者"。他们发现，对于聊天者来说不存在一种"独特的模式"(p. 49)，并且"害羞和情绪不稳定都不是聊天者这一群体的特点"(p. 50)。

有意思的是，30 年前的一项研究发现，40%的成人群体都有过害羞的体验(Zimbardo、Pikonis & Norwood，1975)。迄今为止我们所提到过的对网络空间的研究，在通过比较"聊天者"与"非聊天者"的人数来计算相对害羞程度时，都没有把这一发现作为一个潜在参考点。一些人之所以没有考虑这一问题，只是因为他们相信，研究工具本身就是一个参考常模，并且他们的关注点只是网络用户内部的相对性。瑟利、菲利普斯(Phillips)和史蒂文森(Stevenson)(2002)把害羞与焦虑作为因特网使用模式的预测变量进行了研究。这一研究确实注意到了对网民与非网民这样两个群体进行比较。瑟利(Scealy)等非常想知道因特网的使用是否在某种程度上与害羞及社会焦虑水平相关。40%的正常人群都有过害羞体验这样一个重要发现被视为搞清因特网是否代表着一种“安全港湾”
160 的原因之一。瑟利等的研究中所使用的样本包括 177 名参与者，大部分参与者都是从澳大利亚一所大学招募来的。这些参与者被要求完成三份问卷：(1)关于因特网使用情况的因特网问卷；(2)一份类似于社会沉默量表(Social Reticence Scale)的问卷；(3)一份类似于特质焦虑问卷(Trait Anxiety Inventory)的问卷。该研究的主要发现之一是“害羞和焦虑并没有对因特网聊天功能的使用水平产生特别影响”(Scealy et al, 2002)。更细致的分析确实发现害羞的男性更有可能使用因特网来搜索娱乐内容，这说明“害羞的人们并非总是在寻找在线沟通，他们还有其他兴趣”(p. 514)。

最近，有两个研究调查了害羞是否是网络依赖或成瘾的预测变量。其中之一是查克(Chak)和梁(Leung)在香港进行的有 722 名网络用户参与的研究。该研究使用了便利样本，其中 12—26 岁人群占 78%，男性比例为 36%。参与者被要求完成 5 份问卷：(1)网络使用情况；(2)因特网成瘾测验(Internet Addiction Test)；(3)奇克(Cheek)和巴斯害羞量表(Cheek and Buss Shyness Scale)的修订版；(4)内控性(Internality)，强势他人(Powerful Others)和机遇量表(Chance)；以及(5)社会人口学变量。这一研究发现“越是害羞的人越有可能对网络成瘾”(p. 564)，并且与瑟利等(2002)的研究结果一致，“害羞的男性对电子邮件、ICQ 和聊天室的使用更少”(p. 567)。不幸的是，这个研究是从个人每周的上网时间的角度考察网络活动，而没有关注活动的目的。在害羞与因特网之间的关系中，涉及“成瘾”的因和果的发现大都还属于推测。

尤恩(Yuen)和拉文(Lavin)(2004)考察了在线及线下网络依赖和人际害羞之间的相关关系。同样地,研究使用的是一个由 283 名来自一所位于纽约的私立大学学生所组成的便利样本,其中包括 204 名女生。研究中使用了一份网络问卷,其中包括了一组 7 个改编自《精神障碍诊断与统计手册》的问题来评定“依赖性”。该研究的主要发现是,43%的样本在线下的社会交互中都比较害羞,但是一旦进入网络空间,他们的害羞程度就显著地低于非依赖组。与查克和梁(2004)不同,尤恩和拉文并没有发现性别对结果有任何显著的影响。

尤恩和拉文(2004)以及查克和梁(2004)的研究结果开始把我们引入了因果问题之中,在后面我们将会作出我们的评价。现在需要注意 161 的是,前面提到的一些研究似乎在某些方面上相互矛盾。笼统地来看,在网络中,害羞和社会焦虑的个体并不比其他个体更常见。但是,这就忽略了一个关键问题,即害羞的人似乎被某些特定空间所吸引的原因恰恰就是他们比较害羞而那些空间又是安全的。因此,在考虑人格特质和性格类型时,我们需要清楚地记住网络空间是由多个不同空间所组成的。

通过对以往研究发现进行综述,我们发现网络中的一些空间为那些害羞的、社会能力差的、与世隔绝的和抑郁的人提供了一个安全的港湾。当然,这一观点还有待进一步研究的支持。当涉及在网络中形成关系的时候,比起移动电话,害羞的人可能更习惯于使用在线约会站点来寻找约会对象(在下一章中将更详细地讨论这一点)。此外,因特网的本质中的某些东西使因特网成为了一个能够改变人们(至少是某些因特网用户)的人格和性格的空间。这一观点已经在文献中得到了部分支持(例如,McKenna et al.,2002)。这种在性格方面的改变效应对于那些由于害羞、社会焦虑和糟糕的社交技能而无法很好地在面对面情景下进行交流的人来说有着潜在的治疗价值。

内向—外向

内向程度对于荣格(Jung)(1917/1953,1921/1989)所描述的性格类型来说是非常重要的。在对研究文献进行综述时，我们没有发现哪个研究明确地考察过网络用户与荣格所指的“类型”概念间的关系。但是，确实有研究考察过网络用户与其内向水平间的关系，这些研究通常使用艾森克人格问卷（Eysenck Personality Inventory）作为测量内外向水平的工具。

在回答网络空间中是否更容易遇到内向者这样一个问题时，迄今为
162 止的研究给出的似乎都是否定的答案。不过，我们需要再次提到网络空间并不是一个笼统的空间，过去的一些研究并没有认真区分其关注的具体空间。此外，在使用“因特网”一词时，很多的研究所指的都是电子邮件和聊天室这样一些空间。

克劳特等（1998）在其著名的家庭网（HomeNet）研究中发现，“一个人的社会外向程度越高并在当地拥有的社交圈越大，那么其使用网络的程度就越低”（p. 1025）。有趣的是，在他们的后续研究中，克劳特等（2002）发现，“对于外向者来说，因特网使用与社区卷入程度的变化呈正相关，而对于内向者来说，二者呈负相关”（p. 61）。研究者注意到“当控制了参与者在使用网络前的社区卷入水平后，外向的因特网用户的社区卷入度普遍高于外向的非网络用户。与之相反，内向的因特网用户的社区卷入度普遍低于内向的非网络用户”（p. 64）。对于研究者来说，这些发现似乎支持了那种“富人更富”的论点：那些有着强大社交网络和社交技能的人通过因特网进一步强化了他们的社交网络，因此因特网进一步放大了内向者和外向者在社会资源使用能力方面的相对差异。

在一个有 72 名以色列大学生参与的研究中，汉堡（Hamburger）和本阿茨（Ben-Artzi）（2000）考察了对 12 种网络服务的使用与外向水平及神经质水平之间的关系。因此，在这个研究中，因特网不再被看作是一个笼统的空间。同样地，研究使用了艾森克人格问卷，并且发现男性和女性在相关模式上存在着差异。外向程度较高的男性使用的似乎是那些“娱乐服务”（例如，色情网站、随意浏览），而外向程度较低的女性则更多的是使用那些“社会服务”（例如：聊天、讨论版、地址查询）。研究者总结说，外向

的男性对娱乐站点的更为频繁的使用可归结于他们对刺激和性唤起更强烈的需求——在这一背景下，研究者指出一些研究发现，“外向水平与对性体验的追求呈正相关，其中后者是通过更高程度的性唤起所体现的……因为目前绝大多数色情网站针对的都是男性，所以只在男性中发现了外向程度与色情网站使用之间的关系”(p. 447)。内向的女性对社会服务更频繁的使用可归结于她们对社会支持更强烈的需要。虽然把“娱乐服务”定义为色情网站和随意浏览有着明显的局限性，这一研究依然加深了我们对内外向者在因特网使用上的区别，以及这一区别与性别间的 163
关系的理解——这种理解对网站设计者来说尤为宝贵。这一研究清楚地表明，在聊天室和讨论组中，我们可能会发现较高比例的内向者。但是，佩里斯(Peris)等(2002)同样使用艾森克性格问卷对聊天室用户进行了研究，结果却发现“在外向水平和神经质方面的分数没有显著差异”，并且这一结果并没有受到性别因素的调节(p. 46)。

在一个使用艾森克性格问卷对英格兰牛津郡 220 名成年因特网用户的研究中，希尔斯(Hills)和阿盖尔(Argyle)得到的结果与汉堡(Hamburger)和本阿茨(Ben-Artzi)(2000)的结果相矛盾，但是却和佩里斯(Peris)等(2002)的结果相一致。同样，希尔斯和阿盖尔感兴趣的是研究参与者们都使用了哪些因特网服务。希尔斯和阿盖尔发现，男性比女性对聊天室的使用更多，并且在聊天室的使用与外向水平之间也不存在正相关关系，唯一例外的是，“个体的外向水平与面向家庭的因特网服务的使用之间有一个比较弱的正相关，这可能说明外向者比内向者更愿意在家中使用网络服务”(Hills & Argyle, 2003, p. 67)。当然，对这些研究进行比较本身就是有问题的，其中之一就是不同人格的个体无疑会被不同类型的聊天室和讨论版所吸引。例如，一些是为了讨论性问题而建立的，一些是为了业余爱好而建立的，其他则是为了学术讨论而建立的，等等。

涉及寻找网络用户的外向水平与其所使用的特定网络服务之间的显著相关关系时，不同研究的发现之间似乎存在着一定程度的冲突。对性格类型的未来研究需要更细致地考察所使用的网络服务类型，以及是否存在着某种中介变量可以帮助解决不同研究结果之间的冲突。我们将再一次提出这些问题：人格是否是静止不变的？因特网能否重塑人格？人格类型是否会由于在线交互而产生变化？

精神质、神经质和妄想狂

在本书中，我们已经指出网络空间可以被视为一个隐含有错觉特质的游戏空间。此外，我们也提出网络空间并非总是具有释放作用，并且在
164 网络空间中现实与幻想的边界可能变得非常模糊以至于会造成某些类型的心理疾病（参见 Ogden，1985a）。网络空间，尤其是聊天室，通常被某些媒体描绘成精神质、神经质和妄想狂之家——基本上就是一个人们表达幻想以及将幻想付诸行动的地方。虽然我们没有把精神质、神经质和妄想狂作为性格类型来讨论，但是不难发现这些心理疾病在大众传媒里经常被描述成了某种性格类型。在我们对文献的综述中，我们注意到一些研究中包含了对这些精神疾病的"测量"。总的结论就是目前还没有证据能够支持媒体的推测。不过，一些具体细节还是能够说明问题。

在考察外向程度和对特定网络服务的使用的研究中，汉堡和本阿茨（2000）使用了艾森克人格问卷中包含有 24 个项目的神经质量表。他们发现，对于整个样本来说，神经质程度与信息服务的使用是呈负相关的。与此发现不同，对于样本中的女性来说，神经质程度（即，"体验到焦虑、忧伤和情绪负担"，p. 444）与对网络中社会服务的使用之间仅存在着较弱的联系。这些研究者推测女性有着更高水平的自我意识，而这是帮助她们抵御压力的重要资源。面对这样的结果，汉堡和本阿茨（2000）提出："因特网环境提供了这样一个平台，在其中内向和神经质的女性在讨论以及为了消减情绪孤独感与别人聊天的时候能够有足够的安全感。"（p. 447）同样需要注意的是，虽然艾森克人格问卷也可以测查精神质水平，汉堡和本阿茨并没有在他们的研究中对这一因素进行评论。

在 2001 年，根据对一个由心理学学生组成的小样本的研究，塔滕(Tuten)和波斯查克(Bosnjak)总结道：似乎那些在神经质量表上得高分的个体对因特网的使用频率更低。斯维科特(Swickert)、希特尔(Hittner)、哈里斯(Harris)和赫林(Herring)(2002)有目的地开展了一项研究以检验塔滕和波斯查克(Bosnjak)(2001)的结论。该研究使用了更大更广的样本，样本由 206 名来自美国东南部的大学生网络用户组成。斯维科特(Swickert)等使用了 NEO 大五问卷来测查神经质水平，他们的结果与汉堡(Hamburger)和本阿茨所得到的结果相冲突。特别值得一提的是，斯维科特等发现，“相关和回归分析都表明，神经质程度与信息交换以 165
及休闲之间的关系都是边缘显著的负相关”(p. 447)。斯维科特等(2002)认为，“还需要进一步考察神经质与在线娱乐间的关系，以便弄清文献之间为什么存在不一致”(p. 448)。同样地，正如我们已经提出过的，研究结果间的不一致可能是由于不同研究对在线休闲的定义不同(Whitty & McLaughlin，在版)。

读者们或许还记得前面提到的佩里斯等人(2002)以及希尔斯和阿盖尔(2003)的研究同样使用了艾森克性格问卷，因而都可以既报告神经质也报告精神质。佩里斯等发现“尽管(并且与 Hamburger 和 Ben-Artzi 的结果相反，2000)研究显示女性聊天者有着稍高的情绪稳定性(低神经质)，但是被试在外向、神经质和精神质方面的基本分数并不与任何一个独特的人格模式相符合”(p. 49，第一个括号中的评论是我们插入的)。希尔斯和阿盖尔(2003)并没有发现网络使用与神经质或精神质间有任何显著相关。

同样，在没有严格审查研究设计和方法的有效性的情况下，大众传媒对网络空间用户的看法似乎确实与研究发现不一致。神经质和精神质似乎并不是那些参与到诸如聊天室、游戏、电子邮件、公告栏及类似主流活动中的网络用户的特点。

目前这种对探讨性格类型与网络之间关系的研究的综述都有着明显的局限性，并且在一些情况下不同研究的结果似乎是相互冲突的。同样地，当考虑性格类型的问题时，过去的研究很明确地警示我们应当避免将因特网看作是一个笼统的空间。虽然过去的研究还没有借助更加精细的精神动力学的方法来探索和理解性格，性格的精神动力学理论确实指出了在分析研究数据时需要考虑的重要问题。在本书其他地方曾经提到过，精神动力学研究已经发现了网络空间对性格具有改变效应，而一些探讨网络空间与性格类型间关系的研究也发现了这一效应。在把性格类型看作是对他人的习惯性反应模式的基础上，我们将在本章结束前简单地讨论一下卡尔·荣格(Carl Jung)在原型方面的研究，以及这些研究对于探讨网络关系的意义。

荣格的原型理论

卡尔·荣格是性格类型领域中的另外一位精神动力学理论先驱。他
166 的研究对于我们的文献综述非常重要。读者或许还记得荣格对无意识的看法与弗洛伊德有所不同。荣格认为无意识由他所说的“个人无意识”(personal unconscious)和“集体无意识”(collective unconscious)所组成。集体无意识是一些附着有情绪和象征的原始意象和思想，这些意象和思想通常会在幻想、梦境、神话以及我们在日常生活里的情绪反应中显现。这些精神知觉(psychic perception)的共同模式叫做原型(archetypes)。荣格(1969)认为原型是一些“与作为基本推理假设而无处不在的逻辑范畴非常类似的范畴”；并且它们与柏拉图(Plato)的理想形式(ideal forms)相似，唯一的区别在于原型是“想象的范畴”。原型是理解世界的典型模式(Jung，1916/1969)。一个原型“的内容只有在它进入意识并因此充满了意识体验的材料之后才可以被确定”(Jung，1938/1968，p. 79.)。这里所说的内容就是一种意象，原型仅仅是维持着意象的可能。原型本身和原型的内容之间的混淆在很多方面都是可以理解的，因为特定的原型通常是通过其象征表露或意象表露来指代的。例如，荣格讨论过“约拿(Jo-

nah)与鲸鱼”这样一个意象并且称它有“很多种变体，例如吃小孩的巫婆、狼、食人怪、龙，等等”(p. 419)。这些意象都是从心理上被吞没——一种被吞吃或吞咽的体验——这样一个主题的变体。因此，正如一位作家所指出的，“原型是一个抽象的主题（例如吞没）而原型的意象（鲸鱼、巫婆、食人怪、龙等）都是该主题具体化的变体”(Adams，1997，pp. 102 - 103)。

很多人发现荣格在原型方面的工作很难理解，因为精神的原型模式并不是通过常规的线性思维过程而揭示的，原型是一些主题和观点的印象主义集合，这些似乎以某种方式相互黏合在一起的主题和观点揭示的是一个具有特定的可定义特征的形象。荣格描述了一些有着拟人化内容的原型，例如，阿尼玛(Anima)、阿尼玛斯(Animus)、神孩(Divine Child)、母亲(mother)与大地母亲(Great Mother)、智慧老人(Wise Old Man)、魔 167
术师(Trickster)、克莱(Kore)或女仆(Maiden)。荣格指出，实际上有很多原型的内容都是拟人化的，但是他只对其中的几个例子进行了详细的描述。例如，他认为阿尼玛是男人梦境、幻想和思想中的一个女人或女性的意象。这个意象并不是一个真实的女人而是“理想”（并不一定是“好的”或“美丽的”）的集合。这些幻想所受到的影响包括：对女性（母亲、情人、妻子等）的体验；男人自身的双性特质(bi-sexual nature)，其中的女性特质是来自于诸如激素这样一些生物来源；以及男人长期以来对女性的集体体验。在这个意义上，与阿尼玛相对应的是阿尼玛斯，即女人梦境、幻想和思想中的一个男人或男性的意象。同样，这些意象是一些“理想”或幻想，其中包括著名男性、父亲式的人物、宗教人物和道德腐化的男性人物。男性和女性都把一个阿尼玛和阿尼玛斯作为其自身特质“集合”的一部分纳入到自己的精神中。显然，当涉及在网络空间中个体会被如何看待，以及个体希望自己被如何看待的时候，与精神中的阳性和阴性两个方面的投射有关的问题是非常重要的。

如果把网络空间看作是一个社会交互、社会交流和关系形成的地方，我们不仅有必要讨论哪些特定的角色类型可能会更加痴迷于网络，而且也有必要从荣格理论的视角使用原型术语来讨论人们相互回应的方式。

如果想要从荣格主义的角度来理解社会交互的话，那么探讨个人和集体无意识都是非常重要的。在观察人们是如何在网络中相互回应以及可能催生一段长久关系的彼此共鸣时，有关原型的考虑可能是非常有价值的。

奇尔德雷斯(Childress)(1999)曾写过一篇通过考察网络中的个体行为来探索原型的文章。在这篇题为《一种把网络空间看作是凯尔特仙界的原型式理解》(*Archetypal conceptualization of cyberspace as Celtic Otherworld*)的文章中，奇尔德雷斯提出“古代凯尔特人对仙界的理解与通过因特网创造出来的现代的、准维度的网络空间之间存在很多相似性”(p. 262)。奇尔德雷斯指出，凯尔特人并没有将自己神话和信仰用文字记录下来，而是依赖于口头流传。不过基督教僧侣确实记录了当地的传说，这些传说揭示了凯尔特人对“仙界”(或，sidhe)的理解。从这些传说中涌
168 现出了很多主题。一个最基本的主题就是，仙界是“处在正常的时间与空间以外的一个魔幻领域”(Childress，1999，p. 262)。下面这段对神话的讨论对于角色类型有着非常重要的意义，因此值得大篇幅地引用：

> 神话的基本模式总是一名英雄在打猎的时候发现一位美女或一只动物，然后开始追捕。英雄所追捕的猎物通常都是一位以人或者动物形态出现的精灵皇后。这个美女或动物引导着英雄前行。当英雄发现自己身处森林中的陌生地带的时候，他已经迷失了方向。不过，他依然跟踪着他所追捕的女人或动物，并很快被猎物领到了进入仙界或 sidhe 的入口。当他进入之后，他发现自己身处一个充满无限欢乐的美丽世界，这个世界也是所有智慧的源泉。在这个仙界里，当他置身于丰盛的宴会、豪饮、搏斗和性活动中时，他能感到无限的快乐。但是，没过多久英雄便开始渴望重新回到人类的世界中去拜访他的老朋友和爱人，并且他也最终获准离开仙界。当英雄回到正常的人类世界时，他发现虽然在仙界中只过去了一两年，但是在人类世界中数百年都已经过去了，他所有的朋友和爱人都早已离开了人世。

虽然凯尔特人的仙界被描述成一个欢乐而富饶的世界，然而这

> 个仙界以及神山上的居民们也有着黑暗的一面，sidhe 或仙界的居民也表现出了光明和黑暗两个方面。虽然他们被描述成美丽且不会衰老的神奇生命，但他们也被认为是恶毒且危险的。(Childress，1999，p. 262)

这段对凯尔特仙界的描述似乎与本章所提出的一些主题正好相互呼应。令人陶醉且充满诱惑的仙界会把人带入歧途使其不再关心"真实世界"中的关系，这一点与网络成瘾和网络依赖似乎非常相似。居住在仙界中的人常常忘记了时间的流逝，在这一点上也与很多人发现因特网是一个很容易让人忘记时间的地方相类似。神话中所描述的那种起初方向感的迷失也与因特网新用户们的体验非常相似。但是，一旦对软件和网络中的不同空间熟悉之后，对因特网体验就从方向感的迷失变成了"惊讶与赞叹"(Childress，1999，p. 263)。因特网的"魔幻"空间作为一个"美丽、智慧与富饶的领域"确实有着重要的作用，例如改善心理状态，但是对于某些群体的人来说，网络空间中也存在一些潜在危险。 169

凯尔特仙界是可以被我们用来帮助组织网络体验的众多原型之一。对于一些人来说，网络体验就好像凯尔特仙境中的体验。奇尔德雷斯(1999)对凯尔特仙界进行了言简意赅的描述："一个缥缈的声音和虚幻的灵魂的世界，一个没有衰老、残缺或疾病的美丽世界，一个能够满足唯美的愉悦感和肉欲的富饶的世界"(p. 264)。作为研究者，我们试图努力理解这个被称为网络空间的"仙界"。正是由于我们可能会觉得网络空间是"另一事物"(otherness)，我们就更应该停下来提醒自己还存在着这样一种可能，即我们基于"真实世界"的体验所建立的那些模型对于理解这个另外的地方也许并不适用，此外，我们有必要提醒自己注意这种"另一事物"可能引发的精神动力过程。本书已经指出，对象关系理论认为，我们对这种"另一事物"作出反应的一种方式就是分裂这种退行行为。虽然在因特网上的很多地方都有可能看到这种行为，我们仍需要注意这样的一种可能性，即在探索过程中，研究者们无意识中的内容一方面会投射到数据之上，另一方面会制约他们的观察和评论；并且无意识对科研过程的这些影响是以一种类似于分裂的方式产生的。对于那些本身就是研究者的读者来说，凯尔特仙界的故事或许会引导他们将研究集中到明确网络的黑暗一面而忽视其积极一面的动力学。对于其他人来说，这个故事可能会有相反的效果。我们在早先的讨论中就指出，原型是理解世界的典型模式，而所有的原型当通过某一体验来解读时都有着积极一面和黑暗一面。如果我们想要从集体无意识的“智慧”中受益，那么意识到这“另外的”一面就尤为重要了。

显然，在研究网络空间中的关系是如何形成时，有关性格类型和原型的问题都是非常重要的。重新审视前人在该领域中的研究，并从不同的理论角度来挖掘新的问题，是将研究进一步深化的必要前提。本书就从心理动力学的角度挖掘出了很多新问题；与此同时，还重新整理了过去对网络空间中的关系的理解。在下面一章中，我们将继续考察研究者将如
170 何对在线关系作进一步探索。我们也会探讨这项技术将可能发生什么样的变化以及它对于那些开始、维持和发展关系的人将会有什么样的新魅力。

第 9 章

未来展望

> 聪明的暴民是由那些即便互不相识也能统一行动的人们 171
> 所组成的。这些人通过以前无法实现的方式进行合作，因为他们带着拥有通信和计算功能的设备。他们的移动设备把他们与环境中的其他信息设备以及他人的电话连接了起来。极为便宜的微型处理器开始充斥于家具、建筑物以及社区之中：包括从盒盖到鞋子的各种产品中都被植入了看不见的相互通信的智能装置。当手持通信媒介把我们日常生活中那些有形的对象和空间与因特网相连接的时候，对于物理世界来说，这些媒介就变成了可穿戴的遥控设备。
>
> (Rhiengold,2002,p. xii)

从霍华德·瑞欧德写作《聪明的暴民》(*Smart mobs*)到现在，世界已经变化了很多，但是我们沟通、发展和维持关系的方式仍然朝着瑞欧德所预测的那个世界的方向在前进。网络空间不是一个转瞬即逝的事物，我们将会继续在这个空间中建立和发展关系。但是，这个空间已经逐渐地成为我们日常生活的一部分，我们以比从前更快的速度穿梭出入于这个空间。最后的这一章将展望我们可以如何继续发展网络空间进而游戏关系、爱情、浪漫和性。本章也将探讨研究者如何以符合伦理的方式来研究网络关系。

在线约会的未来：兴还是衰？

世界范围内不断增加的在线约会站点说明，在线约会正在成为那些寻找伴侣的个体们所推崇的选择。詹姆斯·霍然(James Houran)博士，172 TRUE.com(以及在线约会站点)的首席心理学家，对于在线约会的未来作出了下面的预测：

> 我感到这一产业(在线约会站点)将有着极为光明的前景，其原因有三。第一，定位于特定人群的站点的涌现和成功引起了有着特殊需要和利益的新消费者市场的兴趣。可以说，它们把新的人群带入了市场。第二，新的技术强化了“在线约会和配对的工具”，包括改进了的个人简介、聊天室、摄像头、与约会站点相连接的移动通信以及经过科学证明的匹配度测试。这些特性有助于克服过去所存在的那些对在线交流和关系发展的限制。它们使得这个过程更加有趣和个性化——实际上为传统的个人广告注入了活力。最后，我们可以说当前社会上存在着一种单身流行病。更长的寿命、高离婚率以及人们不断地推迟结婚的年龄这一事实意味着与过去几十年相比，社会上单身的人更多了。这些忙碌的单身汉缺少时间和机会在现实中约会，所以他们寻求一种高效经济的方法来找到合适配偶。因此，在线约会实际是解决这一问题的有效途径。

霍然的观点与布瑞姆(Brym)和伦顿(Lenton)(2003)所进行的研究结果也非常一致。这两位研究者考察了在线约会在加拿大的兴起，并发现了推动在线约会发展的四个主要社会因素：

- 人口中单身族的不断增加(特别是因为人们推迟了结婚的年龄)；
- 考虑到职业和时间压力的不断增加，人们开始寻找效率更高的途径与他人相识并建立亲密关系；
- 由于职业市场的需求，单身族变得更加机动，因此他们与他人约会变得非常困难；
- 由于对性骚扰越来越敏感，办公室恋情逐渐减少。

显然，社会上肯定存在着对诸如在线约会站点这类网络服务的需求。霍然提出的另一有趣的观点是，在线约会比标准的个人广告更加有趣和173 生动。例如，在线约会站点开发了一些有意思的工具来帮助在线约会者进行有效的网络调情(例如,通过站点向对方发送虚拟吻或红心,而不是通过索然无味的文本来表达对对方的兴趣)。这一点呼应了本书所发展的理论,即网络空间是一个建立和发展关系的充满乐趣的空间。增加网络空间的趣味性可能会部分消除被他人拒绝之后所感到的伤害和苦恼。当然和其他任何形式的游戏一样,参加在线约会站点,人们也需要学习其中的规则并在规则的范围内游戏。此外,和任何游戏一样,人们会彼此竞争,力图成为最佳游戏者(这一点在第7章中所引用的那些访谈中非常明显)。

有意思的是,一些在线约会站点开始尝试重新推广匿名性——他们通过提供一种特殊的电话服务来达到这个目的。在这种服务中用户可以在不暴露自己的"真实"号码的情况下接听到打给自己的电话。因此,如果对方听上去令人厌恶,那么用户就可以直接把对方的号码删除从而也就不会再接到这个人的电话了。正如在第7章中所指出的,许多在线约会者都非常迫切地希望能与对方在认识大约一周后见面。这意味着与网络中的其他空间不同,人们不会利用维持匿名性来慢慢地在网上了解对方。在第7章中,我们指出,在线约会者之所以没有兴趣在聊天室或电子邮件上花费过多时间是因为他们都是些有经验的"购物者",他们知道在线约会者在展示自我时会采取各种各样的策略。通过引入匿名电话,在线约会者或许将重新利用保持一定匿名性为自己服务。同时,通过电话线来了解一个更加"真实的"未经过滤的对方,将使得在线约会者对自己的选择更有信心。我们尚不知道这一新的工具能否取得成功。但是,根据一些探讨策略性自我展示的文献,当涉及使用匿名电话时,在线约会者可能需要同时考虑利与弊。首先,正如刚才所说的,它使得人们可以更多地了解"真实"的对方,但是它又使得人们无法像自己所希望的那样在自我展示时采取一定策略。

比较有趣的是,在线约会站点正在开发一些更加有效的伴侣配对工具。在线约会站点通常都有一个有些类似于 google 的搜索工具,在其中人们可以输入他们所寻求的人的特点。这个程序会把最合适的两个人进

行配对。这种配对不仅仅只是基于第7章中所描述的那些特点(例如,社
174 会经济地位、孩子的数量、吸引力),同时还基于人格特点。这些程序的目的就是协助在线约会者找到最适合的伴侣。因此在线约会不仅仅只是有趣,而且正逐渐变得非常科学。诸如 eharmony.com 这样一些网站称自己拥有当前最好的配对工具。这不仅仅被经营这些公司的人所关心,也被那些开始质疑这类匹配服务逻辑的学者们所关注。例如,霍然、兰格(Lange)、伦特弗洛(Rentfrow)和布鲁克纳(Bruckner)(2004)对这些计算机程序提出了批评,并且提出匹配需要考虑的不一定只有相似性,有些时候(正如过去的研究中所说明的)互补性也是一个非常重要的考虑。这些理论家认为应对配对系统进行正确的评估。他们说:

> 显然临床病人是不会服用没有通过 FDA 验证的药物(除非他们因绝望而孤注一掷);同样地,寻找关系的人们也不应该过分心甘情愿地相信在线心理测试以及尚未被证明符合专业测试标准的配对系统。(pp. 15 - 16)

那么这一切是不是就意味着在线约会将永远不会过时吗?个人广告从来就没有消失过,所以我们也可以大胆地提出一个有把握的猜测,即在线约会在不久的将来仍会继续存在。但是,与个人广告不同,它们无疑将会不断得以改善,成为更好的作媒工具。

为了爱情而蓝牙与博客

在网络空间中有多种其他约会方式,并且它们并不局限于因特网。蓝牙技术作为一种寻找潜在配偶的新型工具已经开始得到广泛使用。例如,一家名为千里传情(Proxidating)的公司允许人们在可以创建个人简介的手机上安装一种软件。通过蓝牙技术,当一个单身汉进入大约15米以内的范围时,手机就会通知他/她这一区域内的另外一个单身汉,并且还能够接收到关于这个潜在约会对象的图片和文本。正如这家公司在网

站上所描述的："想象一下吧，你正在过街，当你的梦中情人在你面前经过时，你的电话开始嗡嗡作响并且对方的脸就出现在你的手机屏幕上了"(Proxidating,2005)。真的想象一下！本书曾经提出，不应将网络空间看 175
作一个笼统的空间。而且，我们需要考虑网络世界与现实世界在何处交汇。蓝牙技术就是这两个世界交汇之处。说到约会，手机的优势在于它可以让人们立刻知道彼此之间是否存在"化学反应"。但是，使用手机的不利之处在于，约会者无法在自我展示时采取自己喜欢的策略。可以想象这样一个情景：一个人距离自己的梦中情人仅15米之遥的那一天恰好就是他/她发型最糟糕的那天。

博客们又能怎样利用他们的站点吸引约会对象呢？网络日志或者通常所说的博客本质上就是，"频繁更新的网页，上面的文章是按逆时间顺序排列的"(Herring, Scheidt, Bonus & Wright, 2004)。施密特(Schmidt)(2005)对这一定义进行了扩展，称"大部分网络日志允许他人对自己的帖子进行评论，并包含一些高级的链接机制(例如回溯)，因此促进了'分布式对话'的网络(即博客圈—Blogosphere)的发展"。施密特指出存在着很多种类型的博客，包括个人日记、作为专家交流媒介的博客，以及作为公司沟通的一种渠道的博客(例如，准新闻报道)。博客作者是那些创建自己站点的个人。如果他们的博客中包含有个人内容，那么在尝试寻找伴侣的时候，他们或许会发现这是一件非常不容易平衡的事情。与只提供个人快照的在线约会个人简介不同，博客提供了个人生活的全面总结。本书第7章概述了社会渗透理论并且指出，在在线约会站点上，个人可以看到有关某人的信息，这些信息通常比第一次传统约会后所得到的信息还要详尽。如果一个人是在与一个写博客(可供全世界的人看到)的人约会的话，这种情况就更有可能发生了。一个名为本·凯普(Ben Kepple)的博客作者谈到了他所处的两难境地：一方面要约会，另一方面又要更新博客内容。他假想了在第二次约会之后，他如果告诉对方自己将在博客上描述这次约会的情况时可能发生的情景。

我：你知道，我今天真的过得很开心。我什么时候还可以给你打电话吗？

狐狸女孩：当然啦。

我：太棒了。对了，你介意我把它写在博客上吗？

狐狸女孩：什么！

我：你知道的，把我们的约会情况写在博客上。就在我的网站上！

176 狐狸女孩：你从来没有告诉过我你有一个网站。

我：嗯，我是想告诉你的，而且……

狐狸女孩：简直是不可思议！我怎么就这么愚蠢以至于认为你是一个正常人。

我：不，不，我不会写那些细节的，我只是想……

狐狸女孩：你让我恶心！

我：你看，这并不是你所想象的那样。我会禁止评论部分，而且……

狐狸女孩：评论部分？更厉害了，这么说你还准备弄一个评审委员会来评定我们的约会？

我：那不是一个评审委员会！

狐狸女孩：我想我快晕倒了。

我：什么！嗯，来，让……

狐狸女孩：你，为什么！……

（一个耳光）

我：哎哟！你看！我其实不必这么做，我只是想先得到你的允许而已！

狐狸女孩：我敢肯定你已经把我们的第一次约会放到博客上了！我真不能相信我居然同意再次和你出来约会。

我：嗯，没有人是完美的，对吧？（眨眼睛）

（一个耳光）

就像棒棒糖店里的小孩

在本书中我们一直强调，我们在网络空间中如何开展游戏，以及我们所参与的在线游戏的规则,都取决于我们所关注的究竟是哪一个具体的网络空间。正如本章所说明的,通过在线约会网站、博客或者蓝牙技术来寻找一个伴侣所带来的可能是完全不同的体验。这些空间所能提供给人们展示自己的机会以及人们在其中了解彼此的过程各不相同。当然,我们也不能忘记在 MUD、MOO、新闻网、聊天室、公告版等空间中与他人相见这样一些“过时了的”方式——同样地,在用户如何与他人相遇和沟 177
通方面,所有这些地方之间都有着细微的差别。虽然现在这么说还为时尚早,但我们可以预测这样一种情况并不会发生,即某种与他人相遇的方式的受欢迎度超过所有其他方式;更有可能发生的是,不同的方式会适合不同的人群,并且不同年龄、性别和性格的人所适合的方式也不相同。

写作疗法

詹姆斯·佩尼巴克(James Pennebaker)(1997)强调说,自我暴露不仅有利于一个人的情绪健康,而且还会进而促进身体健康。佩尼巴克(1997)特别强调了描述个人情绪体验的重要性。弗洛伊德因其“谈话疗法”(talking cure)而广为人知。在谈话疗法中,病人会把自己早期的性心理冲突(正是这些冲突导致了其症状的产生)转移到精神分析师与病人间的关系上。但是,佩尼巴克认为实际上没有必要把自己的问题告诉别人,他相信把问题写下来和把问题告诉别人的效果是一样的。在他的研究中,他找到了支持自己观点的实证证据,即写下一个人关于创伤事件最深层的想法和感受会改善心境、带来更加积极的态度,进而促进身体健康。

佩尼巴克并不局限于研究线下的写作。1997 年戴安娜(Diana)王妃死后,他和同事对 AOL 的一间聊天室进行了 28 天以上的观察(参见 Stone & Pennebaker,2002)。他们发现在第一周出现了大量关于戴安娜王妃之死的写作,但一周以后数量就大大地降低了。他们还发现,在第一周内的写作中积极情绪词的数量较少,但随着时间推移积极情绪词的数量增加了。他们相信,这项研究的发现支持一种关于集体应对(collective coping)的模型:首先是一个危机阶段,在这一阶段中人人都在不停地讨论某个问题;然后就进入了一个抑制阶段,这时人们会继续思考这个问题,但是讨论却被阻止了。斯通和佩尼巴克(2002)称聊天室可以提供一个 24 小时的世界,在其中人们可以讨论自己遇到的问题。他们认为人们能够从网络匿名中获益,而且可以到多个聊天室中寻求释放。

当斯通和佩尼巴克(2002)发表他们的文章的时候,网络日志还不是很流行,但是它们依然值得被当作一种自白式的治疗工具来考虑。那些把博客作为日记来使用的人可以在写作中表达自己每天的情绪。这对于一些人来说或许可以缓解负性情绪,这也是这些人坚持写网络日志的一个动
178 机。例如,希勒(Hiler)(2002)称:“我写博客是因为我一直就喜欢写作,因为它能够释放情绪。”有趣的是,移动电话巨头诺基亚(Nokia)很快将推出名为“生活博客”(见 www.nokia.com/lifeblog)的一个可安装在诺基亚手机上的便宜的软件(推出价为 30 欧元),这个软件允许用户创建一个多媒体日志,之后可以转移到计算机上,而且日志创建的时间顺序不会改变。此外,它还支持用户创建在线博客。生活博客主要是作为一种与朋友和家人分享的个人多媒体日记,它没有传统“媒体型”博客可以接受评论的特点。

虽然博客可能会有一些潜在的治疗效果,人们仍然需要认识到佩尼巴克(1997)指出的最优写作条件。佩尼巴克强调了一个人可以从匿名性以及为自我而写作中获益的重要性。他认为,如果一个人写作的时候心中想着的是读者(例如,一个人的配偶)的话,这就会影响人们对事件的理解和情绪表达的方式。因此,虽然博客在表面上似乎是一种治疗工具,但是它的效果可能并不如聊天室,因为在聊天室中一个人更有可能保持匿名性。

在线心理治疗

我们在本书中一直在讨论网络空间的治疗价值。因此,一些人已经

开始在这个空间中寻找开展治疗的方法就不足为奇了。在将来，我们或许会找到利用这个空间开展心理治疗的更好方法。不过，我们需要认识到在线心理治疗的优势和局限。我们或许会质疑网上的咨访关系是否与现实中的咨访关系相类似。

在 19 世纪 60 年代，韦森巴姆(Weisenbaum)开发了一个名为 ELIZA 的交互程序。在这个程序中，个人可以输入普通的语句与计算机交互，而不需要了解任何计算机语言。韦森巴姆用话剧《皮格马力翁》(*Pygmalion*)和音乐剧《窈窕淑女》(*My Fair Lady*)中的角色伊莉莎·杜丽特尔(Eliza Doolittle)将这个程序命名为伊莉莎(ELIZA)。这个程序被设计得就像是用户可以与计算机展开真正的对话，然而实际上并不是这样。通过编程，一些单词和词组能够触发一些似乎合理的回答。这 179
个程序与真人咨询师非常相似——它似乎使用的是罗杰斯式的精神分析，在其中咨询师仅仅是根据病人的叙述来提出问题。现在已经有了很多版本的伊莉莎，其中一些版本比其他的更加复杂。

约翰·苏勒(1996b)在他的网络著作中报告了自己如何要求学生与伊莉莎进行交互。他让学生以两种方式来使用这个程序：第一，把它作为一种获取帮助的严肃的技术来对待，与它真诚地讨论一个问题；第二，对这个程序耍花招从而来更好地了解这个程序是如何工作的。大多数学生报告说，这个程序对于他们的问题毫无帮助。但有意思的是，许多人确实报告说，该程序使他们产生了一些有关心理治疗的观点和感受。因此，约翰·苏勒认为，不能期望伊莉莎表现得像一个真正的心理咨询师，伊莉莎作为一名心理治疗师有着重大的缺陷，但这些缺陷实际是非常有用的工具，它使学生认识到一名好的咨询师应该是怎样的。

虽然伊莉莎有很多重大的缺陷，它并没有阻止人们寻找一些途径，利用网络空间来开展心理治疗。苏勒(2004b)详尽地列出了关于在线和计算机中介的心理治疗优缺点。同样重要的，他还指出这些优缺点在不同网络空间的具体形式并不相同(可以参见 Suler，2004b 就不同空间的一些利与弊的所做的概述)。

总的来说，苏勒的研究表明，网络在某些方面提供了一个颇具吸引力的开展心理治疗的空间。当你考虑到弗洛伊德开展心理治疗时通常会要求病人躺在沙发上，并且避免与他们发生目光接触时，苏勒的结论就不足为奇了。看不见治疗师可以使来访者进入一个他们感到舒适和安全的空间。这样的安排在理论上也可以防止来访者受到治疗师的面部反应的干扰和抑制。可以说，网络空间为来访者提供了一个更加安全的空间。但是，与苏勒的观点一致，我们也承认使用这个空间来进行心理治疗存在着局限，并且还面临着一些相关的伦理问题。约翰·苏勒(2002)还讨论了自己对网络心理治疗的未来的看法。他说，自己期待着人们"专长于"不同形式的在线心理治疗。"化身治疗"就是这些治疗形式中的一种。

化身治疗

凯特·安东尼(Kate Anthony)是另外一名相信随着技术的发展，网
180 络空间很有可能会成为受到咨访双方欢迎的空间的咨询师。安东尼和劳森(Lawson)(2002)认为，"来访者发现匿名、安全、舒适以及方便快捷的咨询服务赋予了自己一定的权力因而要比传统治疗(通常是面对面的)更好"。安东尼(Anthony)是化身治疗的坚定支持者。化身是"人类出现在计算机生成的世界中的可视化表征"(Anthony & Lawson，2002)。格罗斯(Gross)和安东尼(2002)指出化身治疗有两种可能的用途，它们分别是：

> 一种可能的用途是配合当前在没有治疗师帮助下通过计算机提供认知行为治疗方面的尝试……第二种可能是用于团体治疗，这一用途很少依赖于创造出非常真实的化身(p. 14)。

虽然我们也承认化身疗法的这些优势，但是在发展这种形式的治疗时我们也需要考虑其缺点。例如前文所提到过的，进行这种形式的治疗是否符合伦理是需要考虑的。此外，还存在着与过分"沉溺"于网络角色有关的一些问题，这些问题可能导致在线治疗效果不能转移到现实中。

网络中的性活动的未来

> 信息通讯技术，特别是个人电脑正在成为一些人所渴望的性对象，它们使消费者成了“计算机恋物癖者”，这些人既是自己的性偏好、性幻想和浸入式交互的创造者也是其中的参与者。（Barber，2004，p. 142）

在本书中，我们尚没有详细地考察人们如何在网上进行具有创造性的性游戏。假定网络空间确实是为人们提供了发挥创造性和享受更多自由的机会，那么这一问题显然是值得进一步思考的。当涉及网络空间中的性活动时，网络性行为、色情聊天和网络调情就仅仅只是冰山一角了。181
未来主义者已经构想出了很多个人利用网络空间来获取性快感的新方式。例如，虽然远程性玩具（teledildonics）仍然处在初期发展阶段，但是随着技术的进步，这种形式的网络性行为将有可能变得更加流行。远程性玩具本质上就是一种允许人们与千里之外的伙伴展开互动性行为的虚拟现实程序——它通过把人们放入可以刺激五官的覆盖全身的特殊服装中来达到这一目的。

艺术家、社会学家特鲁迪·巴伯（Trudy Barber）曾经提出了未来网络空间将被如何用于满足性需要的一些建议。在读博期间，她考察了R大师的工作——R大师既是同性恋、施虐受虐狂，也是位媒体IT专家。他把移动电话、个人电脑及因特网技术与内置式振荡器以及其他形式的电刺激（例如，电刺激乳头和其他性欲发生区）组合了起来。巴伯（2004）把R大师的工作描述为“过渡性恋物癖，在其中他把浸入式和身体侵入式技术组合会聚在一起”。她写道，他的“性活动是人体体验和机器体验之间的相互过渡”（p. 147）。在此应用维尼卡特的对象关系理论，振荡器和其他同类装置就如同毛毯或泰迪熊一样可以被认为是过渡对象。把这些对象与网络空间——一个位于现实与幻想之间的空间——相连接，能够使性行为变得更加有趣，并因此可能会具有改变性。在现实中可能会遭到禁止或让人尴尬的活动在网络空间或许会被更多地接受。在对R大师工作的反思中，巴伯(2004)提出：

> 认识到这样一点是非常重要的：随着通讯和计算机技术的聚合，它们走到了一起并创造出新的对象和欲望主体，在其中消费者成为了创造者，“现实”与“虚拟”的边界变得模糊，并且观众和参与者合为了一体。(p.148)

巴伯(2004)还颇具想象力地提出了在将来通过把技术与网络空间组合来获取性快感的可能性。她相信不仅整个身体都浸入在虚拟现实中，而且包括嗅觉在内的其他感官也可以被操作。例如，她想象了一个充满人造妓女的世界——全交互、真人大小的、正常体温性玩偶，用于长途通
182 信的个人化的插入式配件，具有虚构人格的振荡器，与一种让人们可以被看到的东西唤起性欲的软件相连接的眼镜，以及自我淫荡音乐。虽然巴伯提出的设想尚待实现，但是在本书写作的同时，已经有一些设计师在从事这方面的工作。

巴热克和费希尔(2002)在对未来技术进行展望时说道，“不管好坏，因特网性活动的未来发展将会对个人、关系和社会产生影响。临床医生对这些影响必须有所预期，并且要具备一定洞察力和技能来管理这些可能出现的影响。”(p.268)因此，在未来甚至可能会出现这样的情况，即性治疗师能够利用网络空间来帮助那些受性障碍所困扰的人。

未来在线研究的伦理考虑

当然，除了考虑在将来个人如何在网上发展关系和探索性欲之外，作为研究者，我们也应该对如何最好地利用这些技术来研究在线关系和性问题感兴趣。正如本书所说明的，对在线关系和性问题的研究正在逐渐增加。尽管如此，很少有学术文献探讨过应该如何在符合伦理道德要求的前提下以最佳方式来研究在线关系。假定在线关系的发展和维持以及网络

性活动的参与可以被看作是非常个人和隐秘的行为的话，那么在研究这一领域的时候就可能会存在着一些特殊的伦理考虑(Whitty,2004c)。

使用因特网来研究在线关系和性相关问题的一种常见形式就是分析人们在网上生成的文本。这些文本可以在很多地方生成，包括电子邮件、即时通信、聊天室、MUDs 和新闻组。研究者搜集数据的一个方式就是“潜伏”在网络空间中的不同子空间。

潜伏

潜伏者可以是一个聊天室的参与者，也可以是一个讨论组、邮件清单或邮件组的订户，他只是被动地进行观察。潜伏者通常不会主动参与到这些论坛的讨论中。出于搜集数据的目的，一些社会学家扮演了潜伏者 183
的角色。在线关系(包括友谊和浪漫关系)的发展以及参与在线性活动，例如网络性行为，都很可能被这些活动的参与者视作是自己一种隐私行为。考虑到这些交互的性质，社会研究者需要认真地思考他们是否有权利在网上潜伏以更多地了解这些活动——尽管获得这些知识会带来很多好处。

梅塔(Mehta)和普拉扎(Plaza)(1997)考察了公共新闻组中的色情传媒的情况。他们的预期是，那些匿名的且没有商业目的用户比其商业发行者更有可能上传色情材料(后者对上传此类材料的法律后果有着更清晰的意识，并且他们也更容易被追踪到)。在对从 17 个由他们提名的新闻组中随机挑选出来的 150 张色情图片进行内容分析后，梅塔和普拉扎发现自己的假设并没有得到支持。实际上，商业用户更有可能在对公众开放的新闻组中上传色情材料。他们认为商业用户之所以愿意冒风险，例如发表极度色情的材料和非法材料(例如上传儿童的裸体照)，可能是为了吸引新客户访问他们自己拥有的按次计费的公告栏。

在一个后续研究中，梅塔(2001)访问了 32 家用户网(Usenet)新闻组，并随机挑选了 9800 张色情图片。这些图片分别来自商业的、匿名的和非匿名的用户，并且这些都是用户自己、用户的性伙伴和其他人的图片。根据图片是否是商业图片、某一特定图片的罕见程度、图片中参与到性交互中的人的数量、插入方式、口交、手淫、射精；同性恋性爱、奴役和惩罚以及图片中是否涉及儿童或青少年，研究者对图片进行了评定。梅塔(2001)发现，自从上一次研究之后，上传到这些新闻组中材料类型发生了重大变化，其中涉及儿童和青少年图片的比例更大了。

虽然这两个研究都为心理学家、社会学家和犯罪学家提供了重要信息，它们也引出了开展网络研究应考虑的一些重要的伦理和法律问题。虽然这个问题并没有被讨论，人们还是想知道这些研究者是否获得了使
184 用他们所在机构的服务器去浏览含有非法内容的网站的许可，并且如果他们没有获得许可，又会有什么样的法律后果。作为社会研究者，我们需要考虑的另外一个不是很明显的问题是：这些公共的用户网新闻组和那些贩卖色情视频、黄色杂志和漫画（正如这些研究者所提到的）的媒体是同一类事物吗？如果不是，那么我们还能不能把衡量线下内容的伦理标准应用于这种媒体呢？费里(Ferri)(1999，引自 Mann & Stewart，2000)曾经说，“隐秘的交互确实会在公共场所中进行。”(p. 46)沙夫(Sharf)(1999)支持这一观点，他称，“尽管关于被公开曝光的可能性的警告得到了广泛的宣传，依然存在着这样一种矛盾情况：用电子邮件与他人通信给人的感觉就像是一种隐私行为或者在网络群体的情况下是一种准隐私行为。”(p. 246)曼(Mann)和斯图尔特(Stewart)(2000)提出，在颓废吧(男人间发生性行为的公共空间)中参与性活动的男性的行为就是发生在公共空间中的隐私行为。确实，为了研究目的对这些颓废吧进行观察可能会在道德上遭到质疑。正如我们在本书其他部分所说过的，在网上公共空间和私密空间之间的界限是比较模糊的。这并不是一个清晰的问题，而且在探讨这个问题时，社会学家试图提供一个适用于整个因特网的答案，可能会适得其反。相反，我们需要承认在线上有着不同的空间。例如，聊天室被认为是比电子邮件更为公开的一个地方。话又说回来，在这

里我们认为在公共新闻组中潜伏在伦理上是应该受到质疑的。我们作为研究者必须讨论潜伏究竟是怎样一种侵入式的研究方法。正如费里(1999,引自 Mann & Stewart,2000)提出的“谁是电子通讯的真正的受众,其中有作为研究者的你吗?”(p. 46)

如果我们对网上的私密空间和公共空间进行区分,那么得出的界限可能不会太明显。正如费里以前所提出的,私密的交互能够并确实在公共空间中发生。正如我们在本书其他部分所说的,我们相信网络空间可以被个人视为一个私密空间——这对于人们沟通的方式会产生一定的影响。例如,我们知道人们在网上的一些地方要比在现实中面对面交流时更有可能自我暴露。因此,即使我们确认一些在线空间是公共空间,它们所提供的匿名性也会造成一种私密空间的错觉。我们利用人们的这种错误的私密感和安全感来为研究服务,是否符合伦理道德呢?是否有理由来说明在被研究者不知情或是没有得到被研究者同意的情况 185
下,潜伏在这些站点并下载材料是符合伦理的呢?这些疑问尤其是针对那些与关系发展以及性相关的研究问题,因为这些问题通常被认为是涉及个人隐私的。这里我们提出,符合伦理道德的正确做法是,在研究前充分考虑到网络空间心理学以及因特网会导致的错误的安全感。如果研究者把在线媒体和那些貌似是线下等价物的东西(例如杂志和视频)等同起来的话,就过于天真了。在上面所提到的案例中,商业性材料或许更类似于线下的等价物,例如那些可以购买到的色情杂志和视频。

欺骗

在最近的一次会议上,一名研究生报告了一项考察在线约会关系的研究。为了达到研究目的,她把自己的简介放到了一家在线约会网站上——有时会附照片而有时不附照片,不同的简介所体现出的特点和人格都不相同。她感兴趣的是哪些简介会得到最多的关注。她通过电子邮件与一些和自己联系的男性相互通信,但是她并没有告诉任何参与者她这样做是出于研究目的，并且她并没有任何兴趣要去找一个约会对象。听完她的大会报告之后，绝大部分的听众都惊呆了，并且都很明确地指出根本就不应该开展这样的研究。

在惠蒂的在线约会研究中，有一名被采访者自称是一位记者，他说自己已经结婚但是需要使用在线约会网站来为自己正在写作的一篇文章收集材料。他在站点上谎称自己是单身。并且，与上面的例子不同，出于某些原因他还需要与在网上认识的人在现实中见面，有时甚至极端到要与他的约会对象睡觉。虽然不是很清楚这样做是否能帮助他写出一篇"好的"故事，但是很明显，这是一种非常具有欺骗性且在我们看来非常不道德的研究方法。

虽然还不是很清楚以潜伏者的身份在网上搜集数据在多大程度上是符合伦理道德的，但是在网上通过欺骗他人的方法来开展社会研究，特别是当涉及在线关系及性的时候，这些研究显然是违背伦理道德的。澳大利亚国家健康与医学研究委员会（Australian National Health and Medical Research Council）为澳大利亚的研究设定了如下伦理准则：

> 作为一个普遍准则，欺骗可识别参与者、向可识别参与者隐瞒研究目的以及暗中观察可识别参与者都应该被认为是不符合伦理的，因为没能够得到参与者们自由且完全知情的同意，这类研究与尊重他人的原则是相违背的。

186

不过，他们确实称在一些特殊的情况下当没有其他可替代方法来开展研究的时候，欺骗也是不可避免的。但是在这些特殊研究中，如果参与者最开始并没有同意参与研究，他/她应该有权利收回从自己身上获得的数据。而且，这个委员会要求，"这样的活动不能损害研究者以及整个科研界与社区间的关系。"（NHMRC，1999）

实际问题

在下面一节中我们将提供一些有关如何最好地开展网络关系和性研

究的建议，并且这些建议在很多方面也可以适用于其他形式的在线研究。这一节将考察知情同意、撤回同意、保密性和心理保护。

知情同意

考虑到开展在线研究的研究者所面临的道德困境，在很多情况下最好的选择就是建立一个能够让参与者提供知情同意的合理系统。知情同意要求研究者从一开始就告知参与者研究的目的以及他们将如何使用数据。在线下研究中，人们通常会签署一份知情同意书；但是这在网上并不总能实现。冈特(Gaunt)的研究(2002)为解决这一问题提出一个办法。冈特对在网络聊天室中建立的关系的类型很感兴趣。他招募参与者的方法是进入这些聊天室然后询问人们是否有兴趣就自己的在线友谊接受采访。如果参与者对被采访有兴趣并且他们的年龄在 16 岁以上，冈特就把参与者引至一个特定的网站，上面提供了有关这个研究项目的信息。这个网站会告诉参与者这个研究的目的、具体研究步骤、所涉及的伦理问题以及研究者、他的导师和所在大学的人类伦理委员会(Human Ethics 187
Committee)的联系方式。

> 参与者被告知，如果他们选择返回研究者所在的私人聊天室的话，研究者就会认为他们已经表示同意参加到研究中。然后，访谈就开始了。(Gaunt，2002)

在一些情况下，网上空间是有人管理的。在这样的情况下，一种可能比较恰当的做法是在联系参与者之前先与管理员联系。这非常类似于在关注组织中的某一特定个体之前先与其所在组织取得联系。维索茨基(Wysocki，1998)对于考察下面的几个问题很感兴趣："人们如何以及为什么要参与到那些与性相关的计算机公告栏，以及在线性行为究竟是面对面关系的一种替代物还是一种增进面对面关系的方式"(p. 426)。她通过分析来自于一个名为"愉悦窝"(Pleasure Pit)的公告栏上的用户们对爱情和性的社会构筑对此进行研究。维索茨基对于自己研究者的身份一开始就直言不讳，而且没有采用隐蔽的方法。她一开始先与系统管理员联系，告诉他们自己是一名社会学家，对希望通过“愉悦窝”来收集数据。这些管理员对她的研究非常热情，并且邀请她与他们见面并且告诉她公告栏服务是怎样运作的。为了招募参与者，公告栏上出现了一个通告，称：

> 在愉悦窝的办公室中有一名女性想对任何一名在线的用户进行采访……她正在研究电子公告栏上的关系并且对于当你坐在键盘前你的抑制机制会发生什么样的变化（我们知道会发生什么）很感兴趣。请注意关注更多有关她的活动的信息。我可能会给你打电话让你接受她的语音采访。如果你自愿参加的话，我将首先给你电话（不要让你的配偶知道此事）。请务必让我知道你是否愿意接听电话。（Wysocki，1998，p. 430）

这个通知发布之后，维索茨基把自己的问卷放到了“愉悦窝”上，这个问卷包含有被迫式选题和开放式问题。为了保证机密性，当维索茨基收集到
188 参与者的回答时，她把参与者的姓名从问卷上分离开，并给每一份问卷进行编号。此外，维索茨基（Wysocki）在线上对一些参与者进行了采访。也有一些参与者在看到她的通知后主动与她联系，这种情况下，她就通过聊天模式对他们进行了实时的访谈。

虽然维索茨基的方式仍然有值得改进的地方，但是它确实要比在没有得到参与者的同意的情况下直接下载文本更好。不过，维索茨基开展研究的具体步骤应该作进一步的改进。在她的第一个通知中，应该告知参与者有关这个研究项目的更多细节，这样才能真正做到知情同意。研究的目的以及数据将被如何使用也应该包含在内。在最初的通知中，应该明确参与者的回答是否是机密的。而且，也应该在研究的一开始就说明维索茨基的联系方式和她开展研究所在的机构，从而保证当参与者对她的研究有问题的时候方便与她联系。另外，还应该在一开始就告知参与者他们的回答将会得到匿名处理，并且他们的身份也不会在结果的发表中暴露出来。如同其他很多考察性和关系的研究，这种类型的研究可能会对参与者造成伤害——即使是研究者本身是没有任何恶意的。保护

机制需要到位，以确保当访谈或问卷由于某些原因对参与者造成心理伤害的时候，参与者可以向专家寻求帮助。这个研究所引发的另一个问题是：研究者是否应该把他们招募参与者的聊天室、公告栏和新闻组的名字公布出来？

虽然上述研究和建议在处理知情同意问题上是比较得体的，我们也应该注意到一些欧洲国家仍然要求书面同意（Mann & Stewart，2000）。曼（Mann）和斯图尔特（Stewart）提出如果要求书面同意的话，那么参与者可以从网上下载一张表格，在线下签名，然后通过传真或者普通邮件的方式返回给研究者。另外一种选择是重新考虑书面同意是否必要，或者通过电子（邮件）的方式来处理同意书的问题。

撤回同意

我们还需要考虑撤回同意。尤其是在对关系和性的研究中，存在着这样一种危险，即网络访谈或调查给参与者造成太多压力，使得他们无法 189 继续。正如线下研究一样，我们需要考虑到什么时候参与者仍然可以撤回同意。例如，当结果已经发表之后再撤回同意显然就太晚了；因此称参与者在任何时候都可以撤回同意显然是有点太天真。例如，撤回同意的最后时刻可以是提交问卷之后，或者在结束访谈的时候。访谈者可以确认参与者是否乐意让研究者把他们所说的内容包括在研究中。作为社会学家，我们也应当意识到，由于网上缺乏社会线索，因此确认参与者是否愿意参与研究是很困难的。因此，我们应该谨慎行事并且在访谈的不同阶段尽可能地确认参与者愿意继续参与研究。

在涉及撤回同意时，因特网研究有着它所面对的一些特殊问题。例如，计算机在采访或调查中途有可能会突然死机。应该确保存在一些机制能够允许参与者在他们愿意的情况下重新参加到研究中来。而且，当无法确认访谈终止的原因时，不应该假设参与者并没有撤回同意。此外，在诸如计算机或者服务器死机这样的情况下，我们需要有一个能够向参与者解释情况的系统，特别是如果研究中询问的都是些个人问题。诺赛克(Nosek)、巴纳吉(Banaji)和格林沃尔德(Greenwald)(2002)的最近的研究说明解释情况可以通过在实验开始前向参与者提供电子邮箱来实现。他们还建议提供一个“终止实验”的按钮，并且这个按钮在每一个页面上都出现，这个按钮使得参与者能够在较早时候就退出实验并把他们引到一个解释情况的页面(p.163)。此外，他们称他们给参与者提供一份单子，上面对参与者经常问到的问题进行了解答，因为他们认为网上提供给参与者询问面对面访谈中经常问到的那些问题的机会比较少。

保密性

我们处理保密性问题的方法有很多种。正如同许多线下研究一样，我们可能会选择使用假名来代表参与者或者让参与者提供他们自己喜欢的假名。但是，因特网的独特之处在于：通常待在网上的人使用的都是一个网名而不是真名。假定它们不是真名，我们可以使用网名吗？虽然它们并不是人们的线下身份，如果我们公布网名的话，这些参与者依然有可能被别人通过网名认出来——即使只有其他网民能够识别。

心理防卫

190 正如本章前面所提到的，研究关系和性这样的问题有可能会给某些参与者造成心理伤害。在网上处理心理伤害和与其他国家的人打交道可能会更加困难。提供可以为参与者进行咨询服务的他国心理学家的名字是比较困难的。尽管如此，如果研究给参与者造成了伤害——有些时候甚至是延迟的伤害，那么确保参与者能够得到咨询是非常必要的。这可能意味着在网上采访参与者所能涉及的话题将会受到限制，或者我们需要将样本限制到某些国家或地区，我们知道这些国家或地区能够在参与者需要的时候为他们提供心理咨询。

总结

网络关系和(某些类型的)网络性行为将会永久驻留。随着技术的发展和使用网络空间的新方式的出现,我们发展在线关系和参与网络空间的方式必将发生改变。心理学家和社会学家应当对人们如何在网上建立联系,这些关系如何得到改善以及它们对线下的关系会产生什么样的影响都比较感兴趣。当然,正如本书中所说明的,我们在线上和线下活动并不是完全分离的。同样地,人们的线上和线下关系也不是完全分离的。尽管如此,本书提供的理论支持网络空间是一个开展爱情游戏和性游戏的独特空间。同样正如本书所强调的,我们游戏爱情与性的方式会根据我们所处空间不同而变化。例如,根据人们究竟是在在线约会网站相遇还是在新闻组中相遇,他们对关系如何发展会有着不同的期待。作为研究者,我们需要记住网络空间不是一个笼统的空间,我们不应试图构建一个能够解释所有网络关系的"宏大"理论。这里不是讨论的终结。我们希望本书能够促进本领域研究者间的继续对话,从而进一步理解网络空间与人类关系之间的交互。

注解

第 3 章　游戏爱情——维尼卡特和潜能空间

191 1. 在本书中，我们偏好使用“心理动力学”这一词而不是精神分析。因为前者是一个不太“治疗导向”的同义词，并且它暗指了一种正常性和心理过程的动态本质。

2. 这是一个非常重要的话题，因为精神分析界的大多数人都持有这样一种观点：“既然临床情况是与生活的其他部分相分离的，那么对成人的精神分析就会类似于游戏，分析师不会去影响病人的陈述并且自由联想允许想象力的自由发挥。”(Rycroft，1995，p. 135；也参见 Modell，1996，p. 27；Winnicott，1971d，p. 38)此外，在游戏治疗的情况中，自由联想的等价物是受到鼓励的，从而允许儿童用玩具来设计游戏，并在这个过程中，儿童可能会重新表现出被扰乱的行为的某些方面，从而能够解释无意识中的某些内容。这种游戏治疗情境中所表达出的感受可能是在真实场景中被抑制的，例如，儿童可能会诅咒一个破洋娃娃，但是不会诅咒这个洋娃娃所代表的父亲。

3. 值得注意的是在线下游戏中，只有当规则被违反的时候，你才有可能意识到规则的本质。尽管如此，还是出现了很多研究试图弄清楚游戏的规则。(例如，参见 Fein & Schneider，1995，1997，2002)

4. 如果我们想要理解由于在网络中游戏而造成的异常行为和心理疾病的话，那么究竟认同是如何并且为什么会发生是一个非常重要的问题。有意思的是，曼森和卡尔(2000)提出，与认知(行为主义)的方法不同，心理动力学的解释同时解释了认同是如何并且为什么会发生。这些作者指出了认知方法的一个前提假设：“认同是自我分类造成的。”(Dutton，Dukerich & Harquail，1994，p. 234)这似乎是一种循环论证而且因果性的本质变得很模糊。因此，虽然认知方法通常认为自尊和自我意识是认同的原因，但是却没有解释这是如何发生的。

第 4 章　对象参与和在线关联的不良方面

1. 在一个非常相似的过程中，游戏治疗产生了自由联想的等价物，因为它允许儿童
192 用玩具来设计游戏，并在这个过程中，儿童可能会重新表现出被扰乱的行为的某些方面，从而能够解释无意识中的某些内容。这种游戏治疗情境中的所表达出的感受可能是在真实场景中被抑制的，例如，儿童可能会诅咒一个破洋娃娃，但是不会诅咒这个洋娃娃所代表的父亲。这些对象的功能就是开启那些一般不是很容易释放的记忆和感受的精神钥匙。

参考文献

Abramis, D. (1990). Play in work. *American Behavioral Scientist, 33*, 353–373.

Adams, M. V. (1997). The archetypal school. In P. Young-Eisendrath & T. Dawson (Eds.), *The Cambridge Companion to Jung* (pp. 101–118). Cambridge: Cambridge University.

Aitken, S. C., & Herman, T. (1997). Gender, power and crib geography: Transitional spaces and potential places. *Gender, Place and Culture, 4*, 63–88.

Altman, I., & Taylor, D. A. (1973). *Social penetration: The development of interpersonal relationships*. New York: Holt, Rinehart and Winston.

Andrejevic, M. (2000, June). *Digital aesthetics in the era of cyber-capitalism.* Paper presented at the International Communication Association annual convention, Acapulco.

Anolli, L., & Ciceri, R. (2002). Analysis of the vocal profiles of male seduction: From exhibition to self-disclosure. *Journal of General Psychology, 129*, 149–169.

Anthony, K., & Lawson, M. (2002). The use of innovative avatar and virtual environment technology for counselling and psychotherapy. Retrieved March 5, 2005, from http://www.kateanthony.co.uk/InnovativeAvatar.pdf.

Argyle, K., & Shields, R. (1996). Is there a body in the net? In R. Shields (Ed.), *Cultures of internet: Virtual spaces, real histories, living bodies* (pp. 58–69). London: Sage.

Asch, S. E. (1946). Forming impressions of personality. *Journal of Abnormal and Social Psychology, 41*, 258–290.

Askew, M. W. (1965). Courtly love: Neurosis as institution. *The Psychoanalytic Review, 52*, 19–29.

Baker, A. J. (2000). Two by two in cyberspace: Meeting and connecting online. *CyberPsychology & Behavior, 3*, 237–242.

Baker, A. J. (2002). What makes an online relationship successful? Clues from couples who met in cyberspace. *CyberPsychology & Behavior, 5*, 363–375.

Balint, M. (1968). *The basic fault.* London: Tavistock.

Barak, A. (2005). Sexual harassment on the Internet. *Social Science Computer Review, 23* (1), 77–92.

Barak, A., & Fisher, W. A. (2002). The future of Internet sexuality. In A. Cooper (Ed.), *Sex & the internet: A guidebook for clinicians* (pp. 263–280). New York: Brunner-Routledge.

Barber, T. (2004). Deviation as key to innovation: Understanding a culture of the future. *Foresight – The journal of future studies, strategic thinking and policy, 6* (3), 141–152.

Bargh, J. A., McKenna, K. Y. A., & Fitzsimons, G. M. (2002). Can you see the real me? Activation and expression of the 'true self' on the Internet. *Journal of Social Issues, 58*, 33–48.

Baruch, E. (1991). *Women, love, and power: Literary and psychoanalytic perspectives.* New York: New York University.

Bassols, R., Bea, J., & Coderch, J. (1985). La identitat i els seus limits [Identity and its limits]. *Revista Catalana de Psicoanalisi, 2*, 173–188.

Becker, D., Sagarin, B., Guadagno, R., Millevoi, A., & Nicastle, L. (2004). *Personal Relationships, 11*, 529–538.

Ben-Ze'ev, A. (2004). *Love online: Emotions and the internet.* Cambridge, UK: Cambridge University.

Birnie, S. A., & Horvath, P. (2002). Psychological predictors of Internet social communication. *Journal of Computer Mediated Communication, 7* (4), Retrieved March 25, 2005, from http://jcmc.indiana.edu/vol7/issue4/horvath.html.

Bocij, P. (2004). *Cyberstalking: Harassment in the internet age and how to protect your family.* Westport, Connecticut: Praeger.

Bollas, C. (1978). The transformational object. *International Journal of Psycho-Analysis, 60*, 97–107.

Bollas, C. (1987). *The shadow of the object: Psychoanalysis of the unthought known.* London: Free Association Books.

Bollas, C. (1992). *Being a character: Psychoanalysis and self-experience.* New York: Hill & Wang.

Brabant, E., Falzeder, E., & Giampieri-Deutsch, P. (Eds.). (1993). *The Correspondence of Sigmund Freud and Sándor Ferenczi: Volume 1, 1908–1914.* Cambridge, Massachusetts: Belknap.

Brym, R. J., & Lenton, R. L. (2003). *Love at first byte: Internet dating in Canada.* Retrieved March 25, 2005, from http://www.societyinquestion4e.nelson.com/Chapter33Online.pdf.

Buss, D. M., & Barnes, M. (1986). Preferences in human mate selection. *Journal of Personality and Social Psychology, 50*, 559–570.

Buss, D. M., & Shackelford, T. K. (1997). Susceptibility to infidelity in the first year of marriage. *Journal of Research in Personality, 31*, 193–221.

Buss, D. M., Larsen, R., Westen, D., & Semmelroth, J. (1992). Sex differences in jealousy: Evolution, physiology, and psychology. *Psychological Science, 3*, 251–255.

Byrne, R., & Findlay, B. (2004). Preference for SMS versus telephone calls in initiating romantic relationships. *Australian Journal of Emerging Technologies and Society, 2* (1), Retrieved April 15, 2005, from http://www.swin.edu.au/ajets.

Capellanus, A. (1969). *The art of courtly love* (J. Parry, Trans.). New York: Norton. (Original work published around 1174)

Carducci, B. J., & Klaphaak, K. W. (1999, August). *Shyness, internet usage and electronic extraversion: Patterns and consequences*. Poster session presented at the annual meeting of the American Psychological Association, Boston MA.

Carr, A. N. (1993). The psychostructure of work: 'Bend me, shape me, anyway you want me, as long as you love me it's alright'. *Journal of Managerial Psychology, 8* (6), 3–6.

Carr, A. N. (1994a). For self or others? The quest for narcissism and the ego-ideal in work organisations. *Administrative Theory & Praxis, 16*, 208–222.

Carr, A. N. (1994b). Anxiety and depression among school principals: Warning, principalship can be hazardous to your health. *Journal of Educational Administration, 32* (3), 18–34.

Carr, A. N. (2001). Organisational and administrative play: The potential of magic realism, surrealism and postmodernist forms of play. In J. Biberman & A. Alkhafaji (Eds.), *Business research yearbook: Global business perspectives* (Vol. 8, pp. 543–547). Michigan: McNaughton & Gunn.

Carr, A. N. (2002). Managing in a psychoanalytically informed manner: On overview. *Journal of Managerial Psychology, 17*, 343–347.

Carr, A. N. (2003a). Thanatos: The psychodynamic conception of the 'death instinct' and its relevance to organizations. In J. Biberman & A. Alkhafaji (Eds.), *Business research yearbook: Global business perspectives* (Vol. 10, pp. 803–807). Michigan: McNaughton & Gunn.

Carr, A. N. (2003b). The psychodynamic conception of the 'death instinct' and its relevance to organisations. *Journal of Psycho-Social Studies, 2* (1), 1–15.

Carr, A. N., & Downs, A. (2004a). Transitional and quasi-objects in organization studies: Viewing Enron from the object-relations world of Winnicott and Serres. *Journal of Organizational Change Management, 17*, 352–364.

Carr, A. N., & Downs, A. (2004b). Enron: Taking our cue from the world of object relations. *Journal of Critical Postmodern Organization Science, 3* (2), 1–15.

Carr, A. N., & Gabriel, Y. (2001). The psychodynamics of organizational change management. *Journal of Organizational Change Management, 14*, 415–420.

Cate, R., & Lloyd, S. (1992). *Courtship*. Newbury Park, CA: Sage.

Chak, K., & Leung, L. (2004). Shyness and locus of control as predictors of Internet addiction and Internet use. *CyberPsychology & Behavior, 7*, 559–570.

Cheating wife stories – cheating husband stories. Retrieved August 2, 2005, from http://www.chatcheaters.com/cheating-stories/cheating-stories.html.

Childress, C. A. (1999). Archetypal conceptualisation of cyberspace as the Celtic otherworld. *CyberPsychology & Behavior, 2*, 261–265.

Civin, M. A. (2000). *Male, female, email: The struggle for relatedness in a paranoid society*. New York: Other Press.

Clark, J. M. (1997). A cybernautical perspective on impulsivity and addiction. In C. Webster & M. Jackson (Eds.), *Impulsivity: Theory assessment and treatment* (pp. 82–91). New York: Guilford.

Cloyd, J. (1976). The marketplace bar: The interrelation between sex, situations, and strategies in the pairing ritual of homo ludens. *Urban Life, 5*, 293–312.

Coleman, L. H., Paternite, C. E., & Sherman, R. C. (1999). A re-examination of deindividuation in synchronous computer-mediated communication. *Computers in Human Behavior, 15*, 51–65.

Collins, S., & Missing, C. (2003). Vocal and visual attractiveness are related in women. *Animal Behaviour, 65*, 997–1004.

Constant, D., Sproull, L., & Kiesler, S. (1997). The kindness of strangers: On the usefulness of electronic weak ties for technical advice. In S. Kiesler (Ed.), *Culture of the internet* (pp. 303–322). Mahwah, NJ: Lawrence Erlbaum Associates.

Coontz, S. (1988). *The social origins of private life: A history of American families 1600–1900*. New York: Verso.

Cooper, A. (1998). Sexuality and the Internet: Surfing into the new millennium. *CyberPsychology & Behavior, 1*, 181–187.

Cooper, A. (2002). *Sex & the internet: A guidebook for clinicians*. New York: Brunner-Routledge.

Cooper, A., & Sportolari, L. (1997). Romance in cyberspace: Understanding online attraction, *Journal of Sex Education and Therapy, 22* (1), 7–14.

Cooper, A., Delmonico, D. L., & Burg, R. (2000). Cybersex users, abusers, and compulsives: New findings and implications. *Sexual Addiction & Compulsivity, 7*, 5–29.

Cooper, A., Scherer, C., & Marcus, I. D. (2002). Harnessing the power of the Internet to improve sexual relationships. In A. Cooper (Ed.), *Sex & the internet: A guidebook for clinicians* (pp. 209–230). New York: Brunner-Routledge.

Cooper, A., Putnam, D. E., Planchon, L. A., & Boies, S. C. (1999). Online sexual compulsivity: Getting tangled in the net. *Sexual Addiction & Compulsivity, 6*, 79–104.

Cramer, R., Manning-Ryan, B., Johnson, L., & Barbo, E. (2000). Sex differences in subjective distress to violations of trust: Extending an evolutionary perspective. *Basic & Applied Social Psychology, 22* (2), 101–109.

Crook, J. H. (1972). Sexual selection, dimorphism, and social organization in the primates. In B. Campbell (Ed.), *Sexual selection and the descent of man 1871–1971* (pp. 238–239). Chicago: Aldine.

Cuciz, D. (n.d.) *The history of MUDs: Part II. Gamespy articles*. Retrieved February 16, 2005, from http://archive.gamespy.com/articles/january01/muds1/index4.shtm.

Cummings, J., Sproull, L., & Kiesler, S. (2002). Beyond hearing: Where real-world and online support meet. *Group Dynamics: Theory, Research, and Practice, 6*, 78–88.

Cupach, W., & Spitzberg, B. (1998). Obsessive relational intrusion and stalking. In B. Spitzberg & W. Cupach (Eds.), *The dark side of close relationships* (pp. 233–263). Hillsdale, NJ: Lawrence Erlbaum Associates.

Cupach, W., Spitzberg, B., & Carson, C. (2000). Toward a theory of obsessive relational intrusion and stalking. In K. Dindia & S. Duck (Eds.), *Communication and personal relationships* (pp. 131–146). New York: John Wiley & Sons.

Curtis, P. (1992, May). Mudding: Social phenomena in text-based virtual realities. *Proceedings of the 1992 conference on the Directions and Implications of Advanced Computing*, Retrieved February 16, 2005, from ftp://ftp.lambda.moo.mud.org/pub/MOO/papers.

Daft, R., & Lengel, R. (1986). Organizational information requirements, media richness and structural design. *Management Science, 32* (5), 554–571.

Danet, B., Ruendenberg, L., & Rosenbaum-Tamari, Y. (1998). Hmmm... Where's that smoke coming from? In F. Sudweeks, M. McLaughlin & S. Rafaeli (Eds.), *Network & netplay: Virtual groups on the internet* (pp. 41–75). Menlo Park: AAAI/MIT.

Davis, S. (1990). Men as success objects and women as sex objects: A study of personal advertisements. *Sex Roles, 23*, 43–50.

DeBurgher, J. (1972). Sex in troubled marriages. *Sexual Behavior, 2*, 23–26.

Degeling, P., & Carr, A. N. (2004). Leadership for the systemization of health care: The unaddressed issue in health care reform. *Journal of Health Organization and Management, 18* (6), 399–414.

Deirmenjian, J. (1999). Stalking in cyberspace. *The Journal of the American Academy of Psychiatry and the Law, 27* (3), 407–413.

Dion, K., Bercheid, E., & Walster, R. (1972). What is beautiful is good. *Journal of Personality and Social Psychology, 24*, 285–290.

Donahue, E., Robins, R., Roberts, B., & John, O. (1993). The divide self: Concurrent and longitudinal effects of psychological adjustment and social roles on self-concept differentiation. *Journal of Personality and Social Psychology, 64*, 834–846.

Donner, L., & Ephron, N. (Producers), & Ephron, N. (Director). (1998). *You've got mail* [Film]. Warner Bros.

Downey, J. L., & Vitulli, W. F. (1987). Self-report measures of behavioural attributions related to interpersonal flirtation situations. *Psychological Reports, 61*, 899–904.

Dunn, R. (1998). *Identity crisis: A social critique of postmodernity*. Minneapolis: University of Minnesota Press.

Dutton, J., Dukerich, J., & Harquail, A. (1994). Organizational images and member identification. *Administrative Science Quarterly, 39*, 239–263.

Eibl-Eibesfeldt, I. (1971). *Love and hate*. New York: Holt, Rinehart and Winston.

Ellis, B., & Symons, D. (1990). Sex differences in sexual fantasy. *Journal of Sex Research, 27* (4), 527–555.

Elron Software, I. (2001). *The year 2001 corporate web and email usage study*. Retrieved March 1, 2005, from http://www.elronsw.com/pdf/NFOReport.pdf.

English, H., & English, A. (1966). *A comprehensive dictionary of psychological and psychoanalytical terms* (2nd ed.). New York: David McKay. (Original work published 1958)

Erikson, E. (1959). Identity and the life cycle. *Psychological Issues* (Monograph 1 [1], 13–117). New York: International Universities.

Fein, E., & Schneider, S. (1995). *The rules: Time tested secrets for capturing the heart of Mr. Right*. New York: Warner.

Fein, E., & Schneider, S. (1997). *The rules II: More rules to live and love by*. New York: Warner.

Fein, E., & Schneider, S. (2002). *The rules for online dating: Capturing the heart of Mr. Right in cyberspace*. New York: Pocket Books.

Feinberg, L. S. (1996). *Teasing: Innocent fun or sadistic malice?* USA: New Horizon.

Feingold, A. (1990). Gender differences in the effects of similarity and physical attractiveness on opposite-sex attraction: A comparison across five research paradigms. *Journal of Personality and Social Psychology, 59*, 981–993.

Feingold, A. (1991). Sex differences in the effects of similarity and physical attractiveness on opposite-sex attraction. *Basic and Applied Social Psychology, 12*, 357–367.

Feldman, M. (2000). Munchausen by Internet: Detecting factitious illness and crises on the Internet. *Southern Medical Journal, 93*, 669–672.

Feldman, S., & Cauffman, E. (1999). Sexual betrayal among late adolescents: Perspectives of the perpetrator and the aggrieved. *Journal of Youth and Adolescence, 28* (2), 235–258.

Ferenczi, S. (1994). *First contributions to psycho-analysis*. London: Karnac. (Original work published 1916)

Feuer, A., & George, J. (2005, February). Internet fame is cruel mistress for a dancer of the Numa Numa. *The New York Times*, Retrieved February 26, 2005, from http://www.nytimes.com/2005/02/26/nyregion/26video.html?ex=1110085200&en=2dc7acb2f0f91b71&ei=5070.

Fitness, J. (2001). Betrayal, rejection, revenge and forgiveness: An interpersonal script approach. In M. Leary (Ed.), *Interpersonal rejection* (pp. 73–103). New York: Oxford University.

Freud, S. (1977). Three essays on sexuality. In J. Strachey (Ed. and Trans.), *On sexuality* (Vol. 7, pp. 31–169). Harmondsworth, England: Penguin Freud Library. (Original work published 1905)

Freud, S. (1977). Fetishism. In J. Strachey (Ed. and Trans.), *On sexuality* (Vol. 7, pp. 345–357). Harmondsworth, England: Penguin Freud Library. (Original work published 1927)

Freud, S. (1983). Inhibitions, symptoms and anxiety. In J. Strachey (Ed. and Trans.), *On psychopathology* (Vol. 10, pp. 229–333). Pelican Freud Library, Great Britain: Pelican. (Original work published 1926)

Freud, S. (1984). On narcissism: An introduction. In J. Strachey (Ed. and Trans.), *On metapsychology: The theory of psychoanalysis* (Vol. 11, pp. 59–97). Harmondsworth: Pelican Freud Library. (Original work published 1914)

Freud, S. (1984). The ego and the id. In J. Strachey (Ed. and Trans.), *On metapsychology: The theory of psychoanalysis* (Vol. 11, pp. 339–408). Pelican Freud Library, Great Britain: Pelican. (Original work published 1923)

Freud, S. (1985). Psychopathic characters on the stage. In J. Strachey (Ed. and Trans.), *Art and literature* (Vol. 14, pp. 119–127). Harmondsworth, England: Penguin Freud Library. (Original work published 1905–6)

Freud, S. (1985). Creative writers and day-dreaming. In J. Strachey (Ed. and Trans.), *Art and literature* (Vol. 14, pp. 129–141). Harmondsworth, England: Penguin Freud Library. (Original work published 1908)

Freud, S. (1985). Thoughts for the times on war and death. In J. Strachey (Ed. and Trans.), *Civilization, society and religion* (Vol. 12, pp. 57–89). Harmondsworth, England: Penguin Freud Library. (Original work published 1915)

Freud, S. (1985). Group psychology and the analysis of the ego. In J. Strachey (Ed. and Trans.), *Civilization, society and religion* (Vol. 12, pp. 91–178). Harmondsworth: Pelican Freud Library. (Original work published 1921)

Freud, S. (1985). Splitting of the ego in the process of defence. In J. Strachey (Ed. and Trans.), *On metapsychology: The theory of psychoanalysis* (Vol. 11, pp. 461–464). Harmondsworth, England: Penguin Freud Library. (Original incomplete work published 1940)

Freud, S. (1986). *The interpretation of dreams* (J. Strachey, Ed. and Trans., Vol. 4). Great Britain: Pelican Freud Library. (Original work published 1900)

Freud, S. (1986). An outline of psychoanalysis. In J. Strachey (Ed. and Trans.), *Historical and expository works on psychoanalysis* (Vol. 15, pp. 371–443). Harmondsworth, England: Pelican Freud Library. (Original work published 1940)

Freud, S. (1988). *New introductory lectures on psychoanalysis* (J. Strachey, Ed. and Trans., Vol. 2). Harmondsworth, England: Penguin Freud Library. (Original work published 1933)

Freud, S. (1990). Delusions and dreams in Jensen's 'Gradiva'. In J. Strachey (Ed. and Trans.), *Art and literature* (Vol. 14, pp. 27–118). Harmondsworth, England: Penguin Freud Library. (Original work published 1906)

Friedman, J. (1989). Therapeia, play and the therapeutic household. In C. Oakley (Ed.), *Thresholds between philosophy and psychoanalysis: Papers from the philadelphia association* (pp. 56–75). London: Free Association Books.

Fromm, E. (1970). Die psychoanalytische charakterologie und ihre bedeutung für die sozialpsychologie. In *The crisis of psychoanalysis*. New York: Holt, Rinehart and Winston. (Original work published 1932)

Fromm, E. (1994). *Escape from freedom*. New York: Owl books, Henry Holt and Company. (Original work published 1941)

Fromm, E., & Maccoby, M. (1970). *Social character in a Mexican village*. Englewood Cliffs, NJ: Prentice Hall.

Gaunt, N. (2002, April). *Doing it live in cyberspace: Online interviewing for social psychological research?* Paper presented at SASP, Adelaide.

Gibson, W. (1986). *Neuromancer*. London: Grafton Books.

Gibson, D., Malerstein, A., Ahern, M., & Jones, R. (1989). Character structure and performance on the MMPI. *Psychological Reports, 65*, 1139–1149.

Givens, D. (1978). The nonverbal basis of attraction: Flirtation, courtship, and seduction. *Psychiatry, 41*, 346–359.

Glass, J. (1993). *Shattered selves: multiple personality in a postmodern world*. Ithaca, NY: Cornell University.

Glass, G., & Wright, T. (1985). Sex differences in type of extramarital involvement and marital dissatisfaction. *Sex Roles, 12*, 1101–1120.

Grammer, K. (1990). Strangers meet: Laughter and nonverbal signs of interest in opposite-sex encounters. *Journal of Nonverbal Behavior, 14*, 209–236.

Grammer, K., Kruck, K., Juette, A., & Fink, B. (2000). Non-verbal behaviour as courtship signals: The role of control and choice in selecting partners. *Evolution and Human Behavior, 21*, 371–390.

Green, N. (2001). Strange yet stylish headgear: Virtual reality consumption and the construction of gender. In E. Green & A. Adam (Eds.), *Virtual gender: Technology, consumption and identity* (pp. 150–172). London: Routledge.

Griffiths, M. (1998). Internet addiction: Does it really exist? In J. Gackenbach (Ed.), *Psychology and the internet* (pp. 61–75). New York: Academic Press.

Griffiths, M. (1999). Internet addiction: Fact or fiction. *Psychologist, 12*, 246–250.

Griffiths, M. (2000). Internet addiction – Time to be taken seriously? *Addiction Research, 8*, 413–418.

Grohol, J. (1998). Response to the HomeNet study. *PsychCentral*, Retrieved October 27, 2004, from http://psychcentral.com/homenet.htm.

Grohol, J. (1999). Too much time online: Internet addiction of healthy social interactions? *CyberPsychology & Behavior, 2* (5), 395–401.

Gross, S., & Anthony, K. (2002). Virtual counsellors – Whatever next? *Counselling Journal, 13* (2), 14–15.

Gumbel, A. (1999). Techno detectives net cyber-stalkers. *Independent on Sunday*, January 31, 17.

Gwinnell, E. (1998). *Online seductions: Falling in love with strangers on the internet*. New York: Kodansha International.

Hamburger, Y. A., & Ben-Artzi, B. (2000). The relationship between extraversion and neuroticism and the different uses of the Internet. *Computers in Human Behavior, 16*, 441–449.

Hancock, J., Thom-Santelli, J., & Ritchie, T. (2004). Deception and design: The impact of communication technologies on lying behavior. *Proceedings, Conference on Computer Human Interaction*, New York, *6* (1), 130–136.

Hansen, G. (1987). Extradyadic relations during courtship. *Journal of Sex Research, 23* (3), 382–390.

Herring, S. C. (1993). Gender and democracy in computer-mediated communication. *Electronic Journal of Communication, 3* (2), Retrieved February 7, 2005, from http://ella.slis.indiana.edu/~herring/ejc.txt.

Herring, S. C., Scheidt, L. A., Bonus, S., & Wright, E. (2004, January). Bridging the gap: A genre analysis of weblogs. *Proceedings of the 37th Hawaii International Conference on System Sciences* (*HICSS*-37), Los Alamitos: IEEE Computer Society Press (CD-ROM).

Higgins, E. T. (1987). Self-discrepancy theory. *Psychological Review, 94*, 1120–1134.

Hiler, J. (2002) *Saltire*. Retrieved March 3, 2005, from http://saltire.weblogger.com/2002/04/02.

Hills, P., & Argyle, M. (2003). Uses of the Internet and their relationships with individual differences in personality. *Computers in Human Behavior, 19*, 59–70.

Hiltz, S., Johnson, M., & Turoff, M. (1986). Experiments in group decision making: Communication process and outcome in face-to-face versus computerized conferences. *Human Communication Research, 13*, 225–252.

Holland, N. (1995). The Internet regression, *Free Association*, Retrieved October 1, 2004, from http://www.human-nature.com/free-associations/holland.html.

Houran, J., Lange, R., Rentfrow, P. J., & Bruckner, K. H. (2004). Do online matchmaking tests work? An Assessment of preliminary evidence for a publicized 'predictive model of marital success'. *North American Journal of Psychology, 6*, 507–526.

Huizinga, J. (1980). *Homo Ludens: The study of the play-element in culture*. London: Routledge & Kegan Paul. (Original work published 1944)

Joinson, A. N. (2001). Self-disclosure in computer-mediated communication: The role of self-awareness and visual anonymity. *European Journal of Social Psychology, 31*, 177–192.

Joinson, A. N. (2003). *Understanding the psychology of the Internet behaviour: Virtual worlds, real lives*. Basingstoke: Palgrave Macmillan.

Joinson, A. N. (2004). Self-esteem, interpersonal risk, and preference for e-mail to face-to-face communication. *CyberPsychology & Behavior, 7* (4), 479–485.

Jordan, A. (2005, February). Budding cyber love ends in divorce. *Sydney Morning Herald*, February 7, 2005, Retrieved February 17, 2005 from http://www.smh.com.au/articles/2005/02/07/1107625114716.html.

Jung, C. G. (1953). *The collected works of C. G. Jung: Two essays on analytical psychology* (R. F. C. Hull, Trans.) (Vol. 7). Princeton: Princeton University. (Original work published 1917)

Jung, C. G. (1968). Psychological aspects of the mother archetype. In R. F. C. Hull (Trans.), *The collected works of C. G. Jung: The archetypes and the collective unconscious* (2nd ed., Vol. 9, Part 1, pp. 75–110). Princeton University: Princeton University. (Original work published 1938)

Jung, C. G. (1969). *The collected works of C. G. Jung: Symbols of transformation* (R. F. C. Hull, Trans. 2nd ed., Vol. 5). Princeton: Princeton University. (Original work published 1912)

Jung, C. G. (1969). The transcendent function. In R. F. C. Hull (Trans.), *The collected works of C. G. Jung: The structure and dynamics of the psyche* (2nd ed., Vol. 8, pp. 67–91). Princeton: Princeton University. (Original work published 1916)

Jung, C. G. (1969). Psychological commentary on 'The Tibetan book of the dead'. In R. F. C. Hull (Trans.), *The collected works of C. G. Jung: Psychology and religion, West and East* (2nd ed., Vol. 11, pp. 509–526). Princeton: Princeton University. (Original work published 1935)

Jung, C. G. (1989). *The collected works of C. G. Jung: Psychological types* (R. F. C. Hull, Trans. Rev. ed.) (Vol. 6). London: Routledge. (Original work published 1921)

Kendon, A. (1975). Some functions of the face in a kissing round. *Semiotica, 15*, 299–334.

Kenrick, D. T., Sadalla, E. K., Groth, G., & Trost, M. R. (1990). Evolution, traits, and the stages of human courtship: Qualifying the parental investment model. *Journal of Personality, 58*, 97–116.

Kepple, B. (2003). *Blogging and dating.* Retrieved March 25, 2005, from http://www.benkepple.com/archives/000046.html.

Kiesler, S. J., Siegel, J., & McGuire, T. W. (1984). Social psychological aspects of computer-mediated communication. *American Psychologist, 39*, 1123–1134.

Kitzinger, C., & Powell, D. (1995). Engendering infidelity: Essentialist and social constructionist readings of a story completion task. *Feminism & Psychology, 5* (3), 345–372.

Klein, M. (1944). The emotional life and ego-development of the infant with special reference to the depressive position. In J. Riviere (Ed. and Trans.), *Developments in psycho-analysis* (pp. 198–236). London: Hogarth.

Klein, M. (1975a). *The writings of Melanie Klein I: 'Love, guilt and reparation' and other works 1921–1945.* London: Hogarth.

Klein, M. (1975b). *The writings of Melanie Klein II: The psychoanalysis of children.* London: Hogarth.

Klein, M. (1975c). *The writings of Melanie Klein III: 'Envy and gratitude' and other works 1946–1963.* London: Hogarth.

Klein, M. (1975d). *The writings of Melanie Klein IV: Narrative of a child analysis.* London: Hogarth.

Klein, M. (1986). *The selected works of Melanie Klein* (J. Mitchell, Ed.), London, UK: Penguin Books.

Koller, M. R. (1951). Some changes in courtship behavior in three generations of Ohio women. *American Sociological Review, 16*, 266–370.

Kraut, R., Kiesler, S., Boneva, B., Cummings, J. N., Helgeson, V., & Crawford, A. M. (2002). Internet paradox revisited. *Journal of Social Issues, 58*, 49–74.

Kraut, R., Patterson, M., Lundmark, V., Kiesler, S., Mukopadhyay, T., & Scherlies, W. (1998). Internet paradox: A social technology that reduces social involvement and psychological well-being? *American Psychologist, 53*, 1017–1031.

La Bier, D. (1983). Emotional disturbance in the federal government. *Administration and Society, 14*, 403–448.

La Bier, D. (1986). *Modern madness: The emotional fallout of success*. Massachusetts: Addison-Wesley.

Laplanche, J., & Pontalis, J. (1988). *The language of psycho-analysis* (D. Nicholson-Smith, Trans.). London: Karnac. (Original work published 1967)

LaRose, R., Eastin, M. S., & Gregg, J. (2001). Reformulating the Internet paradox: Social cognitive explanations of Internet use and depression. *Journal of Online Behavior, 1* (2), Retrieved October 27, 2004, from the World Wide Web: http://www.behavior.net/JOB/v1n2/paradox.html.

Lea, M., & Spears, R. (1995). Love at first byte? Building personal relationships over computer networks. In J. T. Wood & S. W. Duck (Eds.), *Understudied relationships: Off the beaten track* (pp. 197–233). Newbury Park, CA: Sage.

Lea, M., Spears, R., & DeGroot, D. (2001). Knowing me, knowing you: Effects of visual anonymity on self-categorization, stereotyping and attraction in computer-mediated groups. *Personality and Social Psychology Bulletin, 27* (5), 526–537.

Lenhart, A., Rainie, L., & Lewis, O. (2001). *Teenage life online: The rise of the instant message generating and the Internet's impact on friendships and family relationships*. Retrieved March 3, 2005, from http://www.pewinternet.org/pdfs/PIP_Teens_Report.pdf.

Levine, D. (2000). Virtual attraction: What rocks your boat. *CyberPsychology & Behavior, 3*, 565–573.

Levitt, E. (1980). *The psychology of anxiety*. New Jersey: Lawrence Erlbaum Associates.

Livingstone, S. (2001). *Online freedom: Safety for children*. Retrieved March 2, 2005, from http://www.lse.ac.uk/collections/media@lse/pdf/free_safety_children1.pdf.

Lupton, D. (1995). The embodies computer/user. *Body & Society, 1*, 97–112.

Maccoby, M. (1976). *The gamesman*. New York: Simon and Schuster.

Maheu, M., & Subotnik, R. (2001). *Infidelity on the internet: Virtual relationships and real betrayal*. Naperville, USA: Sourcebooks, Inc.

Mann, C., & Stewart, F. (2000). *Internet communication and qualitative research: A handbook for researching online*. London: Sage Publications.

Mason, S., & Carr, A. N. (2000). The construction of identity in organizations: Beyond the cognitive lens. In A. Rahim, R. Golembiewski, & K. Mackenzie (Eds.), *Current topics in management* (Vol. 5, pp. 95–116). Stanford, Connecticut: JAI.

McCown, J. A., Fischer, D., Page, R., & Homant, M. (2001). Internet relationships: People who meet people. *CyberPsychology & Behavior, 4*, 593–596.

McKenna, K. Y. A., & Bargh, J. A. (1998). Coming out in the age of Internet: Identity 'de-marginalization' through virtual group participation. *Journal of Personality and Social Psychology, 75*, 681–694.

McKenna, K. Y. A., & Bargh, J. A. (2000). Plan 9 from cyberspace: The implications of the Internet for personality and social psychology. *Journal of Personality and Social Psychology, 4*, 57–75.

McKenna, K. Y. A., Green, A. S., & Gleason, M. E. J. (2002). Relationship formation on the Internet: What's the big attraction? *Journal of Social Issues, 58*, 9–31.

McRae, S. (1996). Coming apart at the seams: Sex, text and the virtual body. In L. Cherny & E. Weise (Eds.), *Wired women: Gender and new realities in cyberspace* (pp. 242–263). USA: Seal Press.

Mehta, M. D. (2001). Pornography in Usenet: A study of 9,800 randomly selected images. *CyberPsychology & Behavior, 4*, 695–703.

Mehta, M. D., & Plaza, D. E. (1997). Pornography in cyberspace: An exploration of what's in usenet. In S. Kiesler (Ed.), *Culture of the internet* (pp. 53–67). Mahwah, NJ: Lawrence Erlbaum Associates.

Mitchell, S. A., & Black, M. J. (1995). *Freud and beyond: A history of modern psychoanalytic thought*. New York: Basic Books.

Modell, A. H. (1996). *Other times, other realities: Toward a theory of psychoanalytic treatment*. Cambridge, MA: Harvard University. (Original work published 1990)

Moller, H. (1959). The causation of the courtly love complex. *Comparative Studies in Society & History, 1*, 137–163.

Mongeau, P. A., Hale, J. L., Johnson, K. L., & Hillis, J. D. (1993). Who's wooing whom? An Investigation of female initiated dating. In P. J. Kabfleisch (Ed.), *Interpersonal communication: Evolving interpersonal relationships* (pp. 51–68). Hillsdale, NJ: Lawrence Erlbaum Associates, Inc.

Moore, M. M. (1985). Nonverbal courtship patterns in women: Context and consequences. *Ethology and Sociobiology, 6*, 237–247.

Moore, M. M. (1998). Nonverbal courtship patterns in women – Rejection signalling: An empirical investigation. *Semiotica, 118*, 201–214.

Morahan-Martin, J. (1999). The relationship between loneliness and Internet use and abuse. *CyberPsychology & Behavior, 2*, 431–439.

Morahan-Martin, J. (2005). Internet abuse: Addiction? Disorder? Symptom? Alternative Explanations? *Social Science Computer Review, 23* (1), 39–48.

Morahan-Martin, J., & Schumacher, P. (2003). Loneliness and social uses of the Internet. *Computers in Human Behavior, 19*, 659–671.

Morton, L., Alexander, J., & Altman, I. (1976). Communication and relationship definition. In G. R. Miller (Ed.), *Explorations in interpersonal communication* (pp. 105–125). Beverly Hills, CA: Sage.

Murstein, B. (1974). *Love, sex and marriage through the ages*. New York: Springer.

NetAccountability. (n.d.) Retrieved March 5, 2005, from the World Wide Web: http://www.netaccountability.com/ver2/index.cfm.

NHMRC (1999). *National statement on ethical conduct in research involving humans.* Retrieved September 25, 2002, from http://www.health.gov.au/nhmrc/publications/humans/part17.htm.

Nosek, B. A., Banaji, M. R., & Greenwald, A. G. (2002). E-research: Ethics, security, design, and control in psychological research on the Internet. *Journal of Social Issues, 58* (1), 161–176.

Ogden, T. H. (1985a). On potential space. *The International Journal of Psychoanalysis, 66*, 129–141.

Ogden, T. H. (1985b). The mother, the infant and the matrix. *Contemporary Psychoanalysis, 21*, 346–371.

Ogden, T. H. (1991). Analysing the matrix of transference. *The International Journal of Psychoanalysis, 72*, 593–605.

O'Hara, D. (2000). *Courtship and constraint: Rethinking the making of marriage in Tudor England.* Manchester: Manchester University.

Parks, M. R., & Floyd, K. (1996). Making friends in cyberspace. *Journal of Communication, 46*, 80–97.

Parks, M. R., & Roberts, L. D. (1998). 'Making MOOsic': The development of personal relationships online and a comparison to their off-line counterparts. *Journal of Social and Personal Relationships, 15*, 517–537.

Paul, L., & Galloway, J. (1994). Sexual jealousy: Gender differences in response to partner and rival. *Aggressive Behavior, 20*, 203–211.

Paul, L., Foss, M., & Galloway, J. (1993). Sexual jealousy in young women and men: Aggressive responsiveness to partner and rival. *Aggressive Behavior, 19*, 401–420.

Pennebaker, J. W. (1997). *Opening up: The healing power of expressing emotions.* New York: Guilford Press.

Peris, R., Gimeno, M. A., Pinazo, D., Ortet, G., Carrero, V., Sanchiz, M., & Ibañez, I. (2002). Online chat rooms: Virtual spaces of interaction for socially oriented people. *CyberPsychology & Behaviour, 5*, 43–51.

Perper, T. (1985). *Sex signals: The biology of love*. Philadelphia: ISI.

Pontalis, J. (1981). *Frontiers in psychoanalysis: Between the dream and psychic pain.* London: Hogarth.

Proxidating (2005). Retrieved March 25, 2005, from http://www.proxidating.com/index.php?code_pays=UK&code_lang=EN.

Reicher, S. (1994). Social influence in the crowd: attitudinal and behavioural effects of de-individuation in conditions of high and low group salience. *British Journal of Social Psychology, 23*, 341–350.

Rheingold, H. (1993). *The virtual community: Homesteading on the electronic frontier.* Cambridge: The MIT.

Rheingold, H. (2002). *Smart mobs: The next social revolution.* Cambridge, MA: Basic Books.

Rice, F. P. (1996). *Intimate relationships, marriages, and families*. Mountain View, CA: Mayfield Publishing.

Rice, R. E., & Love, G. (1987). Electronic emotion: Socioemotional content in a computer mediated communication network. *Communication Research, 14*, 85–108.

Rogers, C. (1951). *Client-centered therapy*. Boston: Houghton-Mifflin.

Rogers, P., & Lea, M. (2005). Social presence in distributed group environments: The role of social identity. *Behaviour & Information Technology, 24*, 151–158.

Rollman, J., Krug, K., & Parente, F. (2000). The chat room phenomenon: Reciprocal communication in cyberspace. *CyberPsychology & Behavior, 3* (2), 161–166.

Roscoe, B., Cavanaugh, L., & Kennedy, D. (1988). Dating infidelity: Behaviors reasons, and consequences. *Adolescence, 23*, 35–43.

Rycroft, C. (1995). *A critical dictionary of psychoanalysis* (2nd ed.). Harmondsworth, England: Penguin.

Scealy, M., Phillips, J. G., & Stevenson, R. (2002). Shyness and anxiety as predictors of patterns of Internet usage. *CyberPsychology & Behavior, 5*, 507–515.

Scharlott, B. W., & Christ, W. G. (1995). Overcoming relationship-initiation barriers: The impact of a computer-dating system on sex role, shyness, and appearance inhibitions. *Computers in Human Behavior, 11*, 191–204.

Schmidt, J. (2005, March). *Blogging as social action: The trias of practice, rules and relations*. Paper presented at German Online Research Conference, Zurich.

Schneider, J. P. (2003). The impact of compulsive cybersex behaviours on the family. *Sexual and Relationship Therapy, 18*, 329–354.

Schwartz, H. (1990). *Narcissistic process and corporate decay: The theory of the organization ideal*. New York: New York University.

Seabrook, J. (1994, June). My first flame. *New Yorker*, 70–79.

Serres, M. (1982). *The parasite* (L. Schehr, Trans.). Baltimore: John Hopkins University.

Serres, M. (1995). *Angels: A modern myth* (F. Cowper, Trans.). Paris: Flammarion. (Original work published 1993)

Shackelford, T., & Buss, D. (1996). Betrayal in mateships, friendships, and coalitions. *Journal of Personality and Social Psychology, 22*, 1151–1164.

Sharf, B. F. (1999). Beyond netiquette: The ethics of doing naturalistic discourse research on the Internet. In S. Jones (Ed.), *Doing internet research: Critical issues and methods for examining the net* (pp. 243–256). Thousand Oaks: Sage Publications.

Shaw, J. (1997). Treatment rationale for Internet infidelity. *Journal of Sex Education and Therapy, 22* (1), 29–34.

Sheppard, V., Nelson, E., & Andreoli-Mathie, V. (1995). Dating relationships and infidelity: Attitudes and behaviors. *Journal of Sex and Marital Therapy, 21* (3), 202–212.

Simmel, G. (1984). *Georg Simmel: On women, sexuality, and love* (K. Wolff, Ed. and Trans.). New York: The Free Press.

Spears, R., & Lea, M. (1992). Social influence and the influence of the 'social' in computer-mediated communication. In M. Lea (Ed.) *Contexts of computer-mediated communication* (pp. 30–65). Hemel Hempsted: Wheatsheaf.

Spears, R., Lea, M., & Lee, S. (1990). De-individuation and group polarization in computer-mediated communication. *British Journal of Social Psychology, 29,* 121–134.

Spector Soft, Inc. (n.d.) *Stop infidelity with Spector.* Retrieved March 3, 2005, from http://www.spywaredirectory.com/spector_win.asp.

Spitzberg, B., & Hoobler, G. (2002). Cyberstalking and the technologies of interpersonal terrorism. *New Media & Society, 4* (1), 71–92.

Sproull, L., & Kiesler, S. (1986). Reducing social context cues: Electronic mail in organizational communication. *Management Science, 32,* 1492–1512.

Standage, T. (1987). *The Victorian internet.* New York: Walker and Company.

Stone, A. R. (1995). Sex and death among the disembodied: VR, cyberspace, and the nature of academic discourse. In S. Star (Ed.), *Cultures of computing Sociological Review Monograph* (pp. 243–255). Oxford: Blackwell Publishers.

Stone, L. D., & Pennebaker, J. W. (2002). Trauma in real time: Talking and avoiding online conversations about the death of Princess Diana. *Basic and Applied Social Psychology, 24,* 172–182.

Stratton, J. (1997). Not really desiring bodies: The rise and rise of email affairs. *Media International Australia, 84,* 28–38.

Stritzke, W. G. K., Nguyen, A., & Durkin, K. (2004). Shyness and computer-mediated communication: A self-presentational theory perspective. *Media Psychology, 6* (1), 1–22.

Stryker, S., & Statham, A. (1985). Symbolic interaction and role theory. In G. Lindzey and E. Aronson (Eds.), *Handbook of social psychology* (3rd ed., pp. 311–378). New York: Random House.

Suler, J. (1998). Mom, dad, computer: Transference reactions to computers. *Psychology of cyberspace* (Internet book). Retrieved March 9, 2005, from http://www.rider.edu/~suler/psycyber/comptransf.html.

Suler, J. (1999a). Do boys (and girls) just wanna have fun: Gender-switching in cyberspace. *Psychology of cyberspace* (Internet book). Retrieved March 9, 2005, from http://www.rider.edu/~suler/psycyber/genderswap.html.

Suler, J. R. (1999b). *Computerized psychotherapy.* Retrieved March 7, 2005, from http://www.rider.edu/~suler/psycyber/eliza.html.

Suler, J. R. (2002). The future of online clinical work. *Journal of Applied Psychoanalytic Studies, 4,* 265–270.

Suler, J. R. (2004a). The online disinhibition effect. *CyberPsychology & Behavior, 7,* 321–326.

Suler, J. R. (2004b). Psychotherapy in cyberspace: A 5-Dimension model of online and computer-mediated psychotherapy. *Psychology of cyberspace* (Internet book). Retrieved March 7, 2005, from http://www.rider.edu/~suler/psycyber/therapy.html.

Suttie, I. (1935). *The origins of love and hate*. New York: The Julian Press, Inc.

Swickert, R. J., Hittner, J. B., Harris, J. L., & Herring, J. A. (2002). Relationships among Internet use, personality, and social support. *Computers in Human Behavior, 18*, 437–451.

Tarbox, K. (2000). *Katie.com*. Sydney, Australia: Hodder.

Taxén, G. (2002). Guilds: Communities in Ultima Online. *TRITA-NA-D0208, CID*. Retrieved February 17, 2005, from http://cid.nada.kth.se/pdf/CID-167.pdf.

Taylor, C. (1986). Extramarital sex: Good for the goose? Good for the gander? *Women and Therapy, 5*, 289–295.

Thibaut, J., & Kelley, H. (1959). *The social psychology of groups*. New York: Wiley.

Thomson, R., & Murachver, T. (2001). Predicting gender from electronic discourse. *British Journal of Social Psychology, 40*, 193–208.

Townsend, J. (1993). Sexuality and partner selection: Sex differences among college students. *Ethology and Sociobiology, 14*, 305–330.

Townsend, J., & Levy, G. (1990). Effects of potential partners' costume and physical attractiveness on sexuality and partner selection. *Journal of Psychology, 124*, 371–389.

Townsend, J., & Wasserman, T. (1997). The perception of sexual attractiveness: Sex differences in variability. *Achieves of Sexual Behavior, 26*, 243–268.

Trevino, L., Lengel, R., & Daft, R. (1987). Media symbolism, media richness, and media choice in organizations: A symbolic interactionist perspective. *Communication Research, 14*, 553–574.

Turkle, S. (1995). *Life on the screen: Identity in the age of the Internet*. London: Weidenfeld & Nicolson.

Tuten, T., & Bosnjak, M. (2001). Understanding differences in web usage: The role of need for cognition and the five factor model of personality. *Social Behavior and Personality, 29*, 391–398.

Utz, S. (2000). Social information processing in MUDs: The development of friendships in virtual worlds. *Journal of Online Behavior, 1* (1), Retrieved February 7, 2005 from http://www.behavior.net/JOB/v1n1/utz.html.

Voiskounsky, A., & Smyslova, O. (2003). Flow-based model of computer hacker' motivation. *CyberPsychology & Behavior, 6* (2), 171–180.

Voiskounsky, A., Mitina, O., & Avetisova, A. (2004). Playing online games: Flow experience. *Psychology Journal, 2* (3), 259–281.

Walker, B. M., Harper, J., Lloyd, C., & Caputi, P. (2003). Methodologies for the exploration of computer and technological transference. *Computers in Human Behavior, 19*, 523–535.

Walther, J. B. (1992). Interpersonal effects in computer-mediated interaction: A relational perspective. *Communication Research, 19*, 52–90.

Walther, J. B. (1995). Relational aspects of computer-mediated communication: Experimental observations over time. *Organizational Science, 6*, 186–203.

Walther, J. B. (1996). Computer-mediated communication: Impersonal, interpersonal and hyperpersonal interaction. *Communication Research, 23*, 3–43.

Walther, J. B., Slovacek, C., & Tidwell, L. (2001). Is a picture worth a thousand words? Photographic images in long-term and short-term computer-mediated communication. *Communication Research, 28*, 105–134.

Wedekind, C., Seebeck, T., Bettens, F., & Paepke, A. J. (1995). MHC-dependent mate preferences in humans. *Proceedings of the Royal Society of London. Series B. Biological science, 260* (1359), 245–249.

Wellman, B. (1997). An electronic group is virtually a social network. In S. Kielser (Ed.), *Culture of the internet* (pp. 179–205). Mahwah: Lawrence Erlbaum Associates.

Wellman, B. (2004). Connecting communities: On and off line. *Contexts, 3* (4), 22–28.

Wellman, B., & Gulia, M. (1999). Net surfers don't ride alone: Virtual communities as communities. In M. Smith & P. Kollock (Eds.), *Communities in cyberspace* (pp. 167–194). London: Routledge.

Whitty, M. T. (2001, July). *Tangled web of deceit.* Paper presented at the Society for Australasian Social Psychologists, Melbourne.

Whitty, M. T. (2002). Liar, liar! An examination of how open, supportive and honest people are in Chat Rooms. *Computers in Human Behavior, 18*, 343–352.

Whitty, M. T. (2003a). Cyber-flirting: Playing at love on the Internet. *Theory and Psychology, 13*, 339–357.

Whitty, M. T. (2003b). Pushing the wrong buttons: Men's and women's attitudes towards online and offline infidelity. *CyberPsychology & Behavior, 6*, 569–579.

Whitty, M. T. (2004a). Cyber-flirting: An examination of men's and women's flirting behaviour both offline and on the Internet. *Behaviour Change, 21*, 115–126.

Whitty, M. T. (2004b). Should filtering software be utilised in the workplace? Australian employee's attitudes towards Internet usage and surveillance of the Internet in the workplace. *Surveillance and Society, 2* (1), 39–54.

Whitty, M. T. (2004c). Peering into online bedroom windows: Considering the ethical implications of investigating Internet relationships and sexuality. In E. Buchanan (Ed.), *Readings in virtual research ethics: Issues and controversies* (pp. 203–218). Hershey, USA: Idea Group Inc.

Whitty, M. T. (2005). The 'realness' of cyber-cheating: Men and women's representations of unfaithful Internet relationships. *Social Science Computer Review, 23* (1), 57–67.

Whitty, M. T., & Carr, A. N. (2003). Cyberspace as potential space: Considering the web as a playground to cyber-flirt. *Human Relations, 56*, 861–891.

Whitty, M. T., & Carr, A. N. (2005a). Taking the good with the bad: Applying Klein's work to further our understanding of cyber-cheating. *Journal of Couple and Relationship Therapy: Special issue on Treating infidelity, 4* (2–3), 103–115.

Whitty, M. T., & Carr, A. N. (2005b). Electronic bullying in the workplace. In B. Fisher, V. Bowie, & C. Cooper (Eds.), *Workplace violence* (pp. 248–262). Devon, UK: Willan Publishing Ltd.

Whitty, M. T., & Carr, A. N. (2006). New rules in the workplace: Applying object-relations theory to explain problem Internet and email behaviour in the workplace. *Computers in Human Behavior, 22* (2), 235–250.

Whitty, M. T., & Gavin, J. (2001). Age/sex/location: Uncovering the social cues in the development of online relationships. *CyberPsychology & Behaviour, 4*, 623–630.

Whitty, M. T., & McLaughlin, D. (in press). Online recreation: The relationship between loneliness, Internet self-efficacy and the use of the Internet for entertainment purposes. *Computers in Human Behavior.*

Wilkins, L. (2003, May). Stalker had sophisticated cyber plan. *BBC News, UK edition*, May 20, 2003, Retrieved March 2, 2005, from http://news.bbc.co.uk/1/hi/uk/3040623.stm.

Winnicott, D. W. (1953). Transitional objects and transitional phenomena: A study of the first not-me possession. *The International Journal of Psycho-analysis, 34*, 89–97.

Winnicott, D. W. (1958). *Collected papers*. New York: Basic Books.

Winnicott, D. W. (1971a). *Playing and reality*. New York: Basic Books.

Winnicott, D. W. (Ed.). (1971b). Transitional objects and transitional phenomena. *Playing and Reality* (pp. 1–25). New York: Basic Books. (Original work published 1951)

Winnicott, D. W. (Ed.). (1971c). Dreaming, fantasying and living. *Playing and reality* (pp. 26–37). New York: Basic Books.

Winnicott, D. W. (Ed.). (1971d). Playing: A theoretical statement. *Playing and reality* (pp. 38–52). New York: Basic Books.

Winnicott, D. W. (Ed.). (1971e). The use of an object and relating through cross identifications. *Playing and reality* (pp. 86–94). New York: Basic Books. (Original work published 1968)

Winnicott, D. W. (Ed.). (1971f). The location of cultural experience. *Playing and reality* (pp. 95–103). New York: Basic Books. (Original work published 1967)

Winnicott, D. W. (Ed.). (1971g). The place where we live. *Playing and reality* (pp. 104–110). New York: Basic Books.

Witmer, D., & Katzman, S. (1997). On-line smiles: Does gender make a difference in the use of graphic accents? *Journal of Computer Mediated Communication, 2* (4), Retrieved February 7, 2005, from http://ascusc.org/jcmc/vol2/issue4/witmer1.html.

Woll, S., & Cozby, P. C. (1987). Videodating and other alternatives to traditional methods of relationship initiation. In W. Jones, & D. Perlman (Eds.), *Advances in personal relationships* (pp. 69–108). J. Greenwich, CT: JAI.

Wright, E. (1998). *Psychoanalytic Criticism* (2nd ed.). Cambridge, UK: Polity.

Wysocki, D. K. (1998). Let your fingers to do the talking: Sex on an adult chat-line. *Sexualities, 1*, 425–452.

Yarab, P. E., & Allgeier, E. (1998). Don't even think about it: The role of sexual fantasies as perceived unfaithfulness in heterosexual dating relationships. *Journal of Sex Education and Therapy, 23* (3), 246–254.

Yarab, P. E., Allgeier, E., & Sensibaugh, C. C. (1999). Looking deeper: Extradyadic behaviors, jealousy, and perceived unfaithfulness in hypothetical dating relationships. *Personal Relationships, 6*, 305–316.

Yarab, P. E., Sensibaugh, C. C., & Allgeier, E. (1998). More than just sex: Gender differences in the incidence of self-defined unfaithful behavior in heterosexual dating relationships. *Journal of Psychology & Human Sexuality, 10* (2), 45–57.

Young, K. S. (1996). *Internet addiction: The emergence of a new clinical disorder.* Paper presented at the 104th Annual Convention of the American Psychological Association, Toronto, Canada.

Young, K. S. (1998a). *Caught in the net: How to recognise the signs of internet addiction and a winning strategy for recovery.* New York: John Wiley & Sons.

Young, K. S. (1998b). Internet addiction: The emergence of a new clinical disorder. *CyberPsychology & Behavior, 1*, 237–244.

Young, K. S. (1999). Internet addiction: Evaluation and treatment. *Student British Medical Journal, 7*, 351–352.

Young, K. S., Griffin-Shelley, E., Cooper, A., O'Mara, J., & Buchanan, J. (2000). Online infidelity: A new dimension in couple relationships with implications for evaluation and treatment. *Sexual Addiction & Compulsivity, 7*, 59–74.

Young, K. S., Pistner, M., O'Mara, J., & Buchanan, J. (1999). Cyber disorders: The mental health concern for the new millennium. *CyberPsychology & Behavior, 2* (5), 475–479.

Yuen, C. N., & Lavin, M. J. (2004). Internet dependence in the collegiate population: The role of shyness. *CyberPsychology & Behavior, 7*, 379–383.

Zimbardo, P. G., Pilkonis, P. A., & Norwood, R. M. (1975). The social disease called shyness. *Psychology Today, 8*, 68–72.

Zuckerman, M., & Miyake, M. (1993). The attractive voice: What makes it so? *Journal of Nonverbal Behavior, 17*, 119–135.

作者索引*

* 中译名之后的页码为原文页码，请查检中译本的边码。——译者注

主题索引*

* 中译文之后的页码为原文页码，请查检中译本的边码。——译者注

译后记

我们非常荣幸能够参与《网络爱情——在线关系心理学》一书的翻译。翻译本书是一个充实而有趣的过程。本书的两位作者莫妮卡·T.惠蒂和阿德里安·N.卡尔，通过严谨的理论和鲜活的事实，将一幅隐藏于当今纷繁复杂的互联网背后的爱情关系网络清晰细腻地展现在了我们面前。

莫妮卡·T.惠蒂是英国贝尔法斯特皇后大学心理学系的讲师，教授网络心理学、社会心理学等课程，并致力于网络约会、网络关系、网络伦理、因特网上的身份识别、误解以及线上自我等研究。另一位作者，阿德里安·N.卡尔，是澳大利亚西悉尼大学应用社会与人类科学学院的副教授。两位作者都对在线关系有着丰富的研究经验和自己深入独到的见解。在本书中，他们主张网络空间并不是一个完全无形的单一的空间，它与现实既有紧密的联系，又可以截然分离，人们用各种方式重构的物理自我在网络爱情中扮演着重要的角色。两位作者也对网络空间中自由交流的"双刃剑"作用——既可以解放那些线下建立关系感到紧张的人们，也会带来各种问题——进行了深入的探讨。

本书在前人的研究基础上，结合作者自己的研究，汲取了"对象关系理论"(object-relations theory)，"潜能空间"(potential space)，"过渡对象"(transitional objects)等重要理论概念，对网络关系进行了全方位、由浅入深的分析。在虚无的网络上真的能够发展出一段罗曼蒂克式的爱情吗？网络情缘能够迁移到现实生活中吗？人们依靠什么来发展维持一段网络爱情关系？人们是如何在网络上展示自我的？网络关系到底会给人们带来什么，幸福还是灾难？作者对于类似的诸多备受人们关注并广受争议的网络关系问题进行了精彩的剖析。介于网络空间的自由给网络关系乃至现实社会中的关系带来的负面效果是当今社会的一个热点话题，我们也能在书中看到作者花了不小的篇幅来剖析网络关系的不良方面，例如网络出轨和异常行为，并且针对这些问题的解决和预防提出了有价值的建议和意见。

值得一提的是，除了对丰富翔实的心理学、社会学学术背景资料的参考和引用，本书的作者也提供了大量的实例，例如真实场景下人们在网络调情中常用的表达内心情感和身体语言话语的符号，对与他人发生过网络关系的人们的采访记录，人们如何在征友网上描述自己以及如何看待网络上的其他征友者的描述等等。这些实例将虚幻的网络世界中发生的情感故事真实地展现在读者面前，使人们能够很好地理解网络关系是真实存在的，并且已经发展出其在现实世界中的深刻含义。与此同时，这些实例也增加了本书的可读性和趣味性，使读者更容易透过真实存在的网络关系事例理解各种与网络关系相关的理论。

在本书的翻译中，我们要感谢傅小兰研究员和严正教授严谨认真的指导和审校，感谢汪波同学高质量的校译，感谢课题组的各位老师和同学对我们的翻译提出的宝贵意见，最后也要特别感谢我们的家人和朋友，给予了我们精神上和生活中的关怀以及支持。

何玉蓉　周昊天

2008 年 10 月 3 日

北京　中国科学院心理研究所

图书在版编目(CIP)数据

网络爱情——在线关系心理学/〔英〕惠蒂,〔澳〕卡尔著;何玉蓉,周昊天译.—北京:商务印书馆,2010
ISBN 978-7-100-06740-9

I. 网… II. ①惠…②卡…③何…④周… III. 爱情—研究 IV. C913.1

中国版本图书馆CIP数据核字(2009)第141537号

网 络 爱 情
——在线关系心理学
〔英〕莫妮卡·T.惠蒂
〔澳〕阿德里安·N.卡尔 著
何玉蓉 周昊天 译
严 正 傅小兰 汪 波 审校

商 务 印 书 馆 出 版
(北京王府井大街36号 邮政编码100710)
商 务 印 书 馆 发 行
北京民族印务有限责任公司印刷
ISBN 978-7-100-06740-9

2010年5月第1版 开本 787×960 1/16
2010年5月北京第1次印刷 印张 15½
定价:30.00元